管理信息成本论

Guanli Xinxi Chengbenlun

符　刚　著

西南财经大学出版社
SOUTHWESTERN UNIVERSITY OF FINANCE & ECONOMICS PRESS

图书在版编目(CIP)数据

管理信息成本论/符刚著.—成都:西南财经大学出版社,2012.8
ISBN 978 - 7 - 5504 - 0672 - 8

I.①管… II.①符… III.①企业管理—成本管理—管理信息系统
IV.①F270.7②F275.3

中国版本图书馆 CIP 数据核字(2012)第 134227 号

管理信息成本论

符 刚 著

责任编辑:王正好
助理编辑:廖术涵
封面设计:大 涛
责任印制:封俊川

出版发行	西南财经大学出版社(四川省成都市光华村街55号)
网 址	http://www.bookcj.com
电子邮件	bookcj@foxmail.com
邮政编码	610074
电 话	028 - 87353785 87352368
印 刷	郫县犀浦印刷厂
成品尺寸	148mm×210mm
印 张	9.625
字 数	230 千字
版 次	2012 年 8 月第 1 版
印 次	2012 年 8 月第 1 次印刷
书 号	ISBN 978 - 7 - 5504 - 0672 - 8
定 价	29.00 元

序　言

　　随着现代信息技术的发展，"Computer"、"Internet"已成为社会公众耳熟能详的词汇，它们不仅改变了人们的生活、娱乐、工作方式和方法，也为组织生产、管理、交易、服务等带来显著变化。信息技术跨越了多个领域，对生存在"扁平化"地球上的企业而言，他们对信息技术已经产生了严重"依赖"，因为它提供了业务流程自动化、提供信息、与客户的连接和生产力工具这四套核心服务，以帮助执行战略业务。对任何企业，与人相结合的信息技术既在信息充分的条件下提高了生产、管理、交易和服务效率，也产生了促进效能提升的大量信息。但从另一个角度来看，无论是"信息"获取、存储、加工，还是"信息技术"研发、应用，以及"信息机构"成立、运营，都会产生一定的费用或损失，这也就是我们通常所说的"信息成本"。

　　20世纪90年代以来，经济全球化已成为不可逆转的趋势，企业被推向了全球市场范围的竞争，市场规模扩大，企业面临的外部环境更为复杂，对信息的需求明显增加，企业搜索外部信息资源的范围也不断扩大。其次，整个社会由工业经济时代过渡到信息经济时代，企业的成本重心发生了转移，以现代制造业而言，生产资料费用和直接人工费用在企业生产成本中所占的比重越来越低，而信息的投入比例已占其生产成本的大部分，而且比重还在上升。综观现代经济的发展，企业管理决策过程因信息的不对称性引致的成本，即管理信息成本，已成为企业成本的重要内容。

管理信息成本是企业成本的一种新形态，也是一个新概念，更是成本管理研究领域中的一个新对象。《管理信息成本论》以现代管理学、经济学理论为基础，在国内初次较为系统地研究了"管理信息成本"的一些内容，如管理信息成本的本质论、会计论、集成论、控制论等。作者在"论"中提出了一些新的概念和观点，如"管理信息成本"，"单轨制管理信息成本会计模式"，"管理信息成本的集成管理模式"，"管理信息成本控制战略的目标体系"，"四层次观"，"三维立体观"等，这些都是作者关于"管理信息成本"的一些"新思想"。当然，作者提出的有一些观点还值得商榷，有一些内容还需进一步探讨。但对一个正在学术之路上行走的年轻人而言，这种努力应予以肯定。

"生也有涯，知也无涯"，"千里之行，始于足下"，我作为作者的导师希望作者以此为始，不断攀登，"更上一层楼"，是以为序。

于西财光华园

2012年2月

摘　要

　　在知识经济时代，信息同物质和能源两大要素一样，已成为一种重要的经济资源。无论是企业主体之间的交易，还是企业内部的管理决策，都需要大量的信息，信息成为经济管理和决策的依据。然而，相对于人们的无限需求而言，信息是稀缺的。并且，各企业之间由于认识能力差异等原因，存在不同程度的信息不对称问题。不对称信息会导致相关者产生四大行为：逆向选择、隐藏行动和信息、信号传递、信号甄别。但无论是哪一类行为的发生，对企业而言都会产生成本。肯尼思·J.阿罗在20世纪80年代就指出，信息的获得能改变经济领域所面临的不确定性，但不确定性具有经济成本。企业的生产活动、管理活动，或购销与服务活动都需要信息，并产生信息。无论是信息获取还是信息生成，都会产生一定的费用或损失，形成信息成本。当然，这些成本形成的原因是相关者信息的非对称性。如果处于企业管理决策过程中，信息的不对称性状态引致的成本就成为企业的管理信息成本。因此，企业管理信息成本产生的根源是信息不对称，是管理者与其他相关各方各自拥有的信息不对称。

管理信息成本是指企业在管理过程中，为了减少决策结果的不确定性，收集、加工、储存、传递、利用管理信息花费的代价和信息不完全产生的决策损失。管理信息成本的本质内涵是基于管理的信息成本。管理信息成本是企业成本的一种新形态，是信息成本的重要组成部分，在现代企业管理决策中起着重要作用。但管理信息成本的本质特性是什么？对企业有何影响？应如何对它进行计量、集成管理并控制？带着对这些问题的思考，作者展开了对管理信息成本的研究，撰写了本文。

本文在对国内外信息成本研究现状及进展进行述评后，以信息不对称理论、成本管理理论、集成管理理论、业务流程重组理论等作为理论基础，阐述管理信息成本的本质特征、管理信息成本相关理论；然后，提出了管理信息成本会计论、集成论和控制论。全文分八章来展开研究。

第一章，导论。本章主要阐述了研究的背景、目的与意义，以及研究的内容、思路、方法、创新及不足。

第二章，国内外研究现状及述评。本章主要在综述国内外信息成本与管理信息成本研究的基础上，对其进行了分析与评述，指出国内外研究的基本成果及存在的不足，也为本文研究指明了具体的研究方向。

第三章，管理信息成本研究的基础理论。本章主要研究了两部分内容，一是信息、管理信息理论与管理信息系统；二是管理信息成本研究的理论借鉴，包括不对称信息理论、成本管理理论、集成管理理论、业务流程重组理论等，它们为管理信息成本的研究奠定了坚实的理论基础。

第四章，管理信息成本本质论。本章包括四项内容：一是成本与信息成本；二是管理信息成本的本质与特征；三是基于信息流程视角的管理信息成本；四是管理信息成本的构成和识别。

第五章，管理信息成本相关理论分析。本章从四个方面论述了管理信息成本相关内容，包括管理信息价值与成本的一般分析，基于期权理论的管理信息价值分析，管理信息成本的时间性分析，管理信息成本、信息技术、企业组织结构理论分析。

第六章，管理信息成本会计论。本章在分析了管理信息成本计量的必要性、复杂性与可行性之后，重点论述了管理信息成本的计量属性、计量模式与方法。

第七章，管理信息成本集成论。本章首先论述了集成成本管理和集成成本管理系统的基本内容、特征、作用等；然后研究了管理信息成本集成的基础、路径和模式；最后，研究了基于成本源的管理信息成本的集成。

第八章，管理信息成本控制论。本章研究了四个方面的内容：一是管理信息成本控制战略的内涵、目标与特点；二是管理信息成本控制战略思想和战略分析；三是管理信息成本控制战略的方法选择与保障措施；四是管理信息成本控制策略。

关键词：信息成本　管理信息成本　管理信息结构成本
管理信息系统成本　管理信息流成本
管理信息成本集成

Abstract

In the era of knowledge economy, Information, which is same to material and energy, has become an important economic resource. Because enterprises need lots of information both in the inter − enterprises transactions and in the inter − management decision − making, Information has become the basis of economic management and decision − making. However, in relation to people's unlimited needs, information is scarce. In addition, all enterprises due to poor understanding of derivative, and other reasons, there are different levels of information asymmetry problem. Asymmetric information may lead stakeholders to take the following four acts: adverse selection, hidden action and information, signal transmission, signal screening. But any type of acts of enterprises will have costs. Kenneth J. Arrow in the 1980s said the access of information may change uncertainty faced in the field of economic, and uncertainty lies in economic cost. Many acts of enterprises, such as producing, managing, buying, selling, servicing, need information, and would produce information. Both the accesses and the form of information will have certain expenses or losses, costs, which are information cost. The reason of information cost existing is information asymmetry in stakeholders. Management information cost origin from information asymmetry in the process of management decision — making.

Management information cost is the cost, which happen in collecting, processing, stockpiling, transferring, using information to decrease the uncertainty of decision — making, or the losses for incomplete information, in the process of management decision — making. The essential connotation of management information cost (MIC) is information costs based on management. MIC is the new form cost, and an important component of information cost. What are the characteristics of MIC? What is the effect of MIC to enterprises? How to measure, to integrate, and to control MIC? Facing those questions, the author started to study MIC, and wrote the paper.

In this book, the writer reviews the domestic and foreign literature firstly, and dicussses the theoretical foundation, such as asymmetric information theory, cost management theory, integration management theory, business process reengineering theory, and so on. Then, the writer analyzes the nature and characteristics of MIC, relative theories. Lastly, the writer researches the accounting, the integration and the control on MIC. This book includes 8 chapters as follows:

Chapter 1 Introduction. In this section, I introduce the background, the goals and the significance of this paper, and contents and constructions, methodology, innovations and limits for the study.

Chapter 2 Literature and reviews. I review the past domestic and foreign studies on information and management information cost, and point out the different results and their limits, which contribute to re-search direction for this paper.

Chapter 3 Basic theory of the study on MIC. In this section, I discuss two aspects as follows: first is information and management information theory, management information system; second is the theoretical foundation, which includes asymmetric information theory, cost management theory, integration management theory, business process reengineering theory, etc. These theories provide solid theoretical guidline for the study on management information cost.

Chapter 4 On the nature of MIC. In the section, there are the following four parts: first is cost and information cost; second is the nature and characteristics of management information cost; third is management information cost based on information process angle, fourth is the constructure and indentification of management information cost.

Chapter 5 Theoretical analysis related to MIC. In this chapter, it refers to five parts related to management information cost, which are the general analysis for between management information value and cost, the information economic analysis for both management information value and cost, the management information value analysis based on option theory, the time analysis for management information cost, the theoretical analysis for management information cost, information technology and enterprise's organizational constructure.

Chapter 6 On the accounting of MIC. Firstly, the section introduces the necessity, complexity and feasibility of measuring management information cost. Then, it explores importantly measurement attributes, pattern and method.

Chapter 7 On the integration of MIC. In this chapter, it firstly introduces basic content, characteristics and functions about integration cost management and integration cost management system. Then, it researches the bases, paths and models of MIC integration. Lastly, it discusses the integration based on cost origin.

  Chapter 8 On the control of MIC. This section includes the following four parts: the first includes the connotation, objectives and characteristics of the strategy of controlling MIC; the second is strategic ideas and strategic analysis of controlling MIC; the third part discussed the selected means and security measures of controlling strategy of MIC; the forth is the countermeasures of controlling MIC.

Keywords: Information Cost (IC),

      Management Information Cost (MIC),

      Management Information Organization Cost (MIOC),

      Management Information Flow Cost (MIFC),

      Management Information System Cost (MISC),

      Integration of Management Information Cost (IMIC).

管
理
信
息
成
本
论

目　录

第八章　管理信息成本控制论　219

管
理
信
息
成
本
论

第一章
导论

第一节　研究的目的和意义

一、选题背景分析

　　信息、物质和能源是构成客观世界的三大要素。在经济日益全球化的今天，信息等于财富已不是新概念，而是知识经济时代最大的特征。信息作为一种重要的经济资源，同其他两大要素一样，相对于人们的无限需求而言是稀缺的。信息成本作为信息经济学问题的一个方面，是随着信息经济学研究的深入而被提出的。早在 20 世纪 80 年代，诺贝尔经济学奖得主肯尼思·J.阿罗（Kenneth J. Arrow）就指出，"人们可以花费人力及财力来改变经济领域（以及社会生活的其他方面）所面临的不确定性，这种改变恰好是信息的获得。不确定性具有经济成本，因而，不确定性的减少就是一项收益。所以把信息作为一种经济物品来加以分析，既是可能的，也是非常重要的。"阿罗精辟地道出了获得信息的原因及信息的作用，也说明了信息的获取是要付出代价的。不过阿罗所处的是工业经济时代，信息成本只有少数学者关注，并且只是从经济学角度来分析，如玛丽莲·帕克（1988）从信息系统经济学范畴研究信息系统的成本，企业界更没有对信息成本加以重视。随后，世界经济环境发生了巨大变化，知识经济已成为主流，现代社会已迈入信息社会，信息对世界的影响越来越大，对企业也不例外。企业的生产活动、管理活动，或购销与服务活动都需要信息，并产生信息。而无论是信息获取还是信息形成，都会产生一定的费用或损失、代价，形成信息成本。并且，随着企业的发展，信息成本对企业的影响也在发生变化，正如中山大学管理学院谢康教授

（2003）指出，目前务必要关注新型工业化道路上出现的"三个转移"：企业成本中心转移——由劳动成本向信息成本转移；信息成本中心转移——由信息搜寻成本向信息处理成本转移；社会成本中心转移——由企业组织成本向市场交易成本转移。因此，信息成本成为现代企业（组织）不可回避的问题。

2007年11月16日，《南风窗》发表了《跨越信息动力——移动信息化撬动信息化市场大蛋糕》一文，文中指出：据相关统计显示，占全国企业总数99.8%的4 200多万户中小企业，目前信息化普及率不到10%，但随着市场不断发展和完善，2006年中小企业信息化建设投资整体规模达到1 427.7亿元，比2005年增长16.5%，预计2008年市场规模将达到1 869.2亿元，未来三年整体规模将达到近5 000亿元的惊人数字。但是，随着信息化的不断推进和普及，中小企业信息化建设中源于资金、技术和人才方面显露出了难以逾越的瓶颈，从而让企业资源计划、办公自动化、客户关系管理等信息化系统在实施之后很快被束之高阁，无法充分发挥其效能。第一，中小企业规模小、资金相对匮乏，传统信息化模式高昂的投入往往令中小企业望而却步。目前，在国内企业资源计划、办公自动化、客户关系管理等信息化软件市场上，高昂的软硬件成本初始投入及后续的二次开发、运行中的系统维护、更新和管理费用，令许多中小企业望而却步，信息化建设的迟延让中小企业在竞争中愈加处于劣势。第二，信息化技术人才的缺乏使得中小企业在信息化建设中举步维艰，目前在我国劳动力资源中技术工人初中以下文化程度的占到七成，中小企业缺乏真正懂信息化软件、能熟练运用的管理人才；且信息化技术对人员的要求门槛高、培训周期长、培训难度大，企业付出极大代价也难培训得出、并留得住人数有限的"专门人才"，导致信息化软件在应用中陷入僵局，最终企业花费大量资金购置的设备就成了"有可能用得上的"摆设①。

实际上，企业信息化建设在现实中已成为一柄"双刃剑"：充分、科学、有效的信息化系统极大地提高了企业的管理效率和经营绩效，推进了公司的发展；反之，无效或低效的信息化系统则增加了企业的运营成本，降低了企业管理效率和经营绩效，从而阻滞了企业进一步发展。

面对这样一个拥有巨大潜力的市场，具有强大的品牌优势、渠道优势和平台技术优势的中国移动针对中小企业信息化建设的现状，研发了满足广大中小企业通信管理、服务营销、移动办公、生产控制等需求的多层次的信息化产品和信息应用平台等，旨在推动中小企业信息化发展进程。中国移动广东公司针对中小企业信息化建设中遭遇的成本和人才瓶颈，推出了移动信息化解决方案等。首先，推动信息化基于移动应用托管，企业自身不需要购买及维护服务器，而是通过无线技术实现；其次，"变卖为租"节省硬件成本，即有需要服务器支撑的产品，企业自身不需要购买，以租赁的形式应用信息化，大大节约了企业在硬件投入上的成本；再次，行业客户"即开即用"，只要企业确认购买，就能立即开通和应用，无需任何软件投资，使软件成本为零；最后，提供专门的客户经理针对企业进行"一站式"服务，提供解决方案和全面的信息化技术支持，操作简单易行，无需一班人马组建专门的信息技术部门，对专业技术人才的需求几近于零②。

在信息化潮流中，无论是信息服务商还是信息需求者，都在以各种方式参与其中，既要推进企业的信息化建设，又要提

---

① 中国移动通信集团广东有限公司. 跨越信息动力——移动信息化撬动信息化市场大蛋糕 [J]. 南风窗, 2007 (22): 53-55.

② 中国移动通信集团广东有限公司. 跨越信息动力——移动信息化撬动信息化市场大蛋糕 [J]. 南风窗, 2007 (22): 53-55.

高企业的经营绩效。企业信息化建设是手段，目的是获取更大的利润。因此，企业信息化的实质是以管理信息化推动管理现代化，实现盈利最大化。企业在实现盈利最大化过程中，必然考虑两大因素：一是收益，二是成本，两大因素相互影响和制约。无论是大型企业，还是中小企业，信息化建设成效的好坏都取决于信息化设施的使用效率和信息化活动的成本高低。信息化建设过程中的成本对相关各方都是需要考虑的重要因素，这些成本包括软硬件成本、人力资源成本、机会成本等。从信息需求方来讲，如果建设的信息应用系统和获取的各项信息都运用于企业管理决策，这些成本就构成管理信息成本。基于管理决策视角的信息成本成为了本书研究的主要对象。

二、研究的目的和意义

20 世纪 90 年代以来，经济全球化已成为不可逆转的趋势，企业被推向了全球市场范围的竞争，市场规模扩大，企业面临的外部环境更为复杂，对信息的需求明显增加，企业搜索外部信息资源的范围也不断扩大。整个社会由工业经济时代过渡到信息经济时代，企业的成本重心发生了转移，以现代制造业而言，生产资料费用和直接人工费用在企业生产成本中所占的比重越来越低，而信息的投入比例已占其生产成本的大部分，而且比重还在上升。可以预见，在信息时代，一件产品的生产成本将因信息投入产生的成本而受到影响和制约。现代制造产业正在发展成为某种意义上的信息产业，它加工、处理信息、将信息物化在原材料和毛坯上，以提高其信息含量，并使之转化在产品中。

综观现代经济的发展，可以明显地看出，无论是政府还是企业都在加大信息的投入，政府需要收集各类信息，以利于提供服务和行政决策。对现代企业而言，企业内部网络的构建及与国际互联网的连接，信息系统的开发与使用（如 ERP 系统），电子商务的开展等，都耗费了巨额的资金，企业的管理信息成本大量增加，给企业带来的影响越来越大。基于这一现实背景，企业为了生存与发展，必须有效地把握和控制管理信息成本。

因此，本书研究的目的和意义在于：

1. 加强管理信息成本研究是控制其成本的现实选择。我们已理性地意识到，管理信息成本已成为现代组织重要的影响因素，并构成现代组织经营管理成本的重要元素。然而，管理信息成本对现代组织的影响有多大，应当如何加强管理信息成本的控制，企业管理信息成本产生于何种活动，应如何进行计量等，这些问题都是现代企业进行科学管理必须解决的问题。

2. 管理信息成本研究是现代企业效益目标导向的结果。信息化是现代企业的发展方向。对企业而言，管理信息的真正价值在于能够为企业，尤其是为领导者提供决策的依据，在于服务、符合企业效益目标的确立与调整的要求。换言之，管理信息是在对效益目标起导向作用中形成其特有价值、发挥其特有的价值功能、实现其价值增值效果的。因此，企业的效益目标成为管理信息作用的方向和管理信息成本发生的根本所在。成本管理是手段，效益追求是目的。通过管理信息成本研究，企业可以明确管理信息成本的结构、数量、质量、可控性，并与管理信息价值（效用）相比较，从而认识管理信息成本给企业产生的效益，包括经济效益、社会效益和生态效益。

3. 管理信息成本将成为经济学家、管理学家和其他相关者关注的焦点之一。管理信息成本产生的影响已涉及方方面面，供需方为商品交易顺利进行，需收集与商品相关的价格、型号、保险费、运输费等相关信息以做出购买决策，要产生管理信息成本；企业管理层为科学决策要收集与决策相关的资金、技术、供需等信息，要产生管理信息成本；政府部门在制定和执行政策时，要收集经济、社会、环境等信息，要产生管理信息成本；（现实或潜在的）债权人要收集债务人的盈利能力、偿还能力、营运能力等信息以加强债务管理，要产生管理信息成本；（现实或潜在的）投资人要收集企业财务状况、经营成果和现金流量等信息以进行科学的投资决策，要产生管理信息成本。因此，无论是现代企业管理还是政府公共管理，无论是个人投资信贷决策还是组织经营管理决策都需要信息，都会产生管理信息成本。这种成本可能是人力资源耗费或物质资源耗费，也有可能是机会成本或决策损失。因此，管理信息成本将会引起理论界和实务界众多学者和专家的关注。

第二节　研究路线和研究内容、方法、创新与不足

一、研究路线

从理论上，管理信息成本是一个新的成本概念；从实务上，管理信息成本是一种新的成本形态。为了全面、客观地认识管理信息成本，科学、有效地控制管理信息成本，应从理论和实务两个方向对管理信息成本展开研究。本书在对国内外信息成本研究现状及进展进行述评后，以信息不对称理论、成本管理理论、集成管理理论、业务流程重组理论等作为理论基础，对现代组织的管理信息成本进行了深入探讨。然后，本书以管理信息成本控制和价值创造双重目标为逻辑主线，阐述了管理信息成本的本质特征、管理信息成本三维立体构成、管理信息成本相关理论。最后，在论述管理信息成本计量的基础上，本文提出了管理信息成本集成与控制战略，包括管理信息结构成本、管理信息系统成本、管理信息流成本和管理信息成本的集成，

以及基于作业成本管理、目标成本管理等思想的管理信息成本控制战略。

本书的研究框架如图1-1所示：

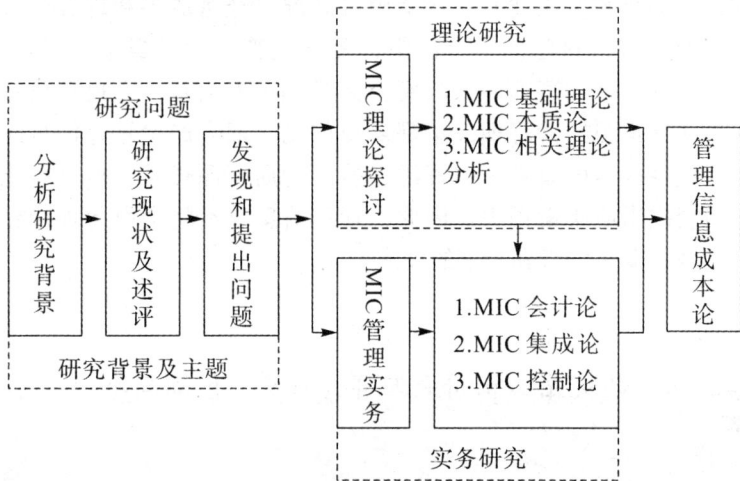

图 1-1

二、研究内容

对管理信息成本的研究主要分为两大部分内容，即理论研究和管理实务。具体包括：①绪论，主要阐述了研究的背景、目的与意义，以及研究的内容、思路、方法、创新及不足；②国内外研究现状及述评，主要综述国内外信息成本与管理信息成本研究现状，并指出国内外研究的基本特点及不足；③管理信息成本研究的基础理论，主要包括信息、管理信息理论与管理信息系统，管理信息成本研究的理论借鉴两部分内容；④管理信息成本本质论，围绕管理信息成本研究了成本与信息成本、管理信息成本的本质特征、基于信息流程视角的管理信息成本及其构成和识别；⑤管理信息成本相关理论分析，包括管理信息价值与成本的一般分析，管理信息价值与成本的信息经济学分析，基于期权理论的管理信息价值分析，管理信息成本的时间性分析，管理信息成本、信息技术、企业组织结构理论分析；⑥管理信息成本会计论，分析了管理信息成本计量的必要性、复杂性与可行性，管理信息成本的计量属性、计量模式与方法；⑦管理信息成本集成论，论述了集成成本管理和集成成本管理系统的基本内容、特征、作用，管理信息成本集成的基础、路径和模式，基于成本源的管理信息成本的集成；⑧管理信息成本控制论，研究了管理信息成本控制战略的内涵、目标与特点，管理信息成本控制战略思想和战略分析，管理信息成本控制战略的方法选择与保障措施，管理信息成本控制策略。第二、三、四、五部分是侧重于理论研究，第六、七、八部分侧重于管理实务。

三、研究方法

本研究是基于现实背景和规范分析基础上的应用性理论研究。研究中：①丰富的资料查阅，通过充分的资料查阅，阐述研究的目的、意义、方法，及管理信息成本等基本理论等；②运用已有资料规范分析管理信息成本计量、集成与控制战略等；③对比分析与演绎归纳方法相结合，借助案例对比分析企业管理信息化中的策略选择，运用演绎归纳方法研究企业管理信息成本控制战略；④运用分析式会计研究法，分析企业管理决策中的管理信息成本与价值。

四、论文的创新点

虽然国内外学者对信息成本的研究可以说是"汗牛充栋"，但具体到管理信息成本而言，无论是理论分析还是管理实务，都是一个全新的内容，作者通过研究，在内容和观点上都凸现了一些新的思想、新的观点。

（一）管理信息成本的"四层次论"

管理信息成本的发生虽都有着明确的主体，但主体内发生的成本有着明显的层次性，这种层次性源于管理的层次性。因此，本文提出，管理信息成本可分为跨企业间组织管理信息成本、战略管理信息成本、管理控制信息成本和作业管理信息成本。四个层次的管理信息成本产生于企业不同层次的管理活动中，因此企业可以通过不同层次的管理活动影响和控制不同类型的管理信息成本。

（二）管理信息成本的"三维立体观"

影响管理信息成本的因素有很多，但也会因作者的视角不同而存在因素差异。本文认为，管理信息成本可以从三维立体角度进行认识，即决定企业管理信息成本的元素包括三个维度：时间长度、项目宽度和费用厚度。企业可以通过管理信息处理时间的长短、费用项目个数的多少和每个项目费用的高低三项内容来控制管理信息成本的大小。

（三）管理信息成本集成论

集成管理已成为网络时系的一种新的管理方式，它依赖于企业的实体结构、业务流程和网络系统。本文构建了管理信息成本集成的模式，即企业在实施业务流程重组、信息资源规划和企业资源计划的基础上，运用现代网络和计算技术，建立企业全面信息集成系统，依赖于管理信息结构成本、管理信息系统成本、管理信息流成本的集成，以构建管理信息成本集成模式，实现对管理信息成本的科学控制。

（四）管理信息成本控制战略观

优化结构与降低成本是成本控制的两个基本目的，从战略高度实施成本管理可以创新思想、统筹安排、全员参与，使控制的范畴更大，控制的策略更优，控制的效果更好。本文指出，管理信息成本控制战略包括管理信息成本控制过程中的战略和企业战略中的管理信息成本控制两个方面。管理信息成本控制战略的目标是一个综合体系，即以管理信息成本降低为基点，以改变管理信息成本发生的基础条件为措施，使企业获取成本优势并形成竞争优势，配合企业尽可能获得最大利润、星系价值创造最大化和星系价值分配最优化。然后，本文通过对管理信息成本控制战略的分析，结合管理信息成本战略思想，提出了管理信息成本控制战略的具体方法、保障措施和控制策略。

五、存在的难点与不足

管理信息成本是一个新的成本概念，也是一个新背景下的成本项目，虽然过去大量学者已对"成本"进行了深入的研究，形成了成熟和科学的观点与方法，但成本范畴的拓展使管理信息成本基本上还处于"崭新"状态，属于"小荷才露尖尖角"状态，因此"少有蜻蜓立上头"，研究它的学者和研究成果都很少。并且，"管理信息成本"与其他成本属性相比，也存在一些研究"瓶颈"。

（一）管理信息成本识别难

管理信息成本中部分是隐性成本，并且企业的有关活动具有复杂性和相关性，管理信息成本与企业其他相关成本交织在一起，比如企业购买电脑后构建一个用于管理的内部局域网，以方便传递信息和管理，但对于这些电脑购置费、网络建设和维护费等费用，无论是计入管理费用还是管理信息成本，都无法完全反映其真实。

（二）管理信息成本计量难

管理信息的特点决定了管理信息成本对企业管理活动的影响是通过管理信息"渗透"后起作用的。因此，管理信息在影响管理决策的同时，已经产生了管理信息成本，这种"无声、无形"的渗透使得管理信息成本在归集时难以计量。并且，管理信息成本中的信息失真成本大部分是机会成本，机会成本的计量也是一个难点。

（三）实证研究难

由于现代企业绝大多数企业尚未以作业成本法进行成本管理，且即使进行作业成本管理的企业，也没有以管理信息成本为重心化分作业和进行成本分配与归集，因此不易获取管理信息成本数据，也就为实证研究带来了困难。

正是以上研究难度的存在，使本书在研究中存在与上述难度相联系的若干不足，即对管理信息成本识别、计量和实证研究的不足。本书虽提出了一些"管理信息成本"的识别与计量方法，但具体操作上没有经过实践来进行检验，仅停留于"理论"上的识别与计量上，有种"纸上得来终觉浅"的感觉。虽然作者明白"绝知此事要躬行"，可现实的企业状态与结构限制了"管理信息成本"的数据收集，这是研究"空白"，也成为本研究的最大不足。

第二章
国内外研究现状及述评

目前，无论是国外还是国内，都没有对"管理信息成本"进行系统研究，属于"于彼新田"似的研究对象。但在过去以"信息成本"为对象的研究内容中，有的学者涉及管理信息成本的内容。从某种意义上说，信息成本一旦与管理相联系，便会涉及管理信息成本的内容。

第一节　国外信息成本与管理信息成本研究现状

"信息成本"首先是一个经济学概念，在国外，对信息成本的研究可以追溯到 20 世纪 30 年代，即罗纳德·科斯（Ronald Coase）在 1937 年发表的《企业的性质》这篇经典论文。科斯首次指出，市场并不是万能的，它的运行是有成本的，正因为市场机制运行是有成本的，现代组织（典型的形式是企业）才替代了市场。通过市场价格机制"组织"生产的最明显成本就是发现相对价格的工作，它包括获取市场信息的费用，分析处理市场信息的成本，寻找交易对象、了解市场价格等的费用，每一笔交易的谈判和签约费用，了解对方底牌、考虑对手的信誉情况、双方讨价还价等支付的费用。虽然他还没有明确提出交易费用范畴，但从企业存在的必要性这点上论述了交易费用，指出了交易费用的实质。1961 年，科斯又发表了《社会成本问题》这一名作，明确提出交易成本的概念，并将交易成本拓展到社会成本范畴。他认为，度量、界定和保障产权的费用、发现交易对象和交易价格的费用、讨价还价的费用、订立交易合同的费用、执行交易的费用、维护交易秩序的费用等，构成了交易费用或交易成本。这我们可以看出，虽然在这两篇名著中科斯没有十分鲜明地指出管理信息成本这一概念，但实际上交易成本中的一部分也属于广义管理信息成本的范畴，因为获取市场信息、了解市场价格和交易对象等活动实际上是一种管理信息搜寻活动，这会引发管理信息成本的产生。

随后，伴随信息经济学的产生和发展，对信息成本的研究越来越多，包括肯尼思·J.阿罗、乔治·约瑟夫·斯蒂格勒（George Joseph Stigler）、卡森（Casson）等都从不同角度对信息成本进行了研究。

阿罗对信息成本的研究源于《信息经济学》这一名著。阿罗认为，大多数经济决策都是在具有相当的不确定性条件下作出的，一旦不确定性可以从形式上加以分析，信息的经济价值就显得十分重要。人们可以花费人力、财力来改变经济领域及社会领域等方面所面临的不确定性。这种改变过程就是获得信息的过程。不确定性具有经济成本，这一成本就是信息成本。企业的信息成本产生于两种情况：一是为减少不确定性，进行信息搜寻、收集、加工、处理和传递，然后获取信息是要付出代价的，这种代价就是获得信息的成本；二是由于没有进行信息搜寻而造成了不确定性，其所带来的风险损失也是一种成本。并且他认为，信息作为一种资源是稀缺的，而人们接受信息的能力又是有限的，因此，信息的成本包括个体本身的投入和大量不可逆的资本设备投入。阿罗认为，在证券市场中，投资者在选择他的证券组合的决策时，需要获取多种证券的信息，并付出相应成本。投资者的选择，取决于他的背景及其收集的这种证券的成本。因此，投资者的决策既会产生信息成本又依赖于信息成本。阿罗还论述了公司组织与信息成本相关性，他认为，组织是许多个体的组合，由于众多个体及其各自不同的经验，组织能比其中任何一个个体获得更多的信息。一般而言，组织系统接收的许多信息是不相关的，若所有信息都有在组织内传输，将会造成信息处理的高成本和不必要的多条信息道，增加信息成本。他认为，选择内部成本最小化的信道结构和提高信息传播效率的适当编码，对于组织提高信息的处理能力具有实用价值。阿罗对信息成本的研究，不仅分析了信息成本产生的原因、内容，而且分析了信息成本对投资者的作用和公司组织减少信息成本的方法。

1961 年，斯蒂格勒发表了信息经济学领域的奠基之作——《信息经济学》，这篇里程碑式的论文体现了他对成本理论的创新。斯蒂格勒从信息不对称的角度提出，信息就像其他商品一样，有自己的成本，获取信息是要付出代价的。他认为，由于信息不是免费商品，因此，不确定性不是像以前那样被视为一个既定的事实，而是被看成无知的程度，事实上这一程度能够通过获取信息来缩小。1962 年，他在《劳动力市场中的信息》一文中指出，信息是某种形式的资本品，通过旨在获取信息的努力支出，信息可以被生产出来，并会带来正的收益。生产信息与获取信息所付出的代价便构成信息成本。斯蒂格勒提出使用效用最大化的标准经济学理论来确定人们搜寻与获取多少信息。假定在不同的商店，某一商品价格不同，获取信息的过程对一个消费者来说，即是搜寻的过程。搜寻的收益是得到廉价商品，其收益的大小取决于概率分布。通常这种分布呈正态分布，因此随着搜寻次数的增加，其增加的收益递减。在这个搜寻过程中所花费的时间和费用即是获得信息的成本。事实上，信息搜寻成本定义了市场结构。哪里的信息无成本，哪里就是完全竞争；哪里的信息有成本，哪里就是不完全竞争。斯蒂格勒把信息问题看成是一个在知识具有或然性的条件下获取更多信息的成本和收益的比较问题。他认为收益是信息需求的基础，而成本是信息供给的基础。

斯蒂格勒系统地阐述了信息成本的特征。他提出，信息成本具有四方面特征：第一，信息成本部分属于资本成本，且属于典型的不可逆投资；第二，在不同领域、不同方面上的信息成本各不相同；第三，信息成本与信息的使用规模无关；第四，信息成本的转嫁性。他对信息成本特征的论述成为现代信息成本理论研究中信息成本特征描述的重要借鉴。并且，斯蒂格勒指出，由于信息成本涉及面比较广，同时与商品的其他成本相交织，因此精确计算信息成本困难较大，一句道出了现代信息成本研究的重点和难点，即信息成本的计量问题。

与新制度经济学的大师们从交易成本入手分析不同，卡森从对信息成本的分析入手，建立了自己关于经济现象和制度演化的逻辑体系。卡森学说最基本的一点就是把经济视为一个信息系统（an information system），而不是如新古典经济学那样把经济视为是一个由物质资料流构成的系统（system of material flow），即他把分析的焦点放在与商品和服务相关的信息的处理上，而不是放在对商品本身的处理上。这样，某一时期存在的制度结构就可被解释为对节约信息成本这一社会需要的一种理性反应。最优的制度结构是能够在既定的环境与信息成本条件下有效地配置决策权从而形成有效的信息流结构的制度。当信息成本改变时，经济制度结构也会随之改变。卡森从现实经济活动的特征入手分析了信息在协调经济活动中的重要性，发展出了一个关于信息成本的理论体系。他不仅认为经济活动是建立在信息基础上的，而且进一步把获取和加工信息看成是价值创造活动，认为经济交易的核心是信息的交换。信息成本的存在不但阻碍交易达成，而且还可能降低或取消团队合作的机会。此外，信息成本还使得外部性的负效应也无法避免——原本可以通过较小的调整就能够避免的对对方的损害现在由于高的交流成本的存在而无法避免。但是当交流成本下降，比如他们能够用手势等方式交流时，交易和团队合作就会出现，外部性的负效应也会下降。因此，信息成本的存在与否对于经济主体和交易主体的行为有决定性的影响。

在卡森看来，经济制度的实质是决策责任的分配机制和信息流的构建机制。因此，经济组织和经济制度的演化就必然与信息成本密切相关。控制信息成本本身就是一个经济问题，制度的作用就体现在通过判断环境的多变性以及信息成本的大小，就可以以一种有效的方式来设计制度，这些制度的作用在于能够以其提供的信息服务创造的价值来抵消其自身的信息成本。最优的制度结构是能够在既定的环境与信息成本条件下有效地配置决策权，从而形成一定的信息流结构的制度。尽管制度结构的调整不是随着信息成本的变化而连续进行的，但信息成本的变化或日益下降是制度演化的根本原因。信息成本包括了收集成本、交流成本、用于决策的使用成本、储存成本以及恢复成本等等。卡森认为，从远古以来，信息成本一直在不断下降。不同类别的信息成本以不同的速度下降，不同的组织结构变化的相对成本也就不一样。因此，长期内，组织结构的变化可能不仅由信息成本的绝对下降导致，而且同样会受到不同类别的信息成本的相对变化的影响。具体而言，信息技术的提高使得信息的交流成本降低，交易主体可获得的信息增多；在组织结构变化的背后，信息成本的下降也在逐渐改变人们的交易方式和竞争方式。在对交易方式的影响方面，信息成本的下降使得联系更加容易，人们不仅更容易抓住交易机会，不让交易机会因为各种原因丢掉，而且人们也会发现与更多的潜在交易伙伴进行联系是十分值得的。因为通过与不同潜在交易伙伴的联系以及他们之间的竞争，能够增加自己在谈判中讨价还价的能力。卡森从分析信息成本入手，认为经济活动是建立在信息基础上的，经济制度的本质是决策权的分配和信息流的构建机制，从而认为信息成本的变化是制度演化的根本原因。

信息成本研究的早期，主要注重基本理论，随着信息成本理论的发展和认识的深入，经济学家们和管理学家们已开始将重点转向应用经济和组织管理。

蒙齐尔·贝莱拉赫和伯特兰·杰奎拉特（1995）运用莫顿（Merton）的不完全信息的资本市场均衡模型（the model of capital market equilibrium with incomplete information, CAPMI）分析了股票和指数期权的定价。莫顿模型是一个两阶段的资本市场均衡模型，在这个经济中每一个投资者拥有关于可获证券的信息。模型中关键的行为假设是一个投资者认为只有他拥有该证券信息的情况下他才会把证券 S 包括在他的投资组合中。因此，莫顿模型构建了一个定价公式，得出了更准确的理论价格，因为股票和期权的信息成本包含于其中。信息成本有两部分：收集和处理数据的成本，以及信息传递成本。因此，信息成本的认知在资产定价中很重要，并且对来自于完全信息模型的价格实证问题有潜在的解释力。

卡罗·莫雷利（1999）研究了英国食品零售中的信息成本与信息不对称问题。由于垄断与合并委员会和公平交易办公室在 1981 年和 1985 年两次对零售者折扣、购买力与竞争的调查中都认为寡头垄断的零售业结构对市场力量有潜在滥用的可能。他在检验与交易成本经济学相关的市场力量问题和检验众多食品零售者竞争利益是怎样利用去判断长期的契约安排后，发现由信息不对称产生的信息成本是"祸根"。

伊萨·齐瑞和史帝芬·费里斯（1985）以存在信息成本的一个菲舍—格瑞类宏观模型，论述了工资和价格合同的相互关系。

内森·克林和潘西（1985）研究了信息成本、交易与组织边界，认为企业获取一项诸如市场信息的资源是不完全的。在交易中包含的一个信息成本模型有助于解释这类企业的行为。根据这个模型，只有交易各方都能获得这项信息时，双方之间的交易才会发生；这种模型认为在那一种组织形态下发生的交易是有用的，对私人和公众，这一模型的政策含义被证实可能增加交易发生的可能性。

布鲁斯·艾伦（1990）在《解除管制与信息成本》一文中，讨论了解除管制引致对运输者的信息成本（相对比率）角色问题。他认为，在管制之下，费率是相同的、稳定的，因此从 A 到 B 的费率信息能容易并低廉的获得。解除管制以后，各个企业之间的价格不相同，但相对于管制之下的价格要低。一方面，低价格会给相关方带来节余；另一方面，相关方为获得价格信息却需要付出成本即信息成本，这两者的大小决定着相关方的决策。

克里斯托夫·克拉格（1977）讨论了收益分配理论中信息成本和公司制度的角色。信息成本已经在近期劳动力市场现象理论中扮演了一个重要角色：包括失业搜寻理论，统计识别理论，劳动市场信息理论（Michael Spence，1973），柠檬原理（George Akerlof，1970）及其他理论。他认为企业制度部分是成功的，另一部分是不成功的。成功的主要原因是有高素质的员工和良好的环境，在成功的组织中存在一个良性循环，即从高薪酬到高素质人员，到良好环境和附加在职培训，再到高收入，又回到高薪酬；能力较差的人员会离开这个循环，使收入差距更大，能力不强的人不会获得较高收入。大部分经济理论都依赖于完全消费信息，跟完全竞争一样，它的自然属性，完全信息引出一个工人的报酬与他的生产贡献是相对应的结论。

诺瓦克和麦凯布（2003）研究了存在信息成本情况下的公司独立董事角色。他们认为，独立董事凭借其角色有权获取公司信息，但由于信息的非对称性和信息的复杂性，使得信息的有效性即独立董事根据信息质量所做决策质量的高低，依赖于董事或执行官的忠诚度，因为董事和执行董事拥有更多信息，董事应对足够且有效的信息负责。信息成本的产生源于两种情况：一是放弃决策所产生的成本；二是解除董事所产生的成本。实际上，这里所提及的信息成本与本文研究的管理信息成本存在一些相似之处。

雅各布和裴吉（1980）通过对不经济组织形式的讨论，论述了信息成本的产生源于监督。他们认为，经济组织有两种形式，一种是生产产品，一种是提供劳务，它们生产效率高低的监督者不同。第一种由所有者雇佣人员监督，第二种监督者包括所有者和购买方，因监督而形成的成本被称为信息成本。因此，经济组织不同，信息成本也会有所差异。

韩城和施特恩贝格（1985）从信息中介与信息成本的关系视角进行了研究。他们的研究发现，信息成本会影响信息中介存在与否：①信息成本高，信息中介就会出现，并形成均衡价格；②信息成本越高，会使信息生产和销售更专业化，因信息不充分引起的市场失灵会减弱；③信息市场越大，专业化信息生产和形成就会越快；④此处的信息生成成本或信息成本主要指信息搜寻成本；⑤均衡价格的形成源于消费者规模扩大所引起的单位信息成本的减少和销售价格的增加。

因此，国外对信息成本的研究较多，主要集中在基本内涵、市场交易、公司治理、资本市场、制度变革、组织形式几个方面。另外，还有其他角度的一些研究，如信息成本与创新（詹森，1988），信息成本与保险（李春秀，2000），信息成本与决策（怀特利和沃茨，1983），信息成本与制度特征（博伊斯，1999），信息成本对移民的影响（詹姆斯·科和斯尔曼斯，1977）等。

第二节 国内信息成本与管理信息成本研究现状

国内对信息成本的研究相对于国外要晚一些。据资料显示，1989 年，李天民和叶春和教授在《会计研究》第一期上发表了《论管理会计中的信息成本与信息价值》一文，开创了国内信息成本研究的先河。他们指出，在现代经济社会中，信息也是商品。这种商品一方面具有其实用的价值，即信息价值；另一方面人们为了取得信息，还必须支付一定的代价，即信息成本。国内对信息成本的研究视角较多，概括起来主要有以下几个方面：

第一，信息成本基本概念、内容与特征。袁鄂、法素琴认为，信息是有价值的，但获取信息是有代价的，这种代价包括物质资源、货币资源、人力资源以及组织资源的消耗或支付。因此，他们将"企业在收集、整理、存储和使用信息的过程中所支付的代价"定义为"信息成本"。并且他们认为，信息成本有四个特点：第一，信息成本不是规范的会计学定义；第二，同等信息量，成本可以差别巨大；第三，信息成本与信息的使用次数、使用规模无关；第四，获取相同的信息，付出的成本可能各不相同。朱珍（2003）分析了信息成本的成因、类别和特性，指出信息是生产不可缺少的要素，一方面它通过物化渗透到生产力的客体要素生产资料（包括劳动对象和劳动资料）中；另一方面，它通过人化渗透到主体要素劳动者之中，使生产力的效率迅速提高，从而加速生产力发展；再一方面，市场活动中经济主体之间所有权、使用权等交换以及经济运行管理也越来越依赖信息。支付信息费用已经成为生产总成本的一部分。他们还认为，信息成本包括信息教育投入成本、信息的固定成本、信息的注意力购买成本、信息的获得成本几类。在信息成本的特征方面，他们主要借鉴了阿罗的观点。于金梅（2003）在论述了信息价值后，认为信息成本是企业为获得或重置信息而发生的各种耗费之和，包括信息生产成本、信息服务成本和信息用户成本。她指出，信息成本具有区域性、转嫁性和资本性的特征。赵宗博（2002）认为，企业的信息成本是基于企业的性质要求，为搜寻、纠正效益目标所需要的信息而必须的成本支出。它是为企业效益目标提供确定导向而形成的对各种信息活动的投入。企业信息成本分为直接成本和间接成本两部分。李志军（2006）运用马克思劳动价值论分析了信息商品的价值构成后，指出信息商品的资本耗费即成本 C 和 V。基于企业性质所需，信息成本又可分为直接成本，即为企业效益目标提供确定性导向而形成的对各种信息活动的投入，或称将企业效益目标作信息对象化了的费用；间接成本，即由直接成本派生出来的或配套于直接成本而发生的那部分成本。

第二，信息成本与资本市场。王海东（2003）从资产的专用性、交易的频率和不确定性三个维度检验了市场和企业组织中交易成本和信息成本之间的关系。他指出，在现代信息技术和金融技术进步的条件下，信息成本大大下降，对金融市场结构和银行业产业结构产生了重要影响，并推动银行业自身产业结构的变动，使其通过并购走向大型化。徐旭初（2001）在理论研究的基础上，导入了信息成本这一变量，分析了由信息不对称所引致的企业上市的信息成本，及其是否影响企业在资本市场的直接融资，并进一步从这个变量的角度探讨了企业上市收益和成本之间的均衡问题，提出了企业在股权融资和债权融资两者之间的一种效用最大化的选择思路[①]。江世银（2006）研

① 徐旭初. 机构投资者和资本市场的效率 [J]. 世界经济研究，2001（6）：79-82.

究了支付信息成本后的资本市场预期收益问题。他认为，信息对于投资预期的形成是非常重要的。有无信息、信息的多少和对信息的利用程度往往对投资者预期影响很大。资本市场投资预期的形成，实际上就是投资者之间的博弈过程。在支付了信息成本后，投资者会产生两种不同的预期，资本市场的投资均衡就是使投资者得到的预期收益最大化。

第三，信息成本与会计。从会计角度对信息成本进行研究，主要有两个方面：一是管理会计，二是财务会计。管理会计视角主要是对信息成本的预算与评价。比如，李天民和叶春提出，为了解决管理会计研究内容和方法体系所提出的问题，对管理会计中的信息成本作一些探讨是必要的。他们认为，管理会计从各种来源获得信息，其中绝大多数要付出代价。蔡建峰（2004）利用数据包络分析技术，建立了信息成本预算的数据包络分析评价模型。将用于不同战略部门间相对效率比较的数据包络分析方法应用于信息成本预算的评价上，可以进一步扩展它的应用范围。同时，考虑到不同层次管理者对信息需求的具体特点，以其对待收集信息的预期质量为基础，获得了标杆预算方案、各自对不同预算方案的偏好序及进行资源调整的影子价格等评价信息。陆宇（2004）将企业面临的不确定性分为完善信息和非完善信息两种情况，运用概率论方法，举例估算了完善信息成本和非完善信息成本，并说明了风险性决策。财务会计视角主要是对信息成本的计量与核算。如，周正深和曹庆华（2006）在对信息成本分类的基础上，论述了信息成本计量应遵循的会计原则，包括权责发生制、配比和实际成本三大原则，并认为信息成本确认和计量的方法可以选用原始成本法、重置成本法和机会成本法，具体的账务处理包括信息服务成本和信息生产成本，可以分别设置"信息使用支出"和"信息资产成本"进行计量。厦门大学庄明来教授（2004）分析了企业在信息生产过程中对信息成本核算的若干问题，并初步探讨了企业信息成本核算的可行性与复杂性。提出信息成本核算的基本思路：将硬软件列作"信息资产"加以处理，同时设置相应的"信息资产摊销"科目对硬软件损耗进行摊销；对信息服务商而言，购买原始信息所付费用是一种经常性费用，应当设置"信息使用费支出"科目加以核算；如人工费和网络及计算机等硬软件设施的使用费等，应设置"信息搜索成本"科目加以核算；通过设置"信息处理成本"科目来核算纷繁多样的信息处理费用；信息服务商还应对某些不能直接计入产品成本的费用加以归集，因此可设置"信息间接费用"科目对诸如存储、传递等环节所发生的费用加以汇总与分配。他对信息成本核算的论述较为详细，涉及信息系统成本和信息搜寻成本等内容。于金梅（2003）也提出应设置"信息资产"、"信息资产摊销"和"信息费用"账户分别核算"信息生产和服务过程中的各项资本性支出"、"信息在生产和服务过程中减少的价值"及"信息的收益性支出和损耗价值"。

四是信息成本与管理。在这方面，国内学者的研究主要关注基于信息成本的管理问题。比如，郭旺（2004）认为信息是影响企业资源配置效率的重要因素之一。当存在信息生产成本时，标准的真实披露信息条件不再起约束作用，起作用的是激励信息获取的约束，它的满足也意味着代理人真实揭示所获得信息的约束同时得到满足。信息生产成本，私利影响的净效果决定了期望薪酬激励成本，也就决定了公司授权。盛积良和马永开（2006）在管理者获取信息存在成本的前提下研究了基于相对绩效的线性报酬结构对管理者资产组合选择的影响及其激励作用，建立了基于基准组合的投资者与管理者之间的委托代理模型，分析了当投资者向管理者提供基于基准组合的线性合同时管理者和投资者之间的风险收益最优分享规则。

　　五是信息成本与制度。当前，信息成本既是一个经济学术语，也是一个管理学概念。因此，信息成本对制度变革或制度安排产生了重要影响。国内学者对此进行了一些研究。刘平青（2002）研究了信息租金、信息成本与家族企业制度安排问题。他们认为，信息租金与信息成本的权衡是企业组织的基本问题，家族企业是遵守分工原则，灵活地采用契约型、身份型两种激励——约束机制的一种企业信息选择机制，在不完善信息市场中，家族企业是转轨时期一种适应性的制度安排。周其仁（2005）阅读《杜润生自述：中国农村体制变革重大决策纪实》后，从信息成本对制度变革的影响角度阐述了其基本论点：在利益矛盾、认识分歧的体制改革过程中，降低各参与方之间交换信息的成本，是推进制度变革的关键一环；较低的信息成本有助于底层的创新获得合法认可，如果信息梗阻，利益发生重大改变而又不能打通上下经脉，改革就不能成功。他重点论述了信息成本在中国农村制度变革中的重要作用。

　　上面五个方面只是国内现代信息成本研究主体内容，当然还存在着其他方面的研究，如信息成本与电子商务（吴卫明，2006）、市场行为（韩建新，2000）、公共政策（刘彦平，2003）等。

第三节　国内外研究述评

　　同实物资产、人力资产、技术、知识及财务资源一样，信息已成为经济发展必不可少的要素。在多数情况下，信息并不形成企业产品实体，这与人力资源不成构产品实体的道理是一样的。信息对不同的消费者有着不同的价值，不管信息的具体来源是什么，人们都愿意为获得信息付出代价，因为这种"经验产品"对消费者而言具有增值性，或能够减少消费的价值损失。因此，无论是学术界的学者，还是实务界的管理人员，他们都关注信息成本。

从前面我们可以看出，无论是国内还是国外，都有一些以信息成本或管理信息成本为对象的研究。这些研究体现了几个方面的特点：一是以信息经济学范畴为主体。虽然，信息成本研究起源于制度经济学，但研究的范畴大部分限于信息经济学，另有一部分是管理学的内容，包括公司治理、成本管理等。二是以规范研究方法为主。国外学者对信息成本的研究重点以规范分析方法来论述信息成本的影响，也有部分将信息成本引入模型进行实证研究。而国内绝大多数学者都是用定性的分析来论述信息成本相关的基本内容。三是以信息成本的影响研究为主。信息成本影响的对象多、范畴大，无论是消费者还是投资者，还是其他的相关者，诸如政府决策者、企业管理者、信息中介、商品交易者等，都会受到信息的影响，产生或形成信息成本。因此，众多的学者关注于信息成本的影响。当然，他们各自有不同的视角。四是多视角的信息成本研究。

信息成本的研究主要有几种视角：一是研究制度演化中信息成本的作用，即制度视角；二是研究信息商品的成本，即商品视角；三是研究信息系统的成本，即技术视角；四是研究组织交易活动中的信息成本，是从交易行为来考察信息成本，即交易视角；五是研究企业管理的信息成本，即管理视角。

国内外信息成本研究现有成果可以让我们对信息成本有一个较系统的认识，包括信息成本的内涵、特性、影响等多方面，不同的研究视角也为进一步的研究提供了参考。管理信息成本作为信息成本的重要组成部分，在现代企业管理决策中起着重要作用，但仍有许多相关的问题存在争议或尚未研究，值得深入地进行拓展性研究。这些问题包括：

（1）管理信息成本的基本理论问题

管理信息成本是一种新的成本形态，对管理信息成本的基本概念、特征、类型，及其构成与识别等基本理论问题还没有具体的研究成果，这也是必须弄明白的，是对管理信息成本进一步研究的基础。

（2）管理信息的成本与信息效益对比问题

成本与效益是高度相关的一对概念，是"难兄难弟"，对研究如何在一定效益的基础上实现管理信息成本最小化及如何在一定管理信息成本的基础上实现管理信息效益最大化具有十分重要的意义。与此同时，这还涉及另一个概念——"管理信息价值"，即如何通过一定的方法去衡量管理信息的价值、管理信息的效用。

（3）管理信息成本的量化问题

管理信息成本中存在大量隐性成本，既不容易被察觉，也不容易被量化。而且，通过目前的企业会计系统计量管理信息成本还存在很多问题，如管理信息成本计量方法，管理信息成本与其他有关成本的区分，管理信息成本账务处理等。因此，企业管理信息成本的量化研究需要深入探讨。

（4）管理信息成本的控制问题

对管理信息成本进行研究的主要目的是加强信息成本控制，创造信息价值。现有的研究成果中很少涉及管理信息成本控制的方法、措施、策略、途径等内容。管理信息成本的控制研究是管理信息成本管理实务研究的重要内容。

（5）企业管理信息成本的实证研究问题

企业管理信息成本研究具有较强的前沿性，目前对我国企业管理信息成本进行实证研究还比较困难，因为国内许多企业虽然在向信息化方向发展，但还没有构建起信息价值链，因此不具有研究的基础。另外，对企业管理信息成本的实证研究还需要对企业类型进行新的划分，从管理信息需求的角度划分不同类型的企业，并在此基础上开展实证研究。

第三章
管理信息成本研究的基础理论

　　管理信息成本是基于管理视角的信息成本，在对管理信息成本进行研究时，既要弄清管理信息成本产生的根源，解释其形成的原因，又要加强对管理信息成本的控制，构建科学的计量模式、集成途径与控制策略，其中涉及并可以借鉴的理论较多，如信息与管理信息理论、不对称信息理论、成本管理理论、集成管理理论、业务流程重组理论等，它们都为管理信息成本的研究奠定了坚实的理论基础。

第一节　信息、管理信息与管理信息系统

　　信息（information）一词对我们来说已并不陌生，在人们的实际生活和工作中，每个人随时随刻都在与信息打交道，都在不断地接收信息、加工信息、利用信息。管理学家将人类与信息的关系比喻为人与空气的关系一样重要。随着社会经济和科学技术的迅速发展，信息在管理中的地位越来越重要。

一、信息的基本内涵与特点

（一）信息的定义与类型

　　何谓信息？信息是一个内容丰富、运用普遍、含义又相当模糊的概念，要对信息一词作出确切的定义是很困难的。另一方面，信息概念广泛地渗透到各门学科之中，人们可以根据各学科自身的特点为信息做出各种各样的定义。如，信息是物质、事物、现象的属性、状态、关系标识的集合；信息是物质、事物、现象的属性、状态、关系、效用，借助某种方式描记、排布的信号、符号及语义的序列集合；信息是物质、现象的属性、状态、关系标识的集合；信息是一种消息，通常以文字或声音、

图像的形式来表现，是数据按有意义的关联排列的结果；信息就是指以声音、语言、文字、图像、动画、气味等方式所表示的实际内容。信息是客观事物状态和运动特征的一种普遍形式，客观世界中大量地存在、产生和传递着以这些方式表示出来的各种各样的信息，等等。

我们可以看出，信息的定义林林总总，不同视角对信息有着不同的定义。但是，作为能够体现信息本质概念的定义应具有以下两个基本条件：

（1）它应从哲学意义上明确回答这一问题：信息既不是物质也不是能量，信息的实质是什么？

（2）它应该涵盖一切具体领域中各种有关信息定义和概念的内涵，即具有普适性。

因此，本文认为，信息是一种表达内容的集合，该集合需要通过一定的表达方式将内容呈现或反映出来，让人们能发现、接收、理解或利用。其核心是表达内容，这些被表达的内容可以是属性、状态、关系、效用等；重点是表达方式，包括声音、语言、文字、图像、动画、气味等。

一般情况，按不同的标准对信息进行分类会形成不同类的信息。①按信息的产生领域分为：经济信息、科技信息、娱乐信息、政府信息；②按产权性质分为：公共信息与私有信息；③按载体性质分为：印刷型信息、光介质信息、缩微型信息、磁介质信息；④按信息的传递技术分为：印刷型信息、模拟型信息与数字型信息；⑤按信息的文本特点分为：文字型信息、图像型信息、声音型信息、多媒体型信息、实物型信息等；⑥按信息的有用性分为：有用信息和无用信息。有用信息是指该对相关者行为产生影响的信息，相关者包括个人、企业组织、政府机构、事业单位和其他组织；而无用信息与之相反，是指不能给相关者的行为产生任何影响的信息。但对不同的相关者而言，信息的有用性可能不一样，如 A 信息可能对甲有影响而对乙无影响，那么可以认为 A 信息对甲是有用信息，而对乙是无用信息。并且，有用信息对不同的使用者而言用途也是不一样的，如丙可能将 B 信息用于企业管理活动中，而丁则可能将 B 信息用于市场交易活动中。本文所指的信息主要是企业管理决策过程中所需的管理信息，它对企业有用，并用于企业的管理决策过程中。比如，企业产品研究时的产品预期销售信息，产品生产中材料采购决策所需的价格信息，商品营销中的销量及售价信息，投资决策所需的盈利信息，员工薪酬管理中的人力资源信息等。

（二）信息的特点

1. 体验性

信息在使用之前，人们是无法知道其价值大小的，只有在使用之后，才知道其价值的大小。信息作为体验产品，其难点在于，人们在使用之前由于不知其价值的大小而无法确定其价格，但是在使用之后又似乎不需要再购买了，比如一条能够影响决策的信息。当然，对于复杂的信息，其体验性不十分明显，因为使用者在一次浏览或试用后不太可能获得其全部价值，如复杂的设计图纸、测试版软件等。

2. 具有高固定成本和低复制成本

信息生产主要依靠人力资本与技术资本，在研发环节需要投入大量的资金，包括昂贵的人力资本、大量的技术知识积累、必要的生产设备投资、中试投入以及市场风险等，因此需要很高的固定成本。但信息商品的复制却十分简单，只要第一份信息生产出来，复制一份的成本几乎为零，这意味着其边际成本几乎为零。因此，信息生产规模越大，平均成本越低。

3. 时效性

信息的价值具有时效性，包括内容的时效性与传递过程的时效性。内容的时效性是指信息的内容对于特定的使用者来说，只在特定的时间内有效；传递过程的时间性是说信息在传递过程中具有时间成本，传递时间越长，时间成本越大。

4．价值的使用者依赖

信息的使用者信赖性包括两个方面：一是信息的价值依赖于使用者的需要与相关知识的积累；二是一些信息的价值随着使用人数的增加而减少，另外一些信息的价值则随着使用人数的增加而增加。

5．有用性

申农认为信息是用以消除随机和不确定性的东西，这充分说明了信息的有用性——可能消除人们认识的不确定性。对企业而言，信息的有用性具体表现为它是组织的保障、管理的基础和决策的依据，是企业赢得市场竞争的法宝。对任何企业而言，都存在一定的信息交流方式以按此方式交流的信息流，企业内部组织的有效性正是依靠信息来维系的。企业的管理活动也离不开信息，从信息科学的角度看，任何管理系统都是一个信息输入、处理、输出以及反馈的系统，管理是建立在信息的基础上的。同样，企业的决策也离不开信息，企业正确的经营决策，绝不是凭空想出来的，而是在准确、及时、完整的信息基础上得出的。因此，没有信息，企业根本无法组织和管理，无法做出正确的判断和决策。

6．稀缺性

在现实生活中，我们常说信息泛滥或者知识爆炸，但这并不表明，信息可以取之不尽，用之不竭。对任何个人或组织而言，有用的信息是稀缺的，因为：一是许多信息是由不同的经济主体经过劳动生产出来的经济物品，而不是无需通过人类的努力就能自由取用的自由物品；二是现实的经济是不完全竞争经济，这种市场结构不具备完全竞争理论所提出的信息充分的条件，信息不是免费财物而是商品，因此自然存在成本问题；三是信息不对称现象是经济生活中的普遍现象，处于信息劣势的一方将更加信赖有用信息并将其作为理性选择，处于信息优势的一方在必要的时候也会通过信号显示使自己获利，双方为了获取或发送信息者都要付出一定的成本；四是由于某些信息具有公共物品的属性，存在信息不准确的因素，所有经济主体在众多的信息中进行选择时，会产生信息搜寻成本。信息的商品属性、信息不充分、信息不对称及信息不准确等现象在现实中客观存在着，并决定了信息的稀缺性。

二、管理信息的概念与特征

（一）管理信息的定义及基本要求

一般来说，管理信息（management information）是那些以文字、数据、图表、音像等形式描述的，能够反映组织各种业务活动在空间上的分布状况和时间上的变化程度，并能给组织的管理决策和管理目标的实现提供参考价值的数据、情报资料。本文认为，信息是表达内容的集合，需要借助一定的方式呈现或反映出来。然而并非所有的信息都是有用的，并且信息的用途也会因相关者不同而存在差异，有的人用于交易，有的人用于管理；甚至同一主体对不同和相同的信息也有不同用途，正如有句俗语，"各花入各眼"。因此，管理信息是指在经济管理过程中所需的表达内容的集合，这些内容是对经济运动变化及其特征的客观描述和真实反映，或对与经济运动有密切联系的其他运动变化及其特征的客观描述和真实反映。具体地说，它包括两方面的内容：一是指为了达到经济管理目的和形成经济管理行为所收集或加工的信息，主要是指能够反映管理客体运行状态和可能影响管理客体运行状态的各种信息；二是指经过加工并在经济管理过程中得以运用的和反映经营管理者管理行为的信息。

经济管理强调效率、效率及效能，有效的管理信息能产生有效的管理工作。从管理控制工作职能的角度来看，为了达到有效的控制，对管理信息具有以下基本要求：

（1）客观真实。即信息必须真实客观地反映实际情况。虚假的信息往往会对组织决策者产生误导，使其作出错误的判断和决策，从而给组织造成损害。

（2）及时相关。信息具有时间价值，在管理活动中，信息的加工、检索和传递一定要快，只有这样，才能使管理者不失时机地对生产经营活动作出反应和决策。如果信息不能及时地提供给各级主管人员及相关人员，就会失去信息支持决策的作用，甚至有可能给组织带来巨大损失。

（3）可靠完整。信息的可靠性除与信息的精确程度有关外，还与信息的完整性成正比关系。完整性是指管理信息的收集和加工不仅应全面、系统，而且应具有连续性。企业的生产经营活动是一个复杂的系统，而从外部影响企业经营的环境因素又是众多的。因而，企业必须全面收集反映企业各方面的信息，由此才能保证统一地指挥、协调、控制企业内部的活动，才能使企业适应外部环境的要求。同时，客观世界是永恒变化的，其发出的信息也是连续不断变化的，因而只有对这些不断变更的信息进行连续的收集和加工，才能正确地把握事情的本质，从而为主管人员的决策提供可靠的依据。

（4）适用无偏。管理控制工作需要的是适用的信息。由于不同的管理职能部门的工作业务性质和范围不同，因而其对信息的种类、范围、内容等方面的要求是各不相同的。因此，信息的收集和加工处理应有一定的目的性和针对性，应当是有计划地收集和加工。

（二）管理信息的特征

管理信息是信息的一种，属于特别的信息类型，即管理信息是专门为某种管理目的和管理活动服务的，因此它有信息的共性，也有独特的个性，并呈现出以下特征：

1. 管理有效性

管理有效性是管理信息的首要特征，它要求对管理目的和管理活动必须有效，对管理过程中的调查预测、计划目标、战略决策、组织结构、人员配备、监督控制等都要产生效果，包括在信息的时间上要及时，数量上要适当，质量上要准确，内容上要适用。有效性也是信息的中心价值，如果信息在时间上不及时、数量上不足够、质量上不准确、内容上不适用的话，那么这种信息不仅无益，反而有害。

2. 决策有用性

有用性体现在两个方面：一是该信息能够被使用，二是使用该信息后能产生效果。管理信息用于管理决策，无论是宏观的经济管理，还是微观的企业管理，都要求信息能发挥作用，不同的主体运用信息能够减少决策结果的不确定性，降低决策风险。决策有用性是管理信息的根本特征。

3. 系统共享性

这就是现在通常所说的资源共享的重要内容。从管理信息角度来说，它的共享性主要表现在不同层次、不同部门、不同个体可以通过管理信息系统共同使用某种信息资源。正确认识和顺应这一特征，对于建立管理信息系统并发挥其重要作用具有重要的意义，也可充分发挥信息的共同作用，避免在信息的收集、加工、传输、储存等方面的重复劳动，在现代社会中，国际互联网的建立，信息高速公路的诞生，使信息的共享性达到前所未有的程度。

4. 需求等级性

管理信息既有有效性和共享性，但是又可以分级的，同时处在不同级的管理者对同一事物所需要的信息也不同，就是同一单位不同层次的管理者对信息的需要也明显差异，从信息需要的重要性上可分区战略级、战术级和作业级。战略级主要指高层管理者所需要的关系到全局和长期利益的信息，例如决定工厂的新建、改建、扩建或停止等；战术级指部门负责人所需要的关系局部和中期利益的信息，例如生产车间、质检部对每月业务工作情况的计划和运行情况结果比较分析、控制质量标准等；作业级是指关系到基层生产或营销业务的信息，例如每天生产数量和销售金额的统计数据等。

5. 数量不完全性

关于某种客观事实的真实情况往往是不可能被完全得到的，数据的收集或信息的转换与主观思路关系甚大，所以只有舍弃无用的和次要的信息才能正确地使用信息，这也就是信息的综合性，管理必须全面地收集信息并进行综合分析、加工，才能充分认识和考虑各种内外因素引起的积极的或消极的影响程度，才能保证信息在决策、计划、控制时做到科学管理并发挥重要作用，做到统筹兼顾、综合平衡、协调发展。

6. 结果经济性

所谓信息的经济性就是信息同样存在着投入产出的问题，对于信息的投入是必要的，但也要重视费用效益的分析，要求花费成本尽可能少而获取的信息数量和价格量尽可能大，这就要求管理者既要重视对信息部门的经济投入，强调它们对于管理的重要性，健全信息管理组织和人员配备，又要注意信息的经济性和实用性。

7. 时效滞后性

信息是由数据转换而来的，因此它不可避免地落后于数据，而且信息的使用价值必须经过转换才能得到，这种转换也必须从数据到信息再到决策，最后取得效果，它们在时间上的关系是：从前一个状态转换为后一个状态的时间间隔总不会是零，这就是信息的滞后性。同时又由于信息是有寿命的，许多信息的寿命很短，因此要重视及时转换信息，否则信息会难以被转换，且不转换就会失去信息的价值。

（三）管理信息的分类

为了有效地对管理信息加以分析和利用，管理信息可从各种不同的角度并按照信息的不同特征和作用进行分类：

1. 按管理信息的来源，可以将其分为内生信息和外生信息。内生信息，是指组织内部所产生的信息，它反映组织内部所拥有的资料状况、资料的利用水平和能力；外生信息来自组织外部，是对组织业务活动有影响的外部环境各因素的信息。例如：企业外部原材料的供应情况，消费时尚的变化，产生技术进步的速度和方向，政府颁布的政策、法规、条令等。

2. 按组织不同层次的要求，可以将管理信息分为计划信息、控制信息和作业信息。

（1）计划信息。这种信息与最高管理层的计划工作任务有关，即与决定该组织在一定时期内的目标、制定的战略和政策、制订的规划、合理分配的资料有关的信息。这类信息主要来自于组织外部环境，诸如当前和未来的经济形势的分析预测资料，市场竞争对手情况，国家的政策、法律、法规颁布情况及变动。

（2）控制信息。这是组织的中层管理部门为了实现组织的经营目标而对生产经营活动各环节进行监督、控制所应用的信息。控制信息主要来自组织内部，要求比较详细具体。

（3）作业信息。这种信息与组织的日常管理业务活动有关，大多反映了企业生产经营的日常业务活动，并用以保证基层管理部门切实地完成具体作业。这类信息也主要来自于组织内部。基层主管人员是该类信息的主要使用者，其信息要求明确、具体、详细。

3. 按产生时间的不同，可以将管理信息分为历史性信息、实时性信息和预测性信息。

（1）历史性信息。这是指在过去就已经发生的信息。这类信息一般已被使用过，但其可以帮主管人员从历史条件中找到借鉴和启发的意义，因而仍具有利用价值，仍需将其以资料文档的形式予以保存。

（2）实时性信息。这是指反映组织当前活动情况及外部环境特征的信息。该类信息的时效性很强，往往是企业信息工作的重点，对于指导和控制组织正在进行的活动具有非常重要的作用。

（3）预测性信息。这是指在掌握和利用以上两种信息的基础上，通过运用科学的预测方法或主管人员的经验判断，对组织未来进行预先描述所得到的信息。这类信息对高层主管人员及时决策并尽早作出相应的准备措施有重大意义。

4. 按管理信息的稳定性，可以将其分为固定信息和流动性信息。

（1）固定信息。这是指组织在一定时期内不会发生重大变化，具有相对稳定性的信息。它可以供各项管理工作重复使用，且不会发生质的变化。以企业为例，固定信息主要包括定额标准信息、计划合同信息和查询信息。一般而言，固定信息约占企业管理系统中总信息流量的75%，因而固定信息的整理和利用在很大程度上便决定了整个企业管理系统的工作质量。

（2）流动信息。又称为作业统计信息，它是由组织的营运活动所产生的，反映生产经营活动实际进程和状况的信息，并且随着生产经营活动的进展而不断变化和更新。例如企业的库存量情况，产品的生产进度、企业的设备损耗情况等。由于该类信息不断变化，因而其时效性非常重要，一般只有一次性使用价值。

对管理信息的分类标准较多，还有其他类型，如：①从总体来分，管理信息可分为自然信息和社会信息两大类；②从使用的主体来看，管理信息可分为政府管理信息、事业单位管理信息、企业管理信息、个体管理信息和其他组织管理信息；③从信息的精确性来分，可分为精确性信息（可靠信息）和不太精确信息（非可靠信息）；④从信息的稳定性来分，可分为常规信息（固定信息）和变动信息（流动信息）；⑤从信息的期待性来分，可分为预知信息和突发信息；⑥从信息的不同业务领域来分，可分为政治信息、经济信息、军事信息、科技信息、教育信息、体育信息、卫生信息、文化信息、人口信息、金融信息、商业信息等；⑦从信息获取渠道的不同来分，可分为正规渠道信息、非正规渠道信息以及官方信息、民间社团信息等。

本文研究的管理信息是指企业管理信息，即企业经营管理决策过程中所需的信息，它能减少决策结果的不确定性和降低决策失败的风险。

（四）管理信息的作用

有些单位对信息的收集比较完善，但信息资源却没有得到充分利用，没有为经济管理发挥应有的作用，这是非常可惜的。因此，强调管理信息的作用并开发信息资源是非常必要的。管理信息的重要作用主要表现如下：

（1）管理信息具有重要的心理作用

在管理实践中，管理信息能够发挥重大的心理作用。有经验的管理成功人士都知道，员工的士气能够产生巨大的力量，促使组织成员鼓足干劲、努力地工作以完成组织的目标或帮助组织走出困境。如何提高员工士气，方法有很多。其中之一就是恰当地向员工发布各类信息，搞好宣传工作，这就是管理信息的心理作用。例如，在管理实践中，有的企业定期将企业技术进步和销售额增长的指标向员工颁布，以鼓舞大家的工作热情；将员工在完成产量和成本指标方面的情况及奖惩结果定期公布，以落实责任制，激励先进者，鞭策后者；有时企业也把企业的经营困境状况告诉全体员工，以统一认识，增强员工的危机感，促使其将自己与企业的命运联系起来，主动地努力工作。

（2）管理信息是进行预测的基础

预测是对未来环境进行估计。它是根据调查研究所获得的客观事物过去和现在的各种信息资料，运用科学的预测方法和预测模型，对事物未来一定时期内的发展方向所作出的判断和推测。可见，预测是以掌握信息为基础的，要作出科学的预测，除了要有科学的预测方法之外，充分拥有信息资料是基本的前提。管理信息的预测作用对于管理来说是相当重要的，没有预见就没有科学的管理，管理者必须充分发挥信息的预测作用。

（3）管理信息的流动是进行管理控制的基本手段

管理的本质在于处理信息，管理的艺术在于驾驭信息。在企业的生产经营活动中，总是贯穿着物流和信息流，信息流伴随着物流同时流动，并反作用物流，控制着其流动过程。管理者正是通过驾驭信息流来控制物流，进而达到管理和控制生产经营活动过程的目的，以实现企业或组织的目标。在现代的管理活动中，无论采用哪种方法进行控制，都必须做到两点：系统要力图保持自身稳定于某种状态之中，当发生偏离时，系统首先应能及时察觉，并采取必要的纠正措施，以使系统的活动趋于相对稳定，这叫做"维持现状"。系统要力图使自己从某种现存状态过渡到某种期望的状态，即在某些情况下，组织内外环境发生变化，从而对组织提出新的要求，主管人员就应当改革和创新，开拓新局面。这时，就应当对原有的计划进行修订，确定新的现实目标，并采取措施突破现状，达到新计划的期望状态。这叫做"突破现状"。在以上两种情况下，信息都起着非常重要的作用。

（五）管理信息与一般信息的不同之处

1. 管理信息产生于经济管理运动或与经济管理运动有密切联系的过程中，产生于人类有意识的实践中。因而，管理信息是以发现者和接收者能够共同理解的符号、图纸、文件、录音等形态出现，反映人类的经济管理活动。而一般信息，特别是自然信息，到目前为止还有很大部为不能被人类所理解和接收。

2. 管理信息的产生源于管理需求。无论是宏观的国家经济管理部门，还是微观企业，在管理决策时，为减少决策结果的不确定性，降低决策风险，必然要进行信息的收集、加工、处理，并用于管理决策活动中，提升决策效果和效率，具有鲜明的有用性——决策有用。而一般信息的产生大多是一种自觉行为，有信息发送者，但没有接收者，它是盲目的、不断地发送。

3. 管理信息成本的补偿依赖于管理决策价值的实现。管理信息的作用在于使得管理活的风险最小、收益最大，实现价值最大化目标。因此，管理信息的决策价值一方面驱动管理者对管理信息进行收集、加工与处理，另一方面实现的决策价值也能对信息处理过程中产生的管理信息成本进行补偿。

4. 管理信息具有明确的针对性、时间性。管理者在收集、加工与处理信息时，往往是因为某一具体管理活动或管理工作的需要，如，为加强人事管理需要收集员工业绩信息，为提高存货管理需要收集库存数量、价格、时间等信息，为推进营销管理需要收集营销人员效率及效果、广告成本等信息。一旦某项管理活动或管理工作暂时完成，该类信息的就处于无用状态。

三、管理信息系统

管理信息系统（Management Information System，MIS）是一个以人为主导，利用计算机硬件、软件、网络通信设备以及其他办公设备，进行信息的收集、传输、加工、储存、更新和维护，以企业战略竞优、提高效益和效率为目的，支持企业的高层决策、中层控制、基层运作的集成化的人机系统。它是现代企业管理的重要工具。

（一）管理信息系统定义

管理信息系统是一门新兴的科学，它是一个由人、计算机及其他外围设备等组成的能进行信息的收集、传递、存贮、加工、维护和使用的系统，其主要任务是最大限度的利用现代计算机及网络通讯技术加强企业的信息管理，通过对企业拥有的人力、物力、财力、设备、技术等资源的调查了解，建立正确的数据，加工处理并编制成各种信息资料及时提供给管理人员，以便进行正确的决策，不断提高企业的管理水平和经济效益。目前，企业的计算机网络已成为企业进行技术改造及提高企业管理水平的重要手段。

随着我国与世界信息高速公路的接轨，企业通过计算机网络获得信息必将为企业带来巨大的经济效益和社会效益，企业的办公及管理都将朝着高效、快速、无纸化的方向发展。管理信息系统通常用于系统决策，例如，可以利用管理信息系统找出目前迫切需要解决的问题，并将信息及时反馈给上层管理人员，使他们了解当前工作发展的进展或不足。换句话说，管理信息系统的最终目的是使管理人员及时了解公司现状，把握将来的发展路径。

（二）管理信息系统内容

一个完整的管理信息系统应包括：辅助决策系统（DSS）、工业控制系统（CCS）、办公自动化系统（OA）以及数据库、模型库、方法库、知识库和与上级机关及外界交换信息的接口。其中，特别是办公自动化系统（OA）、与上级机关及外界交换信息等都离不开企业内部网的应用。可以这样说，现代企业管理信息系统不能没有企业内部网，但企业内部网的建立又必须依赖于管理信息系统的体系结构和软硬件环境。

传统的管理信息系统的核心是 CS（Client/Server——客户端/服务器）架构，而基于互联网的管理信息系统的核心是 BS（Browser/Server——浏览器/服务器）架构。BS 架构比起 CS 架构有着很大的优越性，传统的管理信息系统依赖于专门的操作环境，这意味着操作者的活动空间受到极大限制；而 BS 架构则不需要专门的操作环境，在任何地方，只要能上网，就能够操作管理信息系统，这其中的优劣差别是不言而喻的。

（三）管理信息系统的特性

完善的管理信息系统具有以下四个标准：确定的信息需求、信息的可采集与可加工、可以通过程序为管理人员提供信息、可以对信息进行管理。具有统一规划的数据库是管理信息系统成熟的重要标志，它象征着管理信息系统是软件工程的产物。通过管理信息系统实现信息增值，用数学模型统计分析数据，实现辅助决策。管理信息系统是发展变化的，也有生命周期。

管理信息系统的开发必须具有一定的科学管理工作基础。只有在合理的管理体制、完善的规章制度、稳定的生产秩序、科学的管理方法和准确的原始数据的基础上，才能进行管理信息系统的开发。因此，为适应管理信息系统的开发需求，企业管理工作必须逐步完善以下工作：管理工作的程序化，各部门都有相应的作业流程；管理业务的标准化，各部门都有相应的作业规范；报表文件的统一化，固定的内容、周期、格式；数据资料的完善化和代码化。

（四）管理信息系统的划分

1. 基于组织职能进行划分。管理信息系统按组织职能可以划分为办公系统、决策系统、生产系统和信息系统。

2. 基于信息处理层次进行划分。管理信息系统基于信息处理层次进行划分为面向数量的执行系统、面向价值的核算系统、报告监控系统，分析信息系统、规划决策系统，自底向上形成信息金字塔。

3. 基于历史发展进行划分。第一代管理信息系统是由手工操作，使用工具是文件柜、笔记本等。第二代管理信息系统增加了机械辅助办公设备，如打字机、收款机、自动记账机等。第三代管理信息系统使用计算机、电传、电话、打印机等电子设备。

4. 基于规模进行划分。随着电信技术和计算机技术的飞速发展，现代管理信息系统从地域上划分已逐渐由局域范围走向广域范围。

5. 管理信息系统的综合结构。管理信息系统可以划分为横向综合结构和纵向综合结构，横向综合结构指同一管理层次各种职能部门的综合，如劳资、人事部门。纵向综合结构指具有某种职能的各管理层的业务组织在一起，如上下级的对口部门。

管理信息系统是企业管理的重要部分，也是管理信息成本发生的主要中心。管理信息系统所发生的所有成本费用都是管理信息成本，因此，对管理信息系统的分析有助于对管理信息成本的理解、核算、分析及控制。

第二节　管理信息成本研究的理论借鉴

一、不对称信息理论

不对称信息（asymmetric information）是指交易双方各自拥有对方所不知道的私人信息。或者说，在博弈中某些参与人（代理人）拥有但另一些参与人（委托人）不拥有的信息。信息不对称造成了市场交易双方的利益失衡，影响社会的公平、公正的原则以及市场配置资源的效率。例如，买者对所购商品的信息的了解总是不如卖商品的人，因此，卖方总是可以凭信息优势获得商品价值以外的报酬。，买者对所购商品的信息的了解总是不如卖商品的人，因此，卖方总是可以凭信息优势获得商品价值以外的报酬。占有信息的人在交易中获得优势，这实际上是一种信息租金，实际上信息租金是每一个交易环节相互联系的纽带。因此，不对称信息是信息经济学和博弈论研究的基本假设和前提。

不对称信息理论所研究的问题可以从两个角度进行分类：第一，从不对称信息发生的时间来看，发生在当事人签约之前被称为事前不对称信息，研究事前不对称信息问题的模型称为逆向选择（adverse selection）模型；发生在签约之后，则称为事后不对称信息，研究事后不对称信息的模型称为道德风险（moral hazard）模型。第二，从不对称信息的内容看，不对称信息可能是指某些参与人的行动，也可能是指某些参与人的知识。研究不可观测行动的模型称为隐藏行动（hidden action）模型，研究不可观测知识的模型称为隐藏知识（hidden knowledge）模型（或隐藏信息模型）。

因此，可以把不对称信息理论研究的内容分为以下 5 类：

一是逆向选择。这是一种事前信息不对称。在不完全信息博弈中，存在一种委托—代理关系，代理人知道自己的类型，委托人不知道；委托人和代理人签订合同。也就是说，委托人在签订合同时不知道代理人的类型，问题是选择什么样的合同来获得代理人的私人信息。比如公司在招聘经理人员时，雇主不知道雇员的工作能力，开始公司会给出较低的薪金；公司在投资某证券时，投资者不（或不完全）知道该证券的收益性、流动性和完全性，只愿意购买价格较低、交易频繁的证券。

二是信号传递（signaling）。在逆向选择的情况下，拥有信息优势一方（代理人）为了显示自己的类型，会向委托人传递某种信号，然后签订合同。比如在公司招聘中，雇员通过显示自己的教育水平或从事经历来传递自己工作能力的信号，雇主根据雇员的教育水平来签订招聘合同；在产品市场上卖方通过出示产品的质量保证期或权威的标准认证来显示产品的质量；发行证券的企业会公告经过审计的财务报告或权威机构对证券级别的评定。

三是信号甄别。在存在逆向选择的情况下，委托人会提供多个合同要求代理人选择，代理人根据自己的类型选择一个适合自己的合同，并根据合同条约选择自己的行动。

四是隐藏行动的道德风险。在签约之后，代理人选择自己的行动，并且和自然状态一起决定一些可观测的结果；委托人和代理人之间存在信息不对称的情况，即委托人只能观测到结果，却不能直接观测其行动本身。

五是隐藏信息的道德风险。在签约之后，委托人可以观测到代理人的行动与最后的产出，但是观测不到自然的选择，代理人知道自然的选择，但是可能会向委托人隐藏关于自然选择的信息或知识。

可以看出，不对称信息会导致相关者产生四大行为：逆向选择、隐藏行动和信息、信号传递以及信号甄别。但无论是哪一类行为的发生，对企业而言都会产生成本：逆向选择和隐藏行动、信息会使企业产生损失或收益减少；信号传递、信号甄别会使企业产生传递、加工与甄别成本。当然，这些成本形成的原因是相关者信息的非对称性，不对称信息实际上可以被看作对信息成本的投入差异。如果企业处于管理决策过程中，那么信息的不对称性状态引致的成本就会成为企业的管理信息成本。因此，企业管理信息成本产生的根源是信息不对称，是因为管理者与其他相关各方各自拥有的信息不对称。这也意味着，企业管理决策者没有获得某一信息前的决策信念和方案选择与获得某一信息后的决策信念和方案选择会有所不同，因为决策都拥有的信息量不同，成本也不一样。

二、成本管理理论

（一）成本动因理论

成本动因（cost drive）是引发成本的推动力或驱动因素，即引起成本发生变动的或变动的原因。迈克尔·波特（1985）指出，成本动因是构成成本结构的决定性因素。罗曼诺（1990）也指出，成本动因表示某一特定作业和一系列成本之间的因果关系，进而把成本动因分为用于各作业中心内部成本库之间分配资源的动因和用于各产品之间分配成本库的动因。

成本动因具有隐蔽性、相关性、适用性和可计量性的特征，并按不同层次和领域可分为经营性成本动因、战略成本动因和宏观成本动因，按内容可以分为交易性成本动因、延续性成本动因和精确性成本动因，按成本归属的角度可分为执行动因、（均衡）数量动因和强度动因三类。

成本动因是分配的标准，对于成本信息的相关和准确性有重要影响，是进行成本分析的基础，因此成本动因的确定是作业成本实施的重要内容。在选择成本动因时，需要考虑相关程度、采集成本、行为导向三大因素，其中，相关程度是在分配过程中假设分配源的成本与成本动因的数量线性相关；采集成本要求一次分配需要针对每个分配目标采集成本动因数据，无法采集数据则无法分配；行为导向是源于不同的成本动因有不同的分配结果，不同的成本分配结果以及基于分配结果的管理决策会对组织和员工的行为产生导向作用，因此必须仔细分析成本动因的行为导向作用。企业可以利用成本动因的行为导向功能，把员工的行为导向有利于降低成本的方向。

成本动因理论是对成本理论的新发展，它把成本理论引入研究隐藏在成本之后的成本驱动因素。它使成本理论进入更深层的研究领域，也指导成本管理实践迈向新方向。驱动管理信息成本发生的根本因素是效益，是管理信息带来的因决策效率提高和成本优化或降低而产生的经济效益。

（二）作业成本管理

作业成本管理（Activity－Based Costing Management，AB-CM）是以作业（activity）为基础的管理，是以提高客户价值、增加企业利润为目的，基于作业成本法的新型集中化管理方法。作业成本管理主要通过对作业及作业成本的确认、计量来最终计算产品成本，同时将成本计算深入到作业层次，对企业所有作业活动进行追踪并作出动态反映，再进行成本动因分析与作业分析，从而为企业决策提供准确信息。这种管理模式认为企业是一系列作业的集合，作业耗用资源，产品耗用作业，按照顾客的需求研究作业，核定作业消耗量，计算作业成本，选择和分析成本动因，实施作业管理，以消除不增值作业，提高增值作业的运作效率和质量，增加转移给顾客的价值。因此，作业成本管理是以作业为基础，面向产品设计、材料供应、生产制造、产品销售、质量管理等全过程、全员性的全面成本控制的管理。

作业成本管理涉及四大核算要素：资源、作业、成本对象、成本动因。其中资源、作业和成本对象是成本的承担者，是可分配对象，在企业中，资源、作业和成本对象往往具有比较复杂的关系；成本动因则是导致生产中成本发生变化的因素，只要能导致成本发生变化的因素，就是成本动因。实施生产作业成本管理的过程主要包括作业调研、作业认定、成本归集、建立成本库、建立作业成本核算模型、选择或开发作业成本实施工具系统、作业成本运行和结果分析、开展相关改进工作以实现增值作业等环节，这是实现作业成本管理成功的关键。

管理信息成本虽然是基于管理决策而产生的信息成本，但资源耗费、作业单元、成本对象和成本动因都是明确的，或是可以通过一定方法或业务流程再造来确认的。因此，作业成本管理既是管理信息成本的一种计算或核算方法，又是管理信息成本的一种控制策略。

（三）成本战略理论

战略管理（cost strategy）的核心是寻求企业长期的竞争优势。竞争优势是一切战略的核心，它归根结底来源于企业能够为客户创造价值，这一价值要超过该企业创造它的成本。因此，成本是战略的关键，战略管理促使成本战略的产生。在竞争优势的战略选择和决策中涉及大量的成本问题，包括领先战略中的成本优势，标歧立异中的歧异成本，细分市场中的成本计量行为，蓝海战略中的成本创新等。

成本战略随着战略管理的需要而形成，并伴随战略管理的发展而发展。成本战略的基本步骤包括：①成本战略环境分析，②成本战略规划，③成本战略实施，④成本战略业绩衡量与评价，⑤成本战略重启与创新。

管理信息成本除了研究基本内涵、本质特性外，更重要的是研究如何加强管理信息成本控制和提高管理信息成本对价值创造的推动力。在企业的各管理环节、各管理层面、各管理活动中，我们经常面临着信息不对称和不完全问题，还面临着决策结果的不确定性问题。为了解决这些问题，企业一定会通过各种方式搜寻、加工、传递、利用信息，但在这一过程中企业会付出代价并产生成本。因此，管理信息成本源于信息不对称和信息不完全。根据成本动因理论，我们可以发现，引发管理信息成本产生的因素是在信息非对称状态下管理决策对信息的需求，并且这种信息需求是多层次的、多领域的，既包括了日常业务管理和战略管理层次，又包括了企业内部管理和跨企业间组织管理领域。管理信息的形成会引发管理信息作业，而管理信息作业要消耗资源，管理信息成本产生于管理信息作业的各环节。因此，管理信息成本的计量、集成和控制可依据作业成本管理理论进行。成本战略理论主要在两个方面对管理信息成本控制起着指导作用：一是管理信息成本控制的战略分析，包括管理信息成本形成的动因、环境、环节、构成等；二是管理信息成本控制的手段和方法创新，为形成成本优势，进而形成竞争优势，企业可以在成本战略规划、实施、业绩评价中创新手段和方法，既实现控制成本的目的，又有助于企业的价值创造。

三、集成管理理论

（一）集成的内涵、实践及理论发展

集成是一种普遍存在的现象，如自然界多种自然因素协同作用所产生的各种植物生态群落、社会领域相关企业所组成的战略联盟、技术领域的合金材料和数控机床等皆属于集成现象。因此，在我国，集成是指某类事物中好的方面、精华部分集中起来，从而达到整体最优的效果；在国外，集成（integration）的主要含义包括综合、融合、结合、一体化等。

李宝山、刘志伟（1998）认为，集成是指某一系统或某一系统的核心把若干部分、要素联结在一起，使之成为一个统一整体的过程。集成的原动力是新的统一形成之前某种先在的系统或系统核心的统摄、凝聚作用。从管理的角度来说，集成是一种创造性的整合过程，只有当构成一系统的要求经过主动的优化、选择搭配，相互之间以最合理的结构形式结合在一起，形成一个由适宜要素组成的、优势互补的有机体，才能称之为集成。集成的本质是一种竞争性的互补关系，即各种要素通过

竞争冲突，不断寻找、选择自身的最优功能点，在此基础上进行互补匹配。集成是含有人的创造性思维的动态过程，它能够成倍地提升整体的效果、有利于优胜劣汰、有助于实现动态平衡。

20世纪50年代以前，企业管理更多地表现为在分工基础上的集成，这种集成是在组织内对各种分工进行协调。如"科学管理之父"泰勒提出了职能分工的原理，法约尔在他的管理原则中提出了劳动分工、统一领导和统一指挥的原则，马克斯·韦伯提出了科层制。同时也出现了一系列包含集成管理思想的理论：如约瑟夫·熊彼特（Joseph A . Schumpeter）的"创新理论"，认为绝大多数创新都是对现存知识按照新的方式进行组合，其对创新的理解就包含了一定的集成思想；贝塔朗菲的"系统论思想"中的一般系统论则明显体现了集成思想。这些都为各类学科知识的综合集成奠定了理论基础。从20世纪50年代至今，随着计算机和网络系统在企业管理中的广泛应用，集成管理在企业中的地位和作用日益突出。日本丰田汽车公司在1953年提出了适时制造（JIT）生产方式。美国IBM公司专家奥里奇在1965年提出物料需求计划（Material Requirement Planning，MRP）。美国的约瑟夫·哈林顿（Joseph Harrington）在1973年首次提出计算机集成制造（Computer Integrated Manufacturing，CIM）的概念，认为企业生产的组织和管理应该强调两种观点：一是企业的各种生产经营活动是不可分割的，需要统一考虑；二是整个生产制造过程实质上是信息的采集、传递和加工处理的过程。计算机集成制造中所蕴含的哲理为进一步研究集成管理提供了极其重要的思想源泉。在计算机集成制造基础上，计算机集成制造系统（Contemporary Integrated Manufacturing System，CIMS）逐步形成。20世纪70年代末，物料需求计划有了进一步发展，将经营、财务与生产管理子系统相结合，

形成了制造资源计划（Manufacturing Resource Planning，MRP
Ⅱ），面向所有的制造资源。20 世纪 80 年代出现了"敏捷制
造"（Agile Manufacturing，AM）、"并行工程"（Concurrent Engi-
neering，CE）和 "业务流程重组"（Business Process Reengi-
neering，BPR）集成管理理论与方法。到了 20 世纪 90 年代初
期，有效利用和管理企业内外整体资源的 ERP 理念逐步发展起
来。至此，集成管理开始由针对企业内的结构优化逐渐转为重
视企业外的结构优化，产生了多企业集成的思想。我国 "863"
计划在 1998 年提出了现代集成制造系统概念，在广度和深度上
拓展了原有计算机集成制造（系统）的内涵，使（集成）拥有
更广泛的内容。

（二）集成管理的内涵

我国不少学者从不同角度和层面按照自身的理解对集成管
理的概念进行了界定，其中具有代表性的是李宝山教授（1998）
的集成管理概念：集成管理实质上是将集成思想创造性地应用
于管理实践的过程，即在管理思想上以集成理论为指导，在管
理行为上以集成机制为核心，在管理方式上以集成手段为基础。
要通过科学而巧妙地创造性思维，从新的角度和层面来对待各
种资源要素，拓展管理的视野和疆域，提高各项管理要素的交
融度，以利于优化和增强管理对象的有序性。在具体的管理行
为实施中，综合运用各种不同的方法、手段和工具，促进各项
要素、功能和优势之间的互补、匹配，使其产生 "1 + 1 > 2" 的
效果，从而为企业催生出更大的竞争优势[①]。

集成管理是一种全新的管理理念与方法，其核心是强调运
用集成的思想和理念指导管理实践。集成管理的空间结构要素
主要包括四个方面，即管理主体、管理对象、管理方法和管理

① 李宝山，刘志伟. 集成管理——高科技时代的管理创新［M］. 北京：中国
人民大学出版社，1998.

手段（见图 3 - 1）。其中，以管理主体为原点，管理对象、管理方法和管理手段为三个维线，形成了一个相互关联、相互作用的复合结构，这种结构又包括两个层次：第一层次是指管理主体、管理对象、管理方法和管理手段等各体系内部的要素关系，主要反映了层次内各要素的相互关联作用；第二个层次，是指管理主体、管理对象、管理方法和管理手段之间的关系，主要反映这四个方面内容的相互匹配以及对整个管理系统构成的影响。上述四个方面的内容所组成的整体也称为一个集成管理系统。在集成管理系统结构中，管理主体往往是相对稳定的，管理对象处于被控的地位，管理方法是根据管理对象选择的，管理手段则支撑着管理方法的运用。

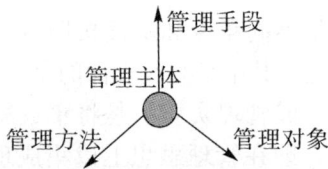

图 3 - 1　集成管理架构

　　集成管理的本质是要素的整合和优势互补。在集成管理运作过程中，首先经历的是一个投入要素的聚焦过程，当投入要素积累到一定的量时，集成能量便开始发生膨胀裂变，从而使各种单项要素优势催化出更大的整体优势，管理效果也因而被急剧放大。集成管理过程有两个关键点，即启动规模点和临界规模点。启动规模点是指企业实施集成管理所必须具备的最低限度的要素积累；临界规模是指企业实施集成管理时，当投入的要素量积累到一定标时，集成能量将产生急剧膨胀，管理效果也将在该点上发生跃变。

　　集成管理理论是管理信息成本集成的理论基础。根据集成管理的思想，企业在实施管理信息流成本、管理信息系统成本、管理信息结构成本和管理信息成本集成的过程中，必须按集成的要素和本质进行，即集成管理主体——企业要选择合理的方法和采用科学的手段，遵循一定的路径，对管理信息流成本、管理信息系统成本、管理信息结构成本和管理信息成本进行有机的集成。

四、业务流程重组理论

1993 年，在迈克尔·汉默和詹姆斯·钱皮合著的《公司重组——企业革命宣言》一书中提出了业务流程重组的思想。迈克尔·汉默和詹姆斯·钱皮认为，业务流程重组是对企业的业务流程作根本性的思考和彻底重建，其目的是在成本、质量、服务和速度等方面取得显著的改善，使得企业能最大限度地适应以顾客（customer）、竞争（competition）、变化（change）为特征的现代企业经营环境。业务流程重组理论的创始人之一汉默（2003）认为，业务流程重组就是要从本质上反思业务流程、彻底重新设计业务流程，以达到大幅度提高绩效的目的。业务流程的实质是根据企业目的根本性地改变企业的动作方式，它所强调的是企业应该做什么而不是企业过去做过什么，其任务是寻找改造企业性能的创新性方法。业务流程重组总是与改进总体的业务性能联系在一起的，为此，企业需要建立一套性能标准来判断和评估业务流程重组是否达到了改进业务性能的目的。这些性能标准主要包括顾客的满意度、削减的可变成本和固定成本、生产率或效率的提高、企业人员效率和效率的提升、企业利润的增加等。

业务流程重组既是一种方法论、一个概念，也是一种思想，一种着眼于长远和全局、突出发展与合作的变革理念。业务流程重组的原则主要包括以下几个方面：①企业结构应以产品为中心而不是以任务为中心；②让那些需要得到流程产出的人们自己执行流程;③将信息处理工作纳入产生这些信息的实际工作中去;④将分散在各处的资源视为一体;⑤将并行工作联系起来而不只是联系它们的产出;⑥使决策点位于工作执行的地方,在业务流程中建立控制程序;⑦从信息源一次性地获取信息。

业务流程重组涉及的是企业战略方向上的问题,它不仅着眼于业务流程与信息技术的集成,而且也强调这种集成是否适合企业的战略目标。本文认为,企业进行业务流程重组或改造,是实施作业成本管理的基础,也是管理信息成本计量、集成和控制的前提。管理信息成本的准确计量、集成和控制效果都依赖于业务流程重组。

本文在研究过程中,用来参考的基础理论较多,比如不对称信息理论主要解释了管理信息成本产生的根源,成本管理理论主要用于分析管理信息成本确认、计量和记录的方式、方法,集成管理理论和业务流程重组理论主要用于分析管理信息成本的控制策略与方法。还有诸如现代会计计量理论、成本效益理论等也对本研究有指导作用,在此不再一一阐述。

第四章
管理信息成本本质论

作为一种新成本形态，管理信息成本有许多内容值得深入探讨，包括管理信息成本的基本内涵、本质特征、类型，管理信息成本与管理成本、交易成本的比较，管理信息成本的产生、构成、识别等，这些内容是对管理信息成本进一步研究的基础。

第一节　成本与信息成本

一、成本的内涵

成本是商品经济的价值范畴，是商品价值的构成部分，是会计理论中一个非常重要的经济概念。人们要进行生产经营活动或达到一定的目的，就必须耗费一定的资源（人力、物力和财力），其所费资源的货币表现及其对象化称之为成本。并且随着商品经济的不断发展，成本概念的内涵和外延都处于不断地变化发展之中。

（一）成本的经济实质

马克思曾科学地指出了成本的经济性质：按照资本主义方式生产的每一个商品 W 的价值，用公式来表示是 $W = C + V + M$。如果我们从这个产品价值中减去剩余价值 M，那么，商品剩下来的，只是一个在生产要素上耗费的资本价值 $C + V$ 的等价物或补偿价值。[①] 商品价值的这个部分，即补偿所消耗的生产资料价格和所使用的劳动力价格的部分，只是补偿商品使资本家自身耗费的东西，所以对资本家来说，这就是商品的成本价格。[②] 这段话表明：第一，指出的只是产品成本的经济实质，并不是

① 马克思. 资本论 ［M］. 3 卷. 北京：人民出版社，1975：30 - 33.
② 马克思. 资本论 ［M］. 3 卷. 北京：人民出版社，1975：30 - 33.

泛指一切成本；第二，从耗费角度指明了产品成本的经济实质是 C＋V，由于 C＋V 的价值无法计量，所以人们所能计量和把握的成本，实际上是 C＋V 的价格即成本价格；第三，从补偿角度指明了成本的补偿商品在生产中使资本自身消耗的东西，实际上是说明了成本对再生产的作用。也就是讲产品成本是企业维持简单再生产的补偿尺度，由此也可见，在一定的产品销售量和销售价格的条件下，产品成本水平的高低，不但制约着企业的生存，而且决定着剩余价值 M 即利润的多少，从而制约着企业再生产扩大的可能性。马克思对于成本的考察，既看到耗费，又重视补偿，这是对成本性质完整的理解。在商品生产条件下，耗费和补偿是对立统一的。任何耗费总是个别生产者的事，而补偿则是社会的过程。耗费要求得到补偿和能否得到补偿是两件不同的事情。这就迫使商品生产者不得不重视成本，努力加强管理，力求以较少的耗费来寻求补偿，并获取最大限度的利润。

（二）成本的含义

在现实背景下，一旦成本与管理相结合，成本的含义就发生了变化，使成本的内容既由商品经济的发展所决定，又要服从管理的需要，并且随着管理的发展而不断发展。事实上，在管理要求不断提高的条件下，成本的内容从内涵到外延都处于不断地变化之中。例如，从内涵看，由于成本作为资本耗费，发生于生产过程，而补偿价值则是生产成果的分配，属于分配领域的范畴，因而作为商品的所有者和经营者，常常会对分配领域的某些支出，做出符合自己经济利益需要的一些主观规定，列作生产成本，导致实际补偿价值超出生产中所消耗的 C＋V 的价值；从外延看，成本概念也远远超出了马克思所讲的商品产品成本，如美国会计协会（AAA）所属的"成本与标准委员会"曾于 1951 年将成本定义为：成本是为了一定目的而付出的或可能付出的用货币测定的价值牺牲。这一定义除了包含产品成本的范围外，还将其劳务成本、工程成本、开发成本、资产成本、质量成本、资金成本等所有经济活动的成本都包含其中。

2005 年，中国成本协会（CCA）发布的 CCA2101：《成本管理体系术语》标准中第 2.1.2 条中对成本术语进行了具有较大认同度的定义，即成本是为过程增值和结果有效已付出或应付出的资源代价。这里的成本是广义的概念，其中：①应付出的资源代价是指应该付出，但目前还未付出，而且迟早要付出的资源代价；②资源代价是总合的概念；③资源是指能被人所利用的物质，一般包括人力资源、物力资源、财力资源和信息资源等。成本定义的关键词是"付出"的"代价"，这个代价就是"资源"的价值牺牲，包括人力资源、物力资源（设施、设备和材料等）、财力资源和信息资源等。作为成本就一定会消耗资源，不消耗资源的成本不存在。那么，为什么要消耗资源？为什么要付出代价？这都是为了"过程增值或结果有效"这一成本目的。人们在生产和生活过程中不断地追求过程的增值或结果有效，并为此付出代价，这种代价是组织或个人为一定目的所付出的，这就是成本的目的性。因为，人们发生成本的本意一般都是有目的的。天下没有免费的午餐，人们无论做什么，都要付出一定的代价。

从成本的定义可以看出，成本有几方面的含义：

第一，成本属于商品经济的价值范畴，即成本是构成商品价值的重要组成部分，是商品生产中生产要素耗费的货币表现。

第二，成本具有补偿的性质。它是为了保证企业再生产而应从销售收入中得到补偿的价值。

第三，成本本质上是一种价值牺牲。它作为实现一定的目的而付出资源的价值牺牲，可以是多种资源的价值牺牲，也可以是某些方面的资源价值牺牲；甚至从更广的含义看，成本是为达到一种目的而放弃另一种目的所牺牲的经济价值，在经营决策中所用的机会成本就有这种含义。

（三）成本的分类

成本是为达到一种目的而放弃另一种目的所牺牲的经济价值。根据不同的标准，成本可以按以下进行分类：

（1）按概念形成可分为理论成本和应用成本。

理论成本概念是广义的，它具有科学性和客观性，并且具有普遍适用性，着重从劳动耗费角度进行解释，它对每一具体产品生产所耗费的内容都可从理论抽象，将其分解为物化劳动消耗和活劳动消耗。具体说来，通常是以马克思主义的价值学说和成本价格理论为基础所确立的成本概念，称之为理论成本（theory cost）。应用成本（practice cost）是理论成本的具体化，也称实际成本，是按照现行制度规定的成本开支范围，以正常生产经营活动为前提，在生产过程中实际消耗的物化劳动的转移价值和活劳动所创造价值中应纳入成本范围的那部分价值的货币表现。

（2）按应用情况可分为财务成本和管理成本。

财务成本（financial cost）在财务会计中是一个流量概念，它表现为资源的不利变化，即成本会引起企业收益的减少，具体表现为企业资产的流出或增加。财务成本是指财务会计中，根据企业一般成本管理要求，根据国家统一的财务会计制度和成本核算规定，通过正常的成本核算程序计算出来的企业成本，它可以是产品成本，也可以是劳务成本等等。管理成本（management cost）的概念是近年发展起来的，它是各种出于特殊成本管理目的而建立起来的各类较新颖成本概念的总称。人们以财务会计和管理会计的划分为依据，将成本分为财务成本和管理成本两大类。

（3）按形成时间可分为历史成本和未来成本。

原始成本亦称历史成本（historical cost）。资产在其取得时为它所支付的现金或现金等价物的金额。负债在正常经营活动中为交换而收到的或为偿付将要支付的现金或现金等价物的金额。未来成本（future cost）又称预计成本，是历史成本的对称，是指尚未发生的成本，在特定条件下可以合理地预测在未来某个时期或未来某几个时期将会发生的成本。

（4）按计量单位可分为单位成本和总成本。

单位成本（unit cost）是指生产单位产品而平均耗费的成本。一般只要用总成本去除以总产量便能得到，是将总成本按不同消耗水平摊给单位产品的费用，它反映了同类产品的费用水平。总成本（total cost）是指企业生产某种产品或提供某种劳务而发生的总耗费，即在一定时期内（财务、经济评价中按年计算）为生产和销售所有产品而花费的全部费用。

（5）按与收益的关系可分为已耗成本和未耗成本。

已耗成本（expired cost）是指业已发生和耗费的成本。企业购置各项资产和生产产品或提供劳动必然发生一定的支出和耗费，这些代价已经发生，并按实际成本在会计账面上作了记录，这便构成了企业一定时期的已耗成本。如：销售货物或其他资产的成本及当期费用，它又可分为费用与损失。一项已耗成本，如果对某期间销售的商品或提供的劳务具有直接或间接贡献的，即属费用；如对企业产生收入的活动毫无贡献，则为损失。未耗成本（unexpired cost）是指企业尚未发生，但按正常经营状况来看迟早要发生的成本。因为企业的成本是从企业持有的各类资产价值转化而来的，如生产产品所发生的折旧费用、原材料费用和人工费用等等。

（6）按可否免除，可分为可避免成本和不可避免成本。

可避免成本（avoidable cost 或 escapable cost）是指通过某项决策行动可改变其数额的成本。也就是说，如果某一特定方案被采用了，与其相联系的某项支出就必然发生；反之，如果某项方案没有被采用，则某项支出就不会发生。不可避免成本（unavoidable cost）是指某项决策行动不能改变其数额的成本，也就是与某一特定决策方案没有直接联系的成本。其发生与否，并不取决于有关方案的取舍。

（7）按性态可分为变动成本和固定成本。

变动成本（variable costing）是指那些成本的总发生额在相关范围内随着业务量的变动而呈线性变动的成本。直接人工、直接材料都是典型的变动成本，在一定期间内它们的发生总额随着业务量的增减而成正比例变动，但单位产品的耗费则保持不变。固定成本（fixed cost）相对于变动成本，是指成本总额在一定时期和一定业务量范围内，不受业务量增减变动影响而能保持不变的成本。有的学者按性态将成本分为变动成本、固定成本和半变动成本，其中半变动成本是指在一定业务量范围内有固定成本性质，超过一定业务量后又具有变动成本性质的成本，或者反之。

（8）按发生与产品生产的关系，可分为直接成本和间接成本。

直接成本（direct cost）是指直接用于生产过程的各项费用。间接成本（indirect cost）是不与生产过程直接发生关系、服务于生产过程的各项费用。

直接成本与间接成本各有两种含义。第一种是从成本与生产工艺的关系来讲，它们是指直接生产成本与间接生产成本。直接生产成本是与产品生产工艺直接有关的成本，如原料、主要材料、外购半成品、生产工人工资、机器设备折旧等。间接生产成本是与产品生产工艺没有直接关系的成本，如机物料消耗、辅助工人和车间管理人员工资、车间房屋折旧等。第二种是从费用计入产品成本的方式来讲，它们是指直接计入成本与间接计入成本。直接计入成本是指生产费用发生时，能直接计入某一成本计算对象的费用。企业生产经营过程中所消耗的原材料、备品配件、外购半成品、生产工人计件工资通常属于直接计入成本。间接计入成本是指生产费用发生时，不能或不便于直接计入某一成本计算对象，而需先按发生地点或用途加以归集，待月终才选择一定的分配方法进行分配后再计入有关成本计算对象的费用。车间管理人员的工资、车间房屋建筑物和机器设备的折旧费、租赁费、修理费、机物料消耗、水电费、办公费等，通常属于间接计入成本。停工损失一般也属于间接计入成本。

（9）按理论层次可以划分为宏观经济成本和微观经济成本。

宏观经济成本是从国民经济的投入和产出关系视角考察，为维护扩大社会再生产而在生产要素上发生的资源耗费。

微观经济成本是从企业视角考察，企业为生产产品或提供劳务而发生的耗费，又可分为：生产性成本和劳务性成本。

（10）从价值链层次上可以将成本分为设计层成本、供应层成本、生产层成本和销售层成本。

设计层成本是指设计阶段根据技术、工艺、装备、质量、性能、功效等方面的因素对某产品设定的目标成本。

供应层成本是指为准备生产产品而发生的资金耗费。

生产层成本是指产品生产过程中发生的各种资金耗费。

销售层成本是指销售产品的成本和为销售产品而发生的各种资金耗费。

（11）基于管理层次上的成本可分为跨企业间组织管理成本、战略管理成本、管理控制成本和作业管理成本。

跨企业间组织管理成本是基于跨组织系统所构建的企业联盟或企业簇群进行管理决策时所发生的费用。

战略管理成本是企业战略成本管理的对象之一，是企业在构建战略框架、实施战略行动、创造长期价值的过程中产生的费用。

管理控制成本是在企业预测未来、执行计划、控制过程、考评业绩等管理行动中形成的成本。

作业管理成本是企业作业单元执行具体活动时所引起资源耗费的一种货币表现。

（12）按功能层次可以将成本分为财务成本、管理成本和技术经济成本。

财务成本是根据历史成本原则和权责发生制要求，以及国家财会制度的规定，按各成本受益情况，采用一定的核算程序和计算方法所计算的成本。

管理成本是根据企业生产经营经济决策、成本策划、成本控制和业绩评价等方面的要求所建立的成本指标体系。

技术经济成本是为研究成本和技术、功能与质量的关系，满足企业研究开发新产品、新工艺的需要所设计的成本指标。

同时还应当指出，基于不同的条件及不同的管理目的，还产生了各种不同的成本概念。例如，为开展预测、决策需要而应用的边际成本（是指厂商每增加一单位产量所增加的成本，marginal cost）、增量成本（是指与价格以及销售量的变动紧密相关的那些成本，incremental cost）、差量成本（也称差别成本、差等成本，是指两个方案的预计成本差异，differential cost）、机会成本（是指在面临多方案择一决策时，被舍弃的选项中的最高价值者是本次决策的机会成本，opportunity cost）概念，为进行控制、考核需要而应用的标准成本（是指在正常和高效率的运转情况下制造产品的成本，standard cost）、可控成本（能为某个责任单位或个人的行为所制约的成本，controllable cost）、责任成本（是以具体的责任单位即部门、单位或个人）为对象，以其承担的责任为范围所归集的成本，responsibility cost）、目标成本（是指企业在一定时期内为保证目标利润实现，并作为合成中心全体职工奋斗目标而设定的一种预计成本，target cost）

概念，等等。目前，国内外的成本概念已经发展到几十种之多，组成了多元化的成本概念体系，使人们对成本的认识更加深刻。

（四）成本的作用

成本的作用取决于它的经济实质，是成本在整个经济管理环境中产生的功用。它在企业生产经营中的作用概括起来有：

1. 成本是补偿企业生产耗费的基本尺度。企业进行持续经营的必要条件是必须补偿其在生产经营过程中所发生的各项耗费，成本则是补偿生产耗费的基本尺度；同时，成本也是企业确定经营损益的重要依据，企业只有在抵补了生产耗费后，才有可能实现盈利。

2. 成本是制定产品价格的重要基础。企业在制定产品销售价格时，虽然要充分考虑生产需求、消费水平和社会价格等因素，但绝不可忽视企业本身的实际承受能力，即企业的实际成本水平及实际可以达到的成本目标。

3. 成本是进行经营管理和决策的重要依据。企业在进行生产、技术和投资等各项决策时，既要考虑各备选方案的预期收益，更要考虑与备选方案相联系的各种形式的预期成本，这样才有利于决策方案的最优化。

4. 成本是反映企业工作效率与效果的综合指标。成本指标是财务管理中的重要指标之一。如劳动生产率高低、原材料利用程度、固定资产使用效率、产品质量优劣、产量大小、定额管理好坏等都会通过成本指标直接或间接地体现出来。因此，成本是衡量企业综合经营管理的重要指标。

二、信息成本的含义与特征

（一）信息成本的含义

同实物资产、人力资产、技术、财务资源及知识一样，信息已成为经济发展必不可少的生产要素。在多数情况下，信息并不形成企业产品实体，这与人力不构成产品实体的道理是一样的。信息产品的品种也纷繁多样。从本质上说，任何可以被数字化（编码成一段字节）的事物都是信息。信息对不同的消费者有不同的价值，不管信息的具体来源是什么，人们都愿意为获得信息付出代价。信息提供者的许多策略都是基于消费者对特定信息产品的评价存在很大差异这一事实。人们之所以愿意为获取信息付出代价，还在于信息被用户从市场上购买后会变成用户的信息资本。同其他要素资本一样，信息资本也具有增值性、周转性和垫支性。人们获取任何要素资本，都要支付资本成本。信息产品或信息资源变成企业、个人的信息资本，需要经过信息产品或信息资源进入市场交易的过程，企业、个人使用现金购买信息资源，使信息资源嫁接在财务资本上，从而变成信息资本—— 企业、个人经营过程中的要素资本之一。

信息是消费者必须在试用一次后才能对它进行评价的产品，因而信息是"经验产品"。这是由信息产品的崭新性、机密性和增值性所决定的。因此，信息产品经营者通常运用各种策略来说服谨慎的顾客在知道信息内容之前进行购买。一旦信息内容被解密、公开，被所有人知道，信息产品的使用价值就会减少或消失。

（二）信息成本的类别

1. 信息教育投入成本

现实世界里，信息几乎无时不在无时不有，但直接有用的信息却需要人们分析鉴别与消化吸收，是一种借助先进工具进行脑力劳动的过程，需要较高的劳动力素质。在当今的信息时代，信息能力已成了劳动力素质的重要标志，信息教育如计算机硬件与软件、数据库、信息处理、信息存储和信息检索等技术的学习、研究与应用成了当今教育的热点，其教育投入是成本投入之一。

2. 信息的固定成本

由于高科技的发展，无论是信息的生产，还是信息传递、信息获取都需要购置和建立相应的通讯系统，计算机硬件系统以及程序、数据库和其他软件系统。随着信息化的广泛渗透，各行各业科技和知识含量将增加，经营管理复杂程度也将不断加大，经济主体运行稳健与否、效率高低、效益好坏在很大程度上取决于信息固定成本投入的高低。因此，信息固定成本成为了产业成本上升的主要成本项目。

3. 信息的注意力购买成本

赫伯特·西蒙曾说：信息的丰富产生注意力的贫乏。当今信息问题不在于信息的获得困难，而是信息的过量和超载，注意力成为稀缺资源。要在无数的信息中将人们的注意力吸引到自己的特定产品上来，以获得产品的最高效益，产品销售主体不仅在产品的设计、文字和印刷上增加成本投入，而且还要大力借助大众传媒来大肆宣传自己产品，因而，花费了大量的不断增加的注意力购买成本。

4. 信息的获得成本

面对如此复杂的需要和大量的信息，早期的最简单的收集方式，即仅靠个人的看、听、读早已不再适用，机器系统虽能满足对速度、批量和准确性的要求，但并非仅仅如此就够了。信息不对称从本质上是无法消除的，何况知识门类和深度都有着前所未有的发展，许多人尽管是某一方面的专家学者，但难成为熟知各方面的通才，而从事某行业多年的一般是该行业的行家里手。于是经济主体之间便因为分工和高效率的要求，产生了委托与代理的关系，信息委托方为节省时间、提高工作效率和减少决策的风险，一般会委托信息代理方搜索、获取和分析信息。在这样获得信息的过程中，人们不仅要付出交易成本还要付出相应的信息获得成本。

（三）信息成本的特性

信息成本的产生根源在于信息的收集、加工、存储、利用等活动，与其他产品成本相比，它具有以下明显的、相互联系的经济特征：

1. 信息个人本身就是一种稀缺的投入

信息通过个人的感觉器官进入大脑，而它在获取和使用信息方面的能力是有限的，人们需要学习和使用新工具、新技能，才能发挥大脑的优势，个人也会因此成为信息生产的一个固定投入因素，这一部分投入主要用于教育。个人信息成本的固定投入是信息成本的最为重要的经济特征。

2. 信息成本部分地属于资本成本，具有不可逆资本投入的特征

建立信息系统需要购买设备，掌握某种知识或技能需要初始投资，这说明了信息成本部分地属于资本成本。这些投资表现出明显的不可逆性，尽管可以把它转移给他人，但不能彻底地转移，因为它依然为原来拥有者所有。因此，信息的投资需求将会随信息价值确定性的不同而不同，信息价值越不确定，对信息的投资需求越大的经济主体一旦进行了投资，随后连续使用它将比投资于新的信息越便宜。

3. 信息生产的固定成本高、复制的可变成本低

任何信息产品都需要投入大量的时间精力和高额的固定设备，即前期投入很高。然而，信息的复制成本很低，一旦第一份信息产品被生产出来，多拷贝一份的成本就几乎为零。这种成本结构产生了巨大的规模经济：生产得越多，生产的平均成本越低。

4. 信息成本在不同方向上各不相同

人们在未知领域中获得信息要比在较为熟悉的领域中获得信息花费更多的成本。经济主体采用与自身能力和投资方向相一致的方法建立新的信息信道，要比应用其他方法经济得多。

5. 信息成本与信息的使用规模无关

由于信息具有可传递性和共享性，不像其他生产要素那样会在使用过程中被消耗掉，所以付出一次信息成本后，信息可以多次用于不同规模的有形和无形商品的生产及市场交易中。

（四）信息成本的构成

信息产品成本的主要特征之一是它的生产成本集中在它的原始拷贝成本上。耗资数千万元的电影巨片的成本大部分都花费在第一份拷贝产出之前。一本科学期刊中的论文需要作者花费一年或多年的时间，投入大量的智力、体力劳动并借助设备才能完成，而期刊的印刷则在很短时间内且花费较小的费用即可完成。一旦第一本杂志被印刷出来，生产另一本杂志的成本就很低了。随着信息技术的快速发展，信息传递的成本也在不断降低，这使得信息的原始拷贝成本占总成本的比重更大了。显然，信息产品的生产成本很高，但是它的复制成本很低。也就是说，信息产品的固定成本很高，复制的变动成本很低。这种成本结构产生了巨大的规模效应：生产量越多，生产的平均成本越低。

信息产品的固定成本的绝大部分是沉没成本——如果生产停止就无法挽回的成本。如果人们投资于一项实物资产比如房产，后来又改变主意不要它了，那么可以通过出售房产来挽回部分损失。但是，如果拍了一部电影失败了，那么就没有市场把影片卖出去了。信息产品的沉没成本必须在生产开始之前预付。除原始拷贝成本很高外，信息产品的营销成本也很高。在信息经济社会中，顾客的注意力是一项稀缺资源，需要营销者对信息产品销售投入新的要素资本才能抓住潜在顾客的注意力。顾客价值信息逐渐取代公司股票价值信息而日益成为公司最重要的价值信息。

信息产品的变动成本也与一般实物产品的变动成本不同。受机器设备和自然资源的限制，以及会计上折旧费计提和分摊的规定，实物产品的生产数量和成本总额一般是有限制的，不仅要遵守配比原则以及持续经营会计假设，还要考虑设备和个人的自然承受力。而信息产品的生产与核算则没有这些限制。企业和市场对多生产一份信息产品是没有限制的，如果你能生产一份拷贝，你就能以相同的单位变动成本生产 100 万份拷贝或者 1 000 万份拷贝。这种低增量成本和大规模生产经营运作能使信息产业的大型企业获得超额利润。信息产品的超低变动成本为信息产品生产者和营销者提供了巨大的发展机会。

　　信息成本具有价值发现功能。信息越隐藏就越有价值，公开则无价值。在市场经济中，竞争可产生价值和价格，但这是对一般实物产品而言的。而且，对于实物产品，人们通过基本的会计知识和经济学常识就可推算出产品的成本和利润。信息的价值和价格与实物产品不同，对其成本的估计会因人而异。信息能够资本化并因使用者不同而产生不同的价值，这在于使用者与供应者之间信息不对称的程度，这是信息成本价值发现功能的根本。正因为如此，人们都千方百计地提高信息意识，极为留心地吸收、搜寻信息并降低其代价。信息成本由使用者搜寻成本，购置使用成本，供应者生产成本，传递、发送或转移成本等构成。不难看出，企业只有降低信息成本，强化信息资本的专用性，同时不断地更新信息，才可能使信息保持资本化状态，提高信息资本的价值贡献率。

第二节　管理信息成本的本质与特征

一、管理信息成本的内涵

　　国内外对管理信息成本的本质认识还很少，主要研究的是信息成本。而信息成本的定义如同信息的定义一样存在多样性，不同学者站在不同的角度有不同的认识，有的从市场交易角度看，有的从企业性质看，有的从企业管理看，等等。

阙四清（2005）认为，所谓信息成本，就是指在市场不确定的条件下，企业为了消除或减少市场变化带来的不利影响，搜寻有关企业交易的信息所付出的代价。现代社会是一个信息社会，市场经济是一种信息经济，信息也是一种稀缺的资源。信息成本是经济学研究经济活动、分析经济成本的一个重要概念。在激烈的市场竞争中，企业交易信息的搜寻起着越来越重要的作用，企业的信息成本在总成本中的比重也将越来越大。主要原因有两点：一是信息不完全，企业始终处于一个信息不完全的状态之中，因此必须花大量的精力去搜寻尽可能多、尽可能准确的信息；二是信息不对称，在市场竞争中，当市场的一方无法了解另一方的行为，或无法获知另一方的完全信息时，就会出现信息不对称情况。信息不对称不仅包括一般状态下自然存在的不对称，还包括人为因素造成的信息失真。面对信息不对称的情况，企业也需要花费大量的成本去搜集相关信息。

赵宗博（2002）提出，企业的信息成本是基于企业的性质要求，为搜寻、纠正效益目标所需要的信息而必需的成本支出。它是为企业效益目标提供确定导向而形成的对各种信息活动的投入。总体来看，企业信息成本分为直接成本和间接成本两部分。直接成本从内容上看分为：①为寻找有效信息内容而发生的设计成本；②为收集和加工处理信息内容而发生的技术性成本；③为有效使用信息内容和信息技术设施而发生的信息人力资本的投入；④为营造公共利益与个人利益相协调的信息机制、信息环境而付出的成本等。而间接成本则是由直接成本派生出来的那部分成本。它在内容上主要包括：①路径依赖及其负面成本；②弥补信息流动陷阱的成本，即信息供求严重失衡的情

管理信息成本论

况下企业被迫增加的信息投入；③由于操作技术不配套而加大的成本；④因为采用新标准而付出的调整成本；⑤因特网条件下的信息负面成本；⑥信息技术设备的无形消耗所造成的无形成本等。

冯巧根（2002）把信息成本作为管理成本的一部分，认为信息成本是从管理成本中细化出来的一个成本概念，它是指企业在信息加工和传递过程中花费的代价。从现实市场状况来看，所有的市场都存在信息不完全的现象，要获得市场信息，必须支付一定的信息成本。

于金梅（2003）认为信息成本是企业为获得或重置信息而发生的各种耗费之和，包括信息生产成本、信息服务成本和信息用户成本：①信息生产成本。在信息的生产过程中，生产者使用了一些信息材料、消耗了物质材料、投入了一定的劳动量，这些使用的信息材料、消耗的物质材料、投入的劳动量构成了信息产品的生产成本。具体包括：物质材料消耗费用，信息材料消耗费用，劳动力消耗费用和其他费用。②信息服务成本。信息服务是指信息产品拥有者以及信息设备拥有者出售信息产品、提供信息咨询业务、提供信息交流条件的活动。信息服务成本与信息生产成本一样，包括材料消耗、劳动力消耗和其他费用等。③信息用户成本。是指信息用户在获取和利用信息产品的过程中所消耗的各种费用。除了物质材料消耗费用外，还包括购买信息产品和信息服务所支付的费用及时间成本。所谓时间成本是指用户在获取和利用信息产品的过程中花费的时间折算的费用，如等待服务时间、接受培训时间等。

谭剑（2003）从行政参与角度认为，行政参与的信息成本由两部分构成：①获取信息的成本。信息的获得是要付出成本的，它既包括获取信息的直接耗费，也包括获取信息的机会成本。②加工信息的成本。信息的获取只是第一步，相对人所获取的信息往往是十分杂乱的，有时甚至是真假难辨，因此，对信息进行加工的过程必不可少。信息的加工实际上是一个通过"去粗取精"和"去伪存真"而形成完整的、真实的"信息链条"的过程。

赖茂生和王芳（2006）通过对交易成本的剖析后指出，信息成本是交易成本的重要组成部分。信息成本实际上是指交易过程中获得信息的成本费用，是信息搜寻成本的扩展，但与信息作为商品的成本又有所不同。

从上述可以看出，学者们在定义信息成本时，大部分是基于交易的视角，个别是基于企业内部管理的视角。基于交易视角的信息成本与交易成本的内容基本相同，而基于管理视角的信息成本与交易成本存在较大的差异。视角不同源于信息用途不同，当然成本范畴和成本边界也不一样。但无论是哪一种信息成本的定义，都有着三个共同点：一是产生的环节相同，都是在信息收集、加工、传递、利用等过程中产生的；二是信息成本是一种现实成本或机会成本，包括实际的费用支出或损失，正如小威廉·J. 布伦斯指出的——成本是对处理事情过程中放弃的（或即将放弃的）东西的计量①；三是成本产生的根本目的相同，信息成本形成的动因是为了减少不确定性，追求信息价值，并且使信息价值超过信息成本。

管理信息成本是企业信息成本的一个部分，是基于管理视角的信息成本，它既包括管理信息的成本，又包括管理的信息成本。因此，本文认为，管理信息成本的概念有狭义和广义之分，广义的管理信息成本是指企业在管理过程中，为了减少决策结果的不确定性，收集、加工、储存、传递、利用管理信息花费的代价和信息不完全产生的决策损失。包括：企业为收集、

---

① 小威廉·J. 布伦斯. 理解成本［M］. 燕清联合，译. 北京：中国人民大学出版社，2004：3.

加工、储存、传递、利用信息购买的设备、购建的设施，相关人员的工资福利支出，购买信息商品的支出，由于信息错误或不完全形成的损失，以及纠正决策失误、改选决策方案的支出，等等。这些成本的发生是因为管理信息在人和物上产生的支出，或形成的机会成本。狭义的管理信息成本是指企业在管理过程中，为了减少决策结果的不确定性，收集、加工、储存、传递、利用管理信息所耗资源的货币化表现。它主要包括外购信息商品的支出，管理信息系统的购置、建设、维护与运营成本和管理信息组织结构发生的成本。管理信息成本的本质内涵是基于管理的信息成本，本文在管理实务研究中主要从狭义的管理信息成本方面进行的。

二、管理信息成本的特征

信息经济学认为，收益是信息需求的前提，而成本则是信息供给的基础。作为投入要素的信息，阿罗认为其成本有以下几个特征：

第一，信息成本部分地属于资本成本，且属于典型的不可逆投资。对于信息系统的各种设备和装置的投资，以及对于掌握某种知识或技能的原始投资都可以很好地说明信息成本部分地属于资本成本。

第二，在不同领域、不同行业中的信息成本各不相同。人们在未知领域中获得信息，要比在较为熟悉的领域中获得信息花费更多的成本；具有共同经验或同一行业中的个人之间交流信息，比没有共同经验或不同行业的个人之间交流信息要简单得多，也有效得多。

第三，信息成本与信息的使用规模无关。也就是说，信息成本的大小只取决于生产项目而不是其使用规模。

第四，信息成本的转嫁性。许多类型的信息产品和服务，如教育、图书馆、气象信息，具有公用性和共享性，其成本由公民共同承担；但同样的纳税者所享有的信息产品和信息服务不同，甚至不享有也要交费，或者某些享有者可以不交税或不交费。

根据管理信息成本的内涵，本文认为，管理信息成本属于信息成本的一部分，除具有上述信息成本的特征外，还有如下一些。

（1）区域性。管理信息成本的高低受环境、经济因素的影响。一些地区的经济、文化中心，拥有许多区位优势，信息成本较优低；反之，非经济、文化或政治中心，由于信息量较少，或有用信息较少，企业做出管理决策之前会发生更多的费用，或形成更大的代价。

（2）价值驱动性。管理信息成本产生的目的是为了追求效益，其形成动因是信息价值。企业通过信息价值的产生来实现信息成本的补偿，并最终获得信息收益。如果管理信息不会给企业带来更大的价值或减少损失，管理信息成本就不会有发生的原动力。

（3）源于管理决策的信息需求。企业在管理过程中为了科学、有效地决策，需要搜寻、收集、加工、传递、储存信息，在这一过程中必然会投入人力、财务和物力，也就必然会产生成本。因此，管理信息成本源于管理决策的信息需求。

三、管理信息成本的意义

"成本"一词在管理和管理决策中有很多不同用法……收集、分析和描述有关成本的信息在解决管理问题时十分有用，各种组织和经理人员一直在关注成本，而控制过去、现在和将来的成本是每个经理工作的一部分。① 信息技术的发展，推动各种组织朝信息化方向发展，在制定和执行决策前，都会进行信息收集与处理。因此，管理信息成本在知识经济条件下有着重要的意义。

1. 管理信息成本是厂家制定价格和形成垄断的一种控制因素

在信息不完全的市场上，价格制订者不能完全掌握竞争对手们的所有价格信息及其变动趋势信息，因而他所服从的价格制定原则必然来自信息成本的自由竞争。对于消费者来说，市场价格若很少变化，则用于价格信息搜寻的成本将随之减少。但价格制订者付出一定的成本掌握这个信息后，会扩大价格的变化幅度，从而使价格出现离散趋势。此外，管理信息成本的投入能使企业在新产品的开发和新技术的应用方面领先于其他企业，同时又能使企业在销售方面优于其他方面。因此，管理信息成本与边际成本的结合将使那些规模较大的，在信息投资方面更为成功的，易于获得信息的企业占有更多的市场份额和利润。因此，管理信息成本的存在成为形成垄断以及影响垄断形成的一种控制因素。

2. 企业降低或减少管理信息成本的行为动机推进了信息服务业的发展

随着信息产业的快速发展，资源配置和产业结构也发生了深刻变化，经济主体为了寻求相对信息优势的竞争而获取机会利益，不仅对生产性信息和非生产性信息提出了巨大需求，而且随着社会分工的深化，产品花色品种的激增，信息流动速度的加快，经济主体对所需求的信息的质量和传递速度等要求也大幅度提高了。在这种情况下，各经济主体仅靠自身的信息部

第四章　管理信息成本本质论

---

① 小威廉·J. 布伦斯. 理解成本 [M]. 燕清联合，译. 北京：中国人民大学出版社，2004：3.

门来提供所需要的各种信息已变得低效率和不必要。于是，为减少或降低企业管理信息成本，各经济主体在把自身精力集中于获取一些关键性信息的同时，也把大部分生产经营所需要的信息需求转向专门的信息服务机构，从而直接激发了对信息服务业的需求，推进了信息服务业的发展。

3. 管理信息成本的变化是促进管理决策方式改变的重要力量

管理活动不仅仅是建立在物质基础上，更是建立在信息基础上的。无论是宏观经济管理部门还是微观企业或个人，任何层次的管理决策都需要信息，而为收集或获取信息的系列活动是有成本的，这些成本可以通过市场媒介得以降低，市场媒介的协调作用是通过双向的信息流动来实现的，以协调生产与消费之间的决策，社会分工的发展又进一步促使信息媒介组织独立于生产厂商。管理信息成本的下降也在逐渐改变交易决策方式。管理信息成本的下降使得联系更加容易，各主体可以通过网络等各种形式获取更多的决策信息，增加自己在谈判中讨价还价的能力，并且企业还可以通过内部管理信息系统平台形成管理决策结果。

4. 管理信息成本是推动企业组织结构变革的重要因素

传统社会组织将所有的决策权都交给了决策者，由于组织中知识的分散性，每一个最高决策者都会面临组织结构中的控制和决策问题。由于决策者的智力或沟通能力的局限性，最高决策者不可能拥有做出每项具体决策所需要的所有信息。来自基层的信息源如果都是由决策者收集、整理和分析的，就势必需要大量的成本。这些成本不仅表现在经费的支出上，而且还表现在信息的延迟和随之而来决策的迟缓上。因此，计划经济要比市场经济付出更多的管理信息成本。同时，管理信息成本的减少要求进一步强化委托—代理的管理模式，组织之间更加依托信息技术，组织内部机构也由传统的专制的金字塔状更加趋向于民主的快捷的扁平化。

5. 管理信息成本有利于政府职能的改进和管理力度的增强

信息不对称和信息成本的产生，在市场行为中的具体表现便是管理信息用户花费的时间和费用，花费的时间越多费用越高，管理信息成本也就越大；管理信息的收集并不是越多越好，当信息用户的调查超过一定的限度后，其管理信息成本就会高于他所购买商品的"消费者剩余"价值，也即高于获取信息所增加的收益，这是市场行为中存在着委托—代理关系中的败德行为、商业欺诈行为、信息产品的盗版行为等经济机会主义的重要原因。要消除信息不对称和管理信息成本带来的机会主义，只从微观的消费者角度研究其决策显然是不够的，还需从宏观的政府角度进行研究，除了改进政府管理职能，加强教育和提高市场透明度外，还需要政府的宏观调控，加强法制建设和知识产权保护以及强化执法力度。

四、管理信息成本与管理成本、交易成本

成本是商品经济的价值范畴，是商品价值的组成部分。人们要进行生产经营活动或达到一定的目的，就必须耗费一定的资源（人力、物力和财力），其所费资源的货币表现及其对象化称之为成本。它有几方面的含义：成本属于商品经济的价值范畴；成本具有补偿的性质；成本本质上是一种价值牺牲。随着商品经济的不断发展，成本概念的内涵和外延都处于不断的变化发展之中。管理信息成本是一种特殊的成本形态，它与管理成本和交易成本之间存在着一定的联系和区别。

（一）管理信息成本与管理成本

管理成本是企业为有效管理、合理配置管理这一特有稀缺

资源而付出的相应成本①，或企业在投入了管理这种稀缺资源所付出的代价②。企业的管理成本主要由四个方面组成：内部组织管理成本、委托代理成本、外部交易成本和管理者时间的机会成本。③ 其中，内部组织管理成本是指现代企业利用企业内部行政力量这只"看得见的手"取代市场机制这只"看不见的手"来配置企业内部资源，从而带来的订立内部"契约"活动的成本。委托代理成本是指由委托代理关系的存在而产生的费用。现代企业在购买或租用生产要素时需要签订合同，而在货物和服务的生产中雇佣要素的过程则需要有价值的信息，这两者都涉及真实资源的消耗，这种真实资源的消耗被定义为外部交易成本。企业的外部交易成本可分为搜寻成本、谈判成本、履约成本。管理者时间的机会成本是指因管理者在企业管理工作上投入时间而产生的成本，也就是指管理者的时间资源因为用于管理而不能用于其他用途的最大可能损失。

管理信息成本是基于企业管理的信息成本，属于信息成本中的一种。有的专家认为，信息成本是从管理成本中细化出来的一个成本概念，是企业管理成本的一部分④。但对管理成本和管理信息成本的内涵进行分析后会发现，两者的关系并非如此。管理成本是企业基于管理活动所形成的成本，包括的内容很多，既有内部组织成本和外部交易成本，还有委托代理成本和机会成本。而管理信息成本有广义和狭义两种，广义的概念包括内部管理信息组织结构发生的成本、购买信息商品发生的成本、

---

① 冯巧根. 管理成本、信息成本和运行成本初探 [J]. 财会月刊, 2002 (12)：9 - 10.

② 段云龙. 降低管理成本的经济学思考 [J]. 现代企业, 2003 (8)：11 - 12.

③ 栾天. 论企业的管理成本 [J]. 机械管理开发, 2005 (3)：113 - 114.

④ 冯巧根. 管理成本、信息成本和运行成本初探 [J]. 财会月刊, 2002 (12)：9 - 11.

管理信息系统发生成本和管理信息的机会成本和决策损失，狭义的概念主要包括广义概念的前三项内容。因此，我们可以看出，管理成本包含了部分管理信息成本，两者又有所区别：管理信息成本中的信息商品成本、管理信息结构成本对应属于管理成本的外部交易成本和内部组织成本，而管理信息系统成本、管理信息的机会成本和决策损失则不属于管理成本的范畴。管理成本和管理信息成本的相同点有两个：一是产生的动因相同，都是管理决策；二是实质相同，都是一种货币表现。两者的差异也有两个方面：一是内涵不同，所包含的内容也不同；二是对企业的影响不同，管理成本对任何一个企业都会产生重要影响，而管理信息成本对企业的影响程度有大有小。

（二）管理信息成本与交易成本

交易成本理论是新制度经济学的重要组成部分，它源于科斯（Coase，1937）的《企业的性质》，科斯认为交易成本是通过价格机制组织生产的、最明显的成本，就是所有发现相对价格的成本，市场上发生的每一笔交易的谈判和签约的费用及利用价格机制存在的其他方面的成本。在1991年接受诺贝尔经济学奖的演讲中，科斯简短地总结到：谈判要进行、契约要签订、监督要实行、解决纠纷的安排要设立，等等，这些费用称为交易成本。此外，从广义的角度看交易成本就是制度成本，它是从契约过程的角度阐述交易成本的存在，比较直观且可操作性强。从社会的角度来看，交易是人与人之间经济活动的基本单位，无数次的交易就构成了经济制度的实际运转，并受到制度框架的约束。因此制度经济学者们认为交易成本是经济制度的运行费用，由此提出交易成本包括制度的制定或确立成本、制度的运转或实施成本、制度的监督或维护成本、制度的创新和变革成本。

威廉姆森（Williamson，1975）将交易成本区分为搜寻成本

（商品信息与交易对象信息的搜集）、信息成本（取得交易对象信息和与交易对象进行信息交换所需的成本）、议价成本（针对契约、价格、品质讨价还价的成本）、决策成本（进行相关决策与签订契约所需的内部成本）、监督交易进行的成本（监督交易对象是否依照契约内容进行交易的成本，例如追踪产品、监督、验货等）、违约成本（违约时所需付出的事后成本）。达尔曼（1979）则将交易活动的内容加以类别化处理，认为交易成本包含：搜寻信息的成本、协商与决策成本、契约成本、监督成本、执行成本与转换成本。从本质上说，有人类交往互换活动，就会有交易成本，它是人类社会生活中一个不可分割的组成部分。结合管理信息成本的概念我们可以知道，管理信息成本部分属于交易成本的范畴，如外购信息商品的成本、搜寻管理信息的成本，这既是交易成本，又是管理信息成本。威廉姆森在上面所提及的信息成本仅仅指基于交易视角的信息成本，而不是广义的信息成本。虽然管理信息成本是基于管理的信息成本，是企业信息成本的一部分，但管理信息成本与交易成本之间并不是一种简单的包含关系，无论是概念、内容上，还是视角、动因上，两者都是有区别的。

第三节　管理信息成本的产生：基于信息流程视角

一、管理信息流程与管理信息成本

　　管理信息成本的产生与管理信息的获取、利用过程密切相关。管理信息是信息中的一种，它与一般的信息流程基本相同。对企业来说，管理信息一般要经历"管理信息收集—管理信息存储—管理信息传递—管理信息加工—管理信息利用—管理信息反馈"这一复杂的过程。

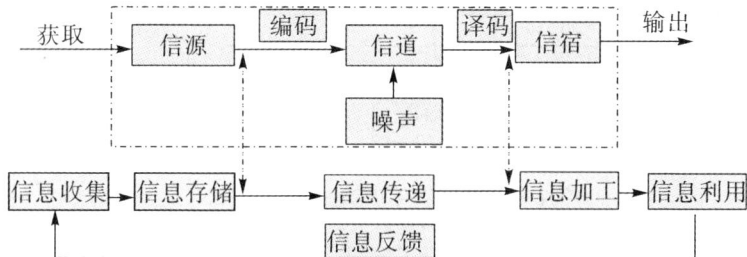

图 4-1　管理信息流程的一般模式与处理过程

注：虚线框表示管理信息流程的一般模式；两虚箭头之间表示管理信息传输过程。

图 4-1 所示，从管理信息的获取到管理信息的输出过程中，包含了管理信息存储、传递、加工过程，还有管理信息收集、利用、反馈，都是管理信息流程的重要组成环节。每一个环节都是因管理信息而产生，都涉及管理信息成本问题。因此，管理信息成本产生和形成于管理信息流程，伴随着管理信息的收集、存储、传递、加工、利用和反馈，管理信息成本也产生于管理活动，渗透于运营作业，归集于成本系统。

二、管理信息收集与管理信息成本

管理信息收集是根据特定的目的和要求将分散在不同时域的有关管理信息积累起来的过程。管理信息收集是管理信息资源能够得以充分开发和有效利用的基础，也是管理信息产品开发的起点。

（一）管理信息收集的程序

由于不同行业、不同管理目标要求不同。因此，管理信息收集的具体步骤和程序也有所不同。但从管理信息收集工作来看，一般有下面一些基本程序（图 4-2）。

```
┌─────────────────────────┐
│   拟定管理信息收集计划    │←──────────┐
└─────────────────────────┘           │
   │         │         │              │
   ▼         ▼         ▼              │
┌──────┐ ┌──────┐ ┌──────┐          │
│确定内容│ │决定信源│ │明确方法│          │
└──────┘ └──────┘ └──────┘          │
            │                        │
            ▼                        │
       ┌──────────┐                  │
       │数据结构设计│                  │
       └──────────┘                  │
            │                        │
            ▼                        │
       ┌──────────┐                  │
       │管理信息收集│                  │
       └──────────┘                  │
   ┌──────┴──────┐                   │
   ▼             ▼                   │
┌──────┐      ┌────────┐            │
│按计划进行│    │收集间接资料│            │
└──────┘      └────────┘            │
   │             ▲                  │
   ▼             │                  │
┌──────────┐  ┌──────┐              │
│ 追踪收集  │  │初步分析│              │
└──────────┘  └──────┘              │
       │                            │
       ▼                            │
   ┌──────────┐                     │
   │提供管理信息│─────────────────────┘
   └──────────┘
```

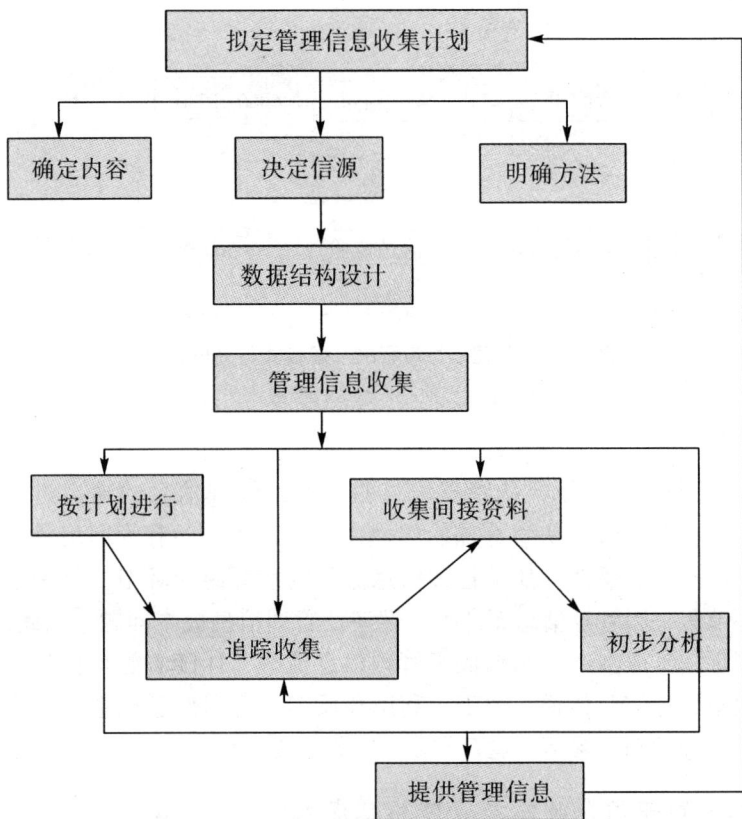

图 4-2 管理信息收集程序

1. 制定管理信息收集的计划

不管进行何种管理信息的收集，都需要制定一个收集工作计划，以便指导整个管理信息收集工作。制定管理信息收集工作需要解决几个问题：一是确定收集管理信息的内容，企业要根据管理决策的需要来确定收集管理信息的内容；二是选择管理信息的来源，企业可以据此决定到何处去搜集、获取适合需要的管理信息；三是明确管理信息收集的方式或方法，不论是采用直接到经济活动现场进行调查，还是间接地从文献资料中时行二次性收集的方式，企业都可以根据具体情况进行选择。

2. 数据结构的设计

管理信息往往是以数据形式反映出来的，收集的原始管理信息很大部分都是各种各样的数据。为了便于以后的加工、存储、传递等项工作，企业在进行管理信息收集之前，就要按管理信息收集的目的和要求，设计出合理的数据结构，并按这种数据结构去收集各种经济数据。

3. 管理信息的收集

经过前两个方面收集管理信息的必要准备，再进行管理信息的具体收集。这一收集过程分为几个阶段：第一，按照收集计划的要求去收集；第二，发现问题，寻找原因，追踪收集；第三，进行调查时收集、利用间接资料；第四，对收集的管理信息进行初步分析。

4. 提供管理信息收集的资料

这是管理信息收集的最后一步，也是管理信息收集工作的具体成果。它要求管理信息收集者将获得的管理信息以文字等形式整理出来，提供给管理信息加工者（或加工部门）。管理信息资料可以是调查报告、资料摘编、统计报表、情况汇报、研究报告、图书图像等。究竟采用什么形式，要以收集的管理信息具体内容出发，并要将管理信息资料与收集计划进行对比分析，如果不符合要求，还要继续进行补充收集。

（二）信息收集与管理信息成本

弗里德曼在《世界是平的》一书中指出，管理信息搜寻（informing）的意思是创建和部署属于自己的供应链的能力——即管理信息、知识和娱乐的供应链。从实质上看，供应链的部署过程就是管理信息的收集过程，这一过程不是自动的、无代价的。从前面管理信息收集的程序可以得知，企业在获取管理信息的过程中，必然会付出一定的代价，这一代价的货币表现就是管理信息成本。无论是制定管理信息收集计划、设计数据结构，还是具体的管理信息收集、提供管理信息资料，都会产生成本费用。这些成本费用的具体项目和来源可能有所不同，比如，制订计划的费用可能包括人员工资福利、会务费等，管理信息具体收集费用包括人员工资福利、交通费、购买管理信息商品费、餐费、住宿费、礼品费等，数据结构设计的费用包括人员工资福利、设计材料费、软件购置费等，提供管理信息的费用包括报告打印费、图书图像购置费、软硬件购置费等。总体看来，管理信息收集成本主要包括参与收集人员的工资福利、购置辅助设备费、交通活动费、管理信息商品费、通讯费和其他费用六大部分。

三、管理信息存储与管理信息成本

管理信息存储，就是将经过加工整理的管理信息资料进行立卷、分类、编号，以科学的方法集中保管，以备以后使用。由于管理信息在传递过程中表现为一种知识形态，具有连续性和继承性的特点，因此可以不断积累和延续。所以，它的存储具有很高的经济价值。

（一）管理信息存储的介质与保护

1. 管理信息存储的介质

管理信息存储的介质，也就是管理信息的载体。根据管理信息存储的方式不同，存储介质是不一样的。管理信息存储分为手工存储和计算机存储。手工处理管理信息资料是一种很传统的管理信息存储方式，管理信息经过立卷、编号、排列，建立管理信息档案，以纸制卡片、文件或书本的形式存放在指定的地点。因此，手工存储的介质主要是纸张。计算机处理管理信息资料具有更多的灵活性，它根据管理信息的性质和需求，将所储存的管理信息组织成各种不同形式，如数据库、模型库、方法库等，以供利用。计算机管理信息存储系统的主要功能部件是存储器，包括主存储器（主存或内存）和辅助存储器（辅存或外存）两种。其中，主存储器包括存储体、选址部件、地址寄存器、数据缓冲寄存器和读写控制线路等基本部件；辅助存储器分为磁表面存储器和光存储器，磁表面存储器如磁带、磁盘（又含软盘和硬盘），光存储器如光盘。

2. 管理信息存储的保护

随着计算机管理信息网络的迅猛发展和日益广泛的应用，人类对它的依赖程序也越来越高，管理信息的保密性、完整性和可用性对经济生活的影响也越来越大。目前，计算机网络成为管理信息的主要载体，管理信息系统及其网络资源面临着严重的安全威胁，因此如何保障计算机管理信息的保密性、完整性和可用性成为企业关注的焦点。要使存储管理信息的安全性、完整性和可用性有保障，企业管理信息保护机制。管理信息存储的保护性机制包括制度建设、人员培训、设施构建、软硬件购置等。

（二）信息存储与管理信息成本

管理信息存储是管理信息处理的一个环节，涉及管理信息存储行为、存储介质、管理信息保护等。在管理信息存储活动中，一是需要人员的参与，二是必须存在管理信息载体，三是应建立管理信息保护机制，在这些活动、内容或事项中，费用的产生不可避免，比如购买存储器或纸张需要费用，购置软件和硬件需要费用，管理人员需要工资及培训费用，等等。管理信息存储中这些费用，即管理信息存储成本，是企业管理信息耗费的资金，属于企业的管理信息成本。管理信息存储成本主要由存储介质及附属物购置费用构成，如购买光盘、磁盘、磁带、纸张及档案袋、文件柜等费用。因此，管理信息存储成本一般随存储介质的变化而变化，与管理信息量的增加呈阶梯式变化，即管理信息量在一定范围内成本不变，超过一定量又会增加。比如，一个 U 盘的容量为 1G，成本为 100 元，那么在 0～1G 范围内，介质成本都不变，管理信息存储成本为 100 元；当管理信息量变为 1～2G 时，就需要购买一个新的 U 盘，此时管理信息存储成本总额变为 200 元（图 4－3）。

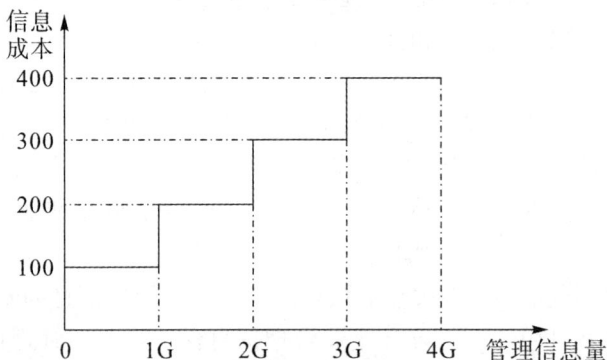

图 4－3　管理信息存储成本与管理信息量的关系

四、管理信息传递与管理信息成本

管理信息传递是指将管理信息从信源经过信道传输到信宿的过程。它是企业管理信息利用的重要环节，对企业经营管理有着重要的作用。只有经过管理信息传递，才能实现管理信息的价值，发挥管理信息的作用，才能成为决策的依据、控制的基础、组织的手段、指挥的工具、联结的纽带。

（一）管理信息传递的手段与安全

1. 管理信息传递的手段

（1）书面传递。书面传递是许多场合普遍采用的方法。如，企业编印内部资料或公开发行的报刊，传递各种管理信息；通过编写专题调研报告、可行性报告、管理信息专题研究等向管理者传递机密、重要而系统的管理信息；印发企业内部文件传递人事安排、产品质量、安全生产等管理信息。

（2）会议传递。企业通过召开或参加各种专业会议，传递和交流管理信息。

（3）电信传递。电信传递包括电报电话传递，有线传真传递，电视、电影、录像、广播传递，还可以通过其他如电视传真、光导纤维、激光信号、通信卫星等先进方法来传递。

（4）实物传递。利用样品、实物、图片和幻灯片等为载体传递管理信息。

（5）网络传递。随着网络技术的发展，网络成为了管理信息传递的重要手段，包括内部网络和因特网。企业通过电子邮件很快就可将信息送达对方手中，通过网络视频会议可以与远距离的参会者同台讨论，通过网络可以及时、大量地浏览到各种管理信息。

2. 管理信息传递安全

管理信息安全性主要有两个方面：管理信息的保密性和认证性。保密的目的是防止他人破译系统中的机密管理信息；认证的目的有两个，一是验证管理信息发送者是真的而不是冒充的，二是验证管理信息的完整性，在处理过程中没有被异化、窜改、乱码等。手写签名和数字签名是确保管理信息传递安全的两种主要措施。手写签名要求在纸制文件、合同、表格等规定处写上管理信息接收者姓名，数字签名是电子管理信息形式的一种签名方法。

（二）信息传递与管理信息成本

管理信息传递是将管理信息以不同的方式从管理信息源传输到管理信息接收者的过程，包括管理信息输出、管理信息传导、管理信息接收、管理信息安全等。管理信息传递可以是"人—人"系统，也可以是"人—物—人"系统，或者"人—

物"、"人—物—物"、"物—人"、"物—物—人"等系统。在管理信息传递系统中，主体是人和物。因此，管理信息传递所产生的成本主要是人工成本与物资成本，人工成本包括管理信息输出人和接收者的工资、福利等费用，物资成本包括网络建设费、网络维护费、各种报告报刊与文件印制费、电话传真与电视购置费等。另一部分管理信息传递成本是为确保管理信息安全而产生的费用，如购买保密软件的耗费，制定低制签名表的成本等。管理信息传递成本中大部分是网络构建中的软件购买或开发费用、电脑电视或光纤购置费用，它们形成的是固定成本。

因此，管理信息传递成本具有一个明显的特点，即高固定成本与低变动成本。管理信息传递成本中信道建设成本占绝大多数，它一般在构建初期就已形成，并很少发生变动。每次管理信息传递的变动成本很低，如每一次传真的费用，每一个电话的费用，每一次发邮件的费用，每一个文件的费用，这些成本因管理信息传递时间的长短或管理信息传递量的大小而存在极小差异。

五、管理信息加工与管理信息成本

企业获取和存储管理信息的最终目的是要利用管理信息解决实际问题。决策是利用管理信息解决问题的一个重要方面，没有管理信息不能做出正确决策，但有了管理信息也并不一定就能作出正确决策。因为，面对前所未有的"信息爆炸"，管理信息具有复杂性，如不对管理信息进行加工处理，就难以作出有效的决策。只有通过管理信息加工，剔除无价值或无效用管理信息，才能提炼出对决策有用的管理信息。

（一）管理信息加工

将管理信息加工成为能对决策起指导作用的知识，往往需要经过"管理信息选择、预处理、转换、数据分析与处理、处理结果解释与评价"这一过程，该过程有时是复杂的、艰难的、循环往复的。

1. 管理信息选择

管理信息选择主要是从已有管理信息资源（如数据库）中选择相关数据，创立一个目标数据库，获得简洁的、对决策有用的管理信息。管理信息选择要求确定目标管理信息、选择策略、参加人员、样本容量以及获取相关背景知识。

2. 管理信息预处理

从不同环境收集的目标管理信息可能存在许多不确定内容，如字段值标记错识、有特殊语义的数据值和空值，管理信息处理人员必须对这些内容进行确认，将输入错识而导致或受某种外界因素干扰而有意识提供的错误数据（或称为"噪音"），以及不支持期望模式的特殊语义类数据，在管理信息预处理时予以剔除。

3. 管理信息约简与变换

管理信息约简是通过某种方法降低算法的搜索空间，减少变量数目或对象数目。管理信息变换是按不同的管理信息分析与处理方法有不同的输入要求，对管理信息进行编码，使其成为为符合要求的格式。

4. 管理信息分析与处理

管理信息分析与处理是应用相关算法从预处理过的数据中寻找数据中隐含的、对管理信息利用有价值的模式，包括确定管理信息处理类型、选择处理方法、分析运行效率。

5. 管理信息评估与维护

管理信息加工的目的是提供对决策有用的管理信息，因此，通过管理信息评估与维护来确定处理结果的可信度和依赖度十分必要。它要求经过结果筛选过滤掉超量管理信息，经过测试数据集来评估确定管理信息的可信度，经过结果维护来保证结果与动态数据变化的一致，经过结果整合使管理信息效用最优化。

（二）信息加工与管理信息成本

管理信息加工需要按一定的程序，经过一定的步骤，形成对决策有用的管理信息。当企业在进行管理信息加工过程中时，从管理信息选择、预处理、约简与变换、分析与处理，到最后管理信息的评估、维护、整合，都会耗费一定的人、财、物力，产生成本费用，即管理信息加工成本。现代企业管理信息加工成本主要是人力资源耗费和加工设备购置，其他的费用很少。管理信息加工成本是企业利用管理信息前为提高管理信息利用效率、增加管理信息利用效益、实现有用决策而产生的管理信息处理成本，它是为获得简洁、有效的管理信息而付出的代价。

六、管理信息利用与管理信息成本

企业对管理信息的利用主要是将管理信息应用于具体的管理决策活动中，管理信息利用过程中产生的成本包括两个方面：一是利用管理信息时的人工成本和活动成本，二是管理信息无效或不全给企业产生的损失，这部分相当于管理信息失真成本。比如 M 公司计划对某项产品生产进行投资，管理信息部门已对收集的信息进行了加工等处理，现将最后的产品价格高低、市场容量、投资总额、支撑技术等信息提交董事会进行讨论以供决策，董事会利用该信息开了多次会议，则这些多次会议的会务费就属于管理信息利用成本。并且，如果形成了一定的决策方案后，M 公司在实施时发现收集的信息不充分或出现了错误，由此给企业带来的一定的损失，这也是管理信息成本，属于管理信息失真产生的成本。

从企业管理信息利用过程中产生的成本内容上可以看出，

利用管理信息的成本在确认和识别上存在一定难度。其中，利用管理信息的会务费易与管理信息传递的成本混淆，两者之间不好区分；管理信息失真产生的决策损失本身是一种隐性成本，但也有可能是一种机会成本，这也不好确认和计量。

第四节　管理信息成本的构成与识别：三维立体观

一、管理信息成本构成：三维立体观

　　管理信息成本是企业的重要成本之一，其构成影响着企业成本数量，也成为企业成本管理的重要内容。对管理信息成本的构成，可以从三维立体角度进行识别，即决定企业管理信息成本的元素包括三项内容：长度、宽度和厚度。长度是指企业收集、加工、存储、传递等处理管理信息时间的长短。在其他条件一定的情况下，管理信息活动时间越长，对管理信息成本的影响越大，管理信息成本的总量也会增加，反之，时间越短，管理信息成本越小。宽度是指企业管理信息成本构成的各种管理信息成本项目的多少，比如设备费、人员工资、基建费、培训费用、管理费用及其他费用等。仅从成本构成上看，成本项目的多少决定了管理信息量的大小，项目越多，成本越高，反之，项目越少，成本越低。厚度是指每一个成本项目费用的高低。因此，影响企业的管理信息成本的因素是管理信息处理的时间长短、费用项目个数的多少和项目费用的高低三项内容（如图 4-4）。

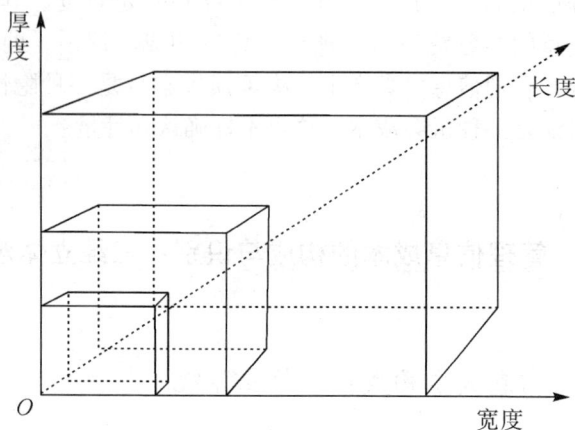

图 4 - 4　基于三维立体的管理信息成本构成

从图 4 - 4 可以看出，管理信息成本的长度、宽度和厚度决定了管理信息成本数量的大小，它们之间的关系可以按公式（4 - 1）进行表示。

$$y_{mic} = f(x_1, x_2, x_3) \tag{4-1}$$

其中，y_{mic} 表示管理信息成本，x_1，x_2，x_3 分别表示时间长度、项目宽度和费用厚度。

例如，甲企业准备投资生产 C 产品，为了了解竞争对手乙企业的生产经营情况，派出两个管理信息部门人员收集乙企业的相关信息，共用 3 天时间，发生的费用有主要有电话费和人员补助两项，假设：电话费 0.6 元/分钟，3 天内共拨打电话 50 分钟，人员补助每人 30 元/天，则管理信息收集的成本为：

$$y_{mic} = f(x_1, x_2, x_3) = (0.6 \times 50) + (30 \times 2 \times 3) = 210 （元）$$

该管理信息成本的时间长度有两个，通话时间 50 分钟和收集时间 6（2×3）天；费用厚度有两个，一是电话费 0.6 元/分钟，二是人员补助每人 30 元/天；项目宽度也有是两个，电话费和人员补助。

在现实社会中，费用厚度一般是确定的，它对管理信息成本的影响也是固定的，而时间长度和项目宽度却因管理信息作业的不同而存在差异。因此，本文主要讨论了项目宽度和时间长度与管理信息成本的关系（管理信息成本的类型和时间性分析）。

二、管理信息成本的类型：管理信息成本的宽度

（一）国内学者对管理信息成本的划分

对管理信息成本的类型的认识，国内外学者的研究中几乎都没有，而主要是将信息成本从不同角度作了不同的划分。

靖继鹏（1994）认为，信息成本分为信息生产成本和流通费用；马费成（1997）从信息的生产和利用角度，将信息成本划分为生产成本、用户成本和外在性成本。

赵宗博（2002）提出，企业信息成本分为直接成本和间接成本两部分。企业的信息成本当中，直接成本从内容上看分为因为寻找有效管理信息内容而发生的设计成本、为收集和加工处理管理信息内容而发生的技术性成本、为有效使用管理信息内容和管理信息技术设施而发生的管理信息人力资本的投入、为营造公共利益与个人利益相协调的管理信息机制和管理信息环境而付出的成本等。而间接成本则是由直接成本派生出来的那部分成本，主要包括：①路径依赖及其负面成本；②弥补管理信息流动陷阱的成本，即管理信息供求严重失衡的情况下企业被迫增加的管理信息投入；③由于操作技术不配套而加大的成本；④因为采用新标准而付出的调整成本；⑤因特网条件下的管理信息负面成本；⑥管理信息技术设备的无形消耗所造成的无形成本等。

于金梅（2003）认为，信息成本包括信息生产成本、信息服务成本、信息用户成本。①信息生产成本是指在信息的生产

过程中，生产者使用了一些信息材料、消耗了物质材料、投入了一定的劳动量。这些使用的信息材料、消耗的物质材料、投入的劳动量构成了信息产品的生产成本。具体包括：物质材料消耗费用、信息材料消耗费用、劳动力消耗费用和其他费用。②信息服务成本。信息服务是指信息产品拥有者以及信息设备拥有者出售信息产品、提供管理信息咨询业务、提供管理信息交流条件的活动。信息服务成本与信息生产成本一样，包括材料消耗、劳动力消耗和其他费用等。③信息用户成本是指管理信息用户在获取和利用信息产品的过程中所消耗的各种费用。除了物质材料消耗费用外，还包括购买信息产品和信息服务所支付的费用及时间成本。所谓时间成本是指用户在获取和利用管理信息产品的过程中花费的时间折算的费用，如等待服务时间、接受培训时间等。

朱珍（2003）指出，信息成本包括信息教育投入成本、信息的固定成本、信息的注意力购买成本和信息的获得成本四类。

庄明来教授（2004）在论述了信息成本计量的复杂性时指出，信息成本包括显性成本和隐性成本，显性成本包括信息搜寻成本、信息处理成本，隐性成本包括隐蔽信息成本、信息失真成本、信息制度成本。

周正华等（2006）认为信息活动范围大、成本项目多，为便于其成本计量，根据不同的标准，从不同角度对成本进行了划分：①按照信息的生产和利用过程，把信息成本划分为信息生产成本、信息服务成本和信息外在成本。②按照成本的计入方式，把信息成本分为直接成本和间接成本。直接成本是指能直接计入某种管理信息产品或服务的成本。间接成本是指不能直接计入某种管理信息产品或服务，而应采用一定分配标准分配计入某种信息产品或服务的成本。③按照成本的性态，把信息成本划分为变动成本和固定成本。变动成本指在相关范围内，其成本总额随着信息生产量或服务量的增减而成比例增减的成本。固定成本指在一定产量或服务量范围内与产量或服务增减变化没有直接联系的成本。④按信息的技术特性，把信息成本分为信息技术产品成本和信息服务产品成本。信息技术产品成本是指为开发、生产管理信息产品而发生的硬件和软件成本，硬件成本主要是计算机及其外围辅助设备、网络互联设备和通讯设备等的购置成本；软件成本主要包括计算机操作系统软件、计算机应用软件、管理应用系统等的取得成本。信息服务产品成本是指信息中介或信息服务商为提供管理信息而发生的相关支出；对信息使用者而言，信息服务产品成本是为获取管理信息而付出的代价。

胡元木（2005）按信息资源生产经营和利益的主体不同，认为信息流成本可以划分为信息资源的生产成本、信息资源的服务成本、信息资源的用户成本和信息资源的完全成本。

（二）管理信息成本的类型：课题研究的观点

管理信息成本由于自身的特点决定了类型划分的困难，管理信息成本的类型具有复杂性和多样性。

1. 管理信息流程与管理信息成本的类型

从管理信息流程我们知道，管理信息成本产生于管理信息流程的各环节和各活动中。因此，根据管理信息流程可以将管理信息成本分为管理信息搜寻成本、管理信息存储成本、管理信息传递成本、管理信息加工成本、管理信息利用成本。管理信息搜寻成本是企业收集管理信息过程中投入的人、财、物力资源，管理信息存储成本是企业存储管理信息的材料费、设备费等，管理信息传递成本主要包括信道建设费和时间成本，管理信息加工成本是对管理信息进行选择、预处理、分析、评估、整合等过程中发生的费用，管理信息利用成本主要指企业在利用管理信息的过程中产生的费用和管理信息失真产生的损失，包括直接损失、纠正支出等。

　　根据管理信息流程来划分管理信息成本在理论上比较简单明了，容易理解。但这也存在一个较大的问题，即有一些成本费用相互交织，难以区分，无法进行分配和归集。如管理信息人员费用，他们既可能参与了管理信息收集又进行了管理信息传递，但该部分费用难以在这两个环节中进行分配；另外如企业购买的电脑，它具有多用途，或打字，或收集管理信息，或发送邮件，或存储资料，而电脑的费用也难以在这些活动上进行分配。

　　2. 管理层次与管理信息成本的类型

　　企业管理活动具有多级层的特点，从横截面来剖析企业价值创链上的活动，可以分为四个层面：跨企业间组织管理、战略管理活动、管理控制活动和作业管理活动（图4-5）。第一层次是跨企业间组织管理①，由于跨组织信息系统（电子数据交换）的出现，以及跨组织理论的兴起，跨企业间组织管理已成为现代组织管理的重要部分，它是整个"价值星系"内"恒星"企业、"行星"企业之间的一种管理，它不限于一个企业，而是企业联盟或企业簇群。第二层次是战略管理活动，它决定着企业未来发展的方向，是企业高层管理所关注和从事的主要

　　① 西南财经大学罗珉教授在《跨组织信息系统研究述评》一文提出，跨组织信息系统以信息与通讯技术为基础，特别是以网际网络为基础，跨越组织疆界来实现两个或多个组织之间的信息流动，其主要目标是使用电子数据交换系统（EDI）进行有效的交易处理，是让买卖双方进行沟通、意见分享、广告竞标、交易、管理库存等商业行为的网络平台，例如传送订单、票据和支付等。这个网络平台表现出合作（collaboration）、协调（coordination）与沟通（communication）等三个方面的特性。这个信息系统可以提升公司的生产力、弹性与公司的竞争力。实质上也可以看出，跨组织信息系统是企业信息系统的一种部分，是企业管理的一个工具。因此，本文提出"跨企业间组织管理"这一概念，不同的企业通过跨组织信息系统可以构建起一个网络组织，进行组织间合作、协调与沟通，实现信息共享，创造共同价值最大化。

工作，包括分析外部环境带来的机遇或挑战，构建企业核心竞
争力，制定和执行长期战略等。第三层次是管理控制活动，它
是企业落实战略的过程，是战略目标实现的保障，管理控制工
作一般由公司中层管理承担，包括制定年度计划并落实，实行
全面预算，职能管理与组织协调，传递管理信息与沟通，绩效
评价等。第四层次是作业管理活动，这是公司作业任务有效完
成的过程，是管理控制活动的具体化和基础工作，是一种日常
性管理活动。

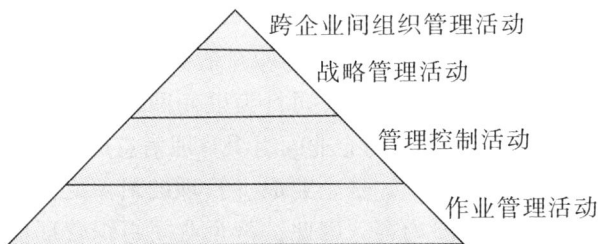

图4-5　现代企业管理层次

　　公司不同层面的管理人员关心的问题侧重点不同，跨企业
间组织考虑的是"价值星系"内整体利益或价值最大化问题；
最高管理当局关心企业的整体与长远发展问题；中层管理者关
心计划执行和管理效益问题；作业层执行人员关心任务完成和
工作效率问题[①]。这些问题的揭示与解决，需要通过管理信息来
反映，而管理信息的形成需要投入，并且会产生成本。"任何决
策者和管理者都应对成本负责。企业管理者均以不同的方式参
与成本管理，他们大部分具体从事资本投资决策、预测、定价、
生产或服务管理工作。所有这些企业管理工作和成本会计密切
相关，而成本管理有关的工作任务占据了任何层次管理者的大

部分时间。"① 因此，根据管理活动的四个层次，可以将管理信息成本分为跨企业间组织管理信息成本、战略管理信息成本、管理控制信息成本和作业管理信息成本。由于一些先进的公司开始运用系统来考虑产品（服务）的生命周期和客户（供应商）关系，以所形成的战略同盟为成本管理创造机会，导致成本管理开始突破个别组织的限制，开始涉及跨组织或组织之间的成本和资源管理，这可以用已经出现的一个词来描述供应链成本管理的成果，那就是跨组织成本管理（Interorganizational Cost Manangement，ICM）②。罗宾·库珀和瑞金·斯莱格穆德（1999）把跨组织成本管理描述为相互依赖的合作关系，并将其定义为协调供应商网络中的公司行为以使网络中总成本得以降低的一种结构性方法。③ 跨企业间组织管理信息成本作为企业成本的一个重要组织部分，是企业成本管理的对象之一，也是跨组织成本管理的重要内容。因此，跨企业间组织管理信息成本是基于跨组织信息系统所构建的企业联盟或企业簇群进行的管理决策之上，因信息需求所发生的成本。战略成本管理是运用成本管理技巧，以提升企业的战略地位并同时降低企业成本的一种"价值创造行为"，是高级成本管理的修正④。战略管理信息成本是企业战略成本管理的对象之一，是企业在构建战略框架、实施战略行动、创造长期价值过程中产生的管理信息费用。战略管理信息成本是企业成本单元之一，可以通过调整企业价

---

　① 凯瑟琳娜·斯腾詹，乔·斯腾詹. 成本管理精要［M］. 吕洪雁，译. 北京：中国人民大学出版社，2004：1.

　② 凯瑟琳娜·斯腾詹，乔·斯腾詹. 成本管理精要［M］. 吕洪雁，译. 北京：中国人民大学出版社，2004：137.

　③ ROBIN COOPER, REGINE SLUGMUDER. Interorganizational cost mangement, Porland：Productivity Press, 1999：22.

　④ 凯瑟琳娜·斯腾詹，乔·斯腾詹. 成本管理精要［M］. 吕洪雁，译. 北京：中国人民大学出版社，2004：149.

值链上的管理信息成本结构，以达到获取持久成本优势的目的。
迈克尔·波特指出，影响公司成本结构的有十种驱动因素，包括规模经济、学习、生产能力利用模式、联系、相互关系、整合、时机选择、自主政策、地理位置和机构因素。他认为没有哪一个因素是唯一决定因素，往往相互作用会决定一种特定的成本行为。因此，战略管理信息成本也必然受这十大因素及其相互作用的影响。战略管理信息成本具有显著的全局性、效力长期性等特点。管理控制信息成本是一种典型的战术性成本，它更强调过程管理。管理控制信息成本是企业预测未来、执行计划、控制过程、考评业绩等管理行动中产生的成本。作业管理信息成本是企业作业单元执行具体活动时所发生的成本。这表示，为实施某项具体管理活动而产生的管理信息成本可以归集于具体的管理作业上。理论上讲，作业层的管理信息成本计量模式设计最为简单，可以按每一项管理作业活动的要求对应记录一条管理信息成本。实际上，由于管理活动的复杂性和多样性，管理作业与生产作业有时存在交叉，管理信息成本的分配模式不好设计，成本分配额难以精确（后面将详细论述）。

3. 成本源与管理信息成本的类型

管理信息成本的产生源于不同的途径，有的源于管理信息组织结构，有的源于管理信息系统，还有的源于外部信息资源，甚至管理信息失真给企业带来的损失也是一种成本。因此，根据成本的来源，可以将管理信息成本分为管理信息结构成本、管理信息系统成本、管理信息流成本和管理信息失真成本（表4-1）。管理信息结构成本是基于企业管理信息组织结构产生的成本，包括管理信息组织结构中的人员薪酬、活动费用等；管理信息系统成本是企业构建由硬件、软件、数据等资源组成的实体系统时产生的成本；管理信息流成本是企业管理决策之间，由于管理信息不对称而对外购买信息商品、信息服务及搜寻信息产生的成本；管理信息失真成本是管理信息失真给企业带来的损失或纠正支出。

表4-1 从成本源看管理信息成本的种类

成本源＼类型	管理信息结构成本	管理信息系统成本	管理信息流成本	管理信息失真成本
成本来源与途径	管理信息组织中员工薪酬、制度建设支出等	计算机管理信息系统的应用	外购信息商品、信息服务及搜寻信息的支出	管理信息失真产生的损失

以成本源为标准对管理信息成本的划分，是从整个企业的角度思考的，是从广义的管理视角对管理信息成本的认识。因此，此种分类是以后内容主要研究的对象。

三、企业管理信息成本的构成与识别

企业的管理信息活动贯穿于企业的内部管理决策的整个活动中，我们可以从两个层面去理解：一是从业务活动中分离出来的相对独立的管理信息活动，包括提供管理信息资源、管理信息产品的服务和管理信息技术活动；二是指不能脱离业务活动，与企业外部交易活动和内部管理活动交织在一起的管理信息活动，如数据和文件的处理、管理信息交流与传播等成本。基于企业成本源和管理信息活动的理解，管理信息成本分为管理信息流成本、管理信息系统成本、管理信息结构成本和管理信息失真成本四大类。

（一）管理信息流成本的构成与识别

管理信息流成本主要源于获得信息资源过程中发生的购买成本、搜寻成本等。企业的管理信息资源包括从外部购买的管理信息产品或服务。这里所说的管理信息产品通常是指图书资料、研究报告等，不包括计算机硬件和软件这一类管理信息产品，由于它们和企业管理信息技术的应用密切相关，因此统一

包含在管理信息系统成本中。

1．管理信息流成本的构成

购买的管理信息产品或服务是指管理信息资源的购买费用，以及接受管理信息咨询服务及管理信息资源外包服务的费用等。

管理信息流成本可按公式（4-2）来计算：

管理信息流成本＝外部管理信息资源的购买成本＋管理信息资源外包费用＋管理信息搜寻成本　　　　　　　　　　　（4-2）

下面对管理信息流成本的各构成部分作进一步说明。

（1）外部管理信息资源的购买费用

在很多企业，尤其是大、中型企业，一般都有专门的部门或人员进行图书资料的收集（购买）、整理、加工和提供使用等工作。这些工作的耗费构成了管理信息资源的购买费用，这些费用包括图书资料购买或网络数据库租用费用、管理信息管理和存贮费用以及相应的人员工资等。

（2）管理信息资源外包费用

当外部信息市场较为成熟时，企业的某些管理信息资源需交由更专业化的队伍完成，如国内的电信运营商将公司规划报告外包给专门的电信研究单位完成。通常的管理信息咨询费用也是一种典型的管理信息资源需求外包费用。企业外包管理信息资源需求，需要根据合同支付相应的费用，除此之外，为了管理外包合同还必须付出相应的外包管理费用。

（3）外部管理信息搜寻成本

企业在做出管理决策前，为了减少决策结果的不确定性，必须获取丰富的信息。企业除购买、外包外，还可以自己进行信息的搜寻。通过网络、报纸等信息载体，或问卷调查等各种方式获取管理所需的信息，但这一过程需要资金或劳动投入，并且会产生成本。例如金伯利—克拉克公司为为决策是否生产一种新的一次性尿片花了 1 000 万美元用作市场调查的经费，用于寻找该年成为母亲的 350 万美国人中的四分之三的地址，然后直接向她们进行调查。管理信息搜寻成本由此可见一斑。

2. 管理信息流成本的特点

（1）管理信息流成本很容易成为沉没成本

所谓沉没成本（sunk cost）指资本预算中已经投入而不可回收的支出。从决策相关性来看，沉没成本是决策非相关成本。无论是购买的图书资料，还是企业的一些研究报告，都可能存在不被利用或无法利用的风险，因此，其成为沉没成本的风险大于一般的物质产品。

（2）管理信息流成本具有较强的外部性

这是指在外部信息市场成熟的条件下，可以依赖外部信息市场获取相应的管理信息、资源，从而使企业成为管理信息的消费单位。因此，外部管理信息流成本基本表现为购买管理信息服务的价格，从而具有较强的外部性。

（3）制度对管理信息流成本有较大的影响

制度可以在一定程度上约束管理信息优势主体的机会主义行为，以法律制度为例，在一个法制健全的社会，顾客搜寻有关产品质量管理信息的成本可以降低，因为在这样一个社会，凡是销售假冒伪劣产品都会受到法律制裁。由此可见，合理的制度有利于降低整个社会的管理信息流成本，这也使管理信息成本的控制不能完全依赖单个企业自身。

（二）管理信息系统成本的构成与识别

管理信息系统是指基于计算机与通信网络技术，对信息进行收集、存储、检索、加工、传递、控制与反馈的人机系统，旨在实现组织特定的管理、控制、决策等目标。管理信息系统成本是指企业在拥有管理信息系统时所花费的全部费用。这里既包括购买的费用，也包括使用过程中耗费的一切人力、财力和物力。

1. 管理信息系统成本的构成

管理信息系统成本划分为直接成本和间接成本两大类。管理信息系统直接成本用来度量企业管理信息技术的直接支出，包括硬件和软件费用、运行成本和管理成本这三大类；管理信息系统间接成本主要是指终端用户在操作过程中带来的生产力损失和故障时间影响。

其成本计算公式如（4-3）所示：

管理信息系统成本 = 硬件和软件费用 + 运行成本 + 管理成本 + 终端用户操作生产力损失成本 + 故障时间成本　　　（4-3）

（1）硬件和软件费用

硬件费用包括硬件购买和租用的费用以及相应的折旧费，这里的硬件费用还包括硬件升级、备用硬件和耗材的费用。软件成本是指所有购买和租用的软件的费用，由企业自身开发的软件费用不列入此类。硬件和软件费用又分为两个部分，一部分是终端用户因工作需要而购买或租用的硬件和软件产品；另一部分是管理信息系统管理人员为实现管理信息系统功能而购买或租用的与管理信息系统相关的硬件和软件，如网络管理和开发工具。硬件和软件费用的构成见表4-2。

表4-2　　　　　　　硬件和软件费用的分类表

二级类目	三级类目	类目含义注释
管理信息系统硬件费用	购买费用	每年用于购买支持管理信息系统服务器、客户机、外围设备和网络硬件的费用
	折旧费	所购买的管理信息系统设备的年度折旧费
	租用费	租用支持管理信息系统的硬件设备费
	升级费用	包括对硬盘、处理器、内存等的升级费用
	备用硬件费用	备用的支持管理信息系统的硬件费用
	耗材费	用于管理信息系统的耗材费。包括磁盘、可写光盘、备份磁带、墨粉盒等。这个费用里不包含打印机纸张的费用

表4-2(续)

二级类目	三级类目	类目含义注释
管理信息系统软件费用	网络、系统、存储和资产管理软件费用	为控制分布式计算环境需要而购买的软件的费用
	服务桌面管理软件费	为提供服务桌面管理而购买的软件的费用
	培训软件和计算机基础培训软件费用	培训软件费用
	测试/其他软件费用	不包括在上述软件中的其他软件的费用

（2）运行成本

运行成本包括技术支持费用、计划和过程管理费用、数据库管理费用、桌面服务管理费用四大类（见表4-3），如果信息技术功能外包出去，则指按合同支付的相应的费用。

表4-3　　　　运行成本的分类表

二级类目	三级类目	类目含义注释
客户端服务器日常网络技术服务	二级问题解决	解决介于一般技术问题和高级技术问题之间的问题所耗费的人力或按合同支付的费用
	三级问题解决	解决高级技术问题所耗费的人力或按合同支付的费用
	交易和计划	对网络通信基础结构上的负荷进行监控、计划和平衡所耗费的人力或按合同支付的费用
	性能协调	对服务器、网络系统和应用程序进行监控、计划和平衡所耗费的人力或按合同支付的费用
	用户管理（逻辑添加和改变）	控制用户进入网络和应用程序资源的成本，包括添加新用户或改变用户配置等
	操作系统支持	用于管理操作系统的成本
	维护	维护服务器、客户机、网络设备、打印机等所耗费的人力或按合同支付的费用
	软件配置	为了配置新的软件或对已有软件进行升级所耗费的人力或按合同支付的费用

表4-3(续)

二级类目	三级类目	类目含义注释
	应用程序管理	包括商业应用程序在内的应用程序管理所耗费的人力或按合同支付的费用,包括控件的配置、访问管理等,此类目不包括应用程序的开发和操作系统的配置
	硬件配置/重置	对已有的网络方案进行重新配置所耗费的人力或按合同支付的费用
	硬件安装	安装新的硬件,包括服务器、外设等所耗费的人力或按合同支付的费用
	磁盘和文件管理	用于优化本地和服务器在线存储和文件系统的费用
	存储容量计划	为确保足够的可用容量所耗费的人力或按合同支付的费用
	备份和存档	对网络和桌面数据备份等所耗费的人力或按合同支付的费用
	仓库管理	管理中枢磁盘或磁带档案库所耗费的人力或支付的合同
计划和过程管理	账目管理	管理信息系统和业务单元之间的关系所耗费的人力或按合同支付的费用,包括业务单元匹配、应用程序和基础结构需求、项目管理等
	系统调查、计划和产品管理	明确基础结构的需求等所耗费的人力或按合同支付的费用
	购买前评估	在购买前对各种硬件进行测试和评估,包括采购部门或法律部门对此支持所耗费的人力或支付合同的费用
	安全和病毒防护	采取安全措施预防病毒等所耗费的人力或按合同支付的费用。
	业务恢复	包括备份和存储程序、磁带管理、记录保存等业务恢复措施,并对业务恢复小组进行管理和组织所耗费的人力或按合同支付的费用
数据库管理		为实现数据库管理所耗费的各种费用,数据库管理任务包括索引管理、复制、日志管理、数据恢复、优化以及其他维护任务
桌面服务管理(零级/一级技术支持)		零级支持是指通过电话或系统调用来处理问题,但是没有最终解决问题;一级技术支持是指通过电话、电子邮件和在线通讯方式解决问题

从运行成本来看，实质上将信息技术运行过程作了一个详细的分解，例如首先将技术服务费用分为四个层面，包括对客户机、服务器、网络的技术服务和通过桌面的服务。技术问题的解决难度是可以分级的，从零级技术问题到第三级技术问题的解决难度逐步增大。对于一个信息技术管理规范的企业，运行费用可以完全参照此种方式进行计量。

（3）管理成本

管理成本是向管理信息系统组织和管理信息系统提供管理服务的直接费用。管理成本主要包括财政与管理成本以及管理信息系统和终端用户培训成本（见表4-4），信息技术管理成本不一定来自信息技术部门，例如信息技术资产的审核可能需要财务部门或后勤部门的参与，计算机基础课程的培训也可能直接由人事部门或教育培训部门组织。这是识别信息技术管理成本时应注意的。

表4-4　　　　管理信息系统的管理成本分类表

二级类目	三级类目	类目含义注释
财政与管理	中、高层管理人员	包括 MIS 主管和管理信息组织主管的工资支出
	管理信息系统管理助理	直接辅助中、高层管理人员的工资支出
	资产管理	管理折旧记录和租借合同所耗费的人力或按合同支付的费用
	预算和回收管理	对中枢管理信息系统、业务单元管理信息系统或部门管理信息系统的资产和运行费用进行管理等所耗费的人力或按合同支付的费用
	审核	对管理信息系统合同、关系、资产记录进行审核并使之与已出台的政策相符所耗费的人力或按合同支付的费用
	购买、获取和合同管理	与终端用户或管理信息产品供应商签定购买合同所耗费的人力或按合同支付的费用
	备份和存档	对网络和桌面数据备份等所耗费的人力或按合同支付的费用

二级类目	三级类目	类目含义注释
	仓库管理	管理中枢磁盘或磁带档案库所耗费的人力或支付的合同
管理信息、系统培训	管理信息系统课程开发	开发管理信息系统培训课件和管理信息系统基础教程的费用
	管理信息系统培训	管理信息系统培训费用
终端用户培训	终端用户课程开发	开发终端用户培训课件和基础教程的费用
	终端用户培训	终端用户培训费用

（4）终端用户操作生产力损失成本

终端用户操作生产力损失成本主要是指终端用户在使用过程中由于种种原因不能实现业务活动而造成的生产力损失。终端用户的成本见表4－5。

表4－5　　　终端用户操作生产力损失成本分类表

二级类目	类目含义注释
同事支持	出现问题时不是由专门的技术支持人员帮助解决，而是由一个或多个"非正式的技术专家"解决，这种方式常常会增加问题的解决费用
临时学习/支持	临时性学习包括阅读手册、使用在线帮助、试验以及其他学习方法，临时性学习付出的成本比正规培训要高，如果正规培训太少，将导致临时性学习成本的增长
正规培训	终端用户参加计算机培训所花费的时间
文件和数据管理	终端用户执行文件系统维护、组织、优化、备份和恢复所花费的时间
应用程序开发	终端用户开发应用程序（一般不是很重要的应用程序）所耗费的人力
游戏因素	工作时间终端用户利用计算机进行非业务活动，如玩游戏和网络冲浪等

（5）故障时间成本

故障时间成本是指在故障发生时间，因不能使用计算机所带来的生产力损失。故障时间又包括计划中的故障时间和计划外的故障时间，计划中的故障是指由于定期维护系统而造成无法正常使用的情况；计划外的故障是指突发性的故障，包括电子邮件的使用故障、网络故障、数据库故障等。

2. 管理信息系统成本的特点

（1）管理信息系统成本具有分散性。由于计算机应用的普及，管理信息技术已渗透到企业活动的每一个角落；另外，随着计算机网络技术的飞速发展，分布式数据库系统的应用也越来越广泛。这些因素都造成了管理信息系统成本的分散性特点，而且在精确识别方面也有一定难度。

（2）管理信息技术产品具有较强的锁定效应，给管理信息技术应用带来巨大的转移成本。以数据库为例，当从一种数据库转向另一种数据库时，一方面，增加了数据转换的成本，而且在这种数据格式转换中，很有可能丢失管理信息，给用户带来风险；另一方面，新的数据库的使用也增加了培训成本，用户需要一定的时间去适应新的系统，学习新的操作方法。

（3）在管理信息系统成本中，隐性成本含量较高，而且不易识别。隐性成本具有不确定性、不易察觉性以及不稳定性等特征。管理信息系统成本中有很多成本都具备这些特征，如间接成本中的生产力损失成本、故障时间成本都是隐性成本。除此之外，管理信息技术服务成本也具有一定的隐蔽性。

（三）管理信息结构成本的构成与识别

企业管理活动是指按照一定的规律、原则、程序和方法，对企业的人力、财力、物力等各种资源及其经济活动过程进行计划、组织、指挥、控制和协调以取得最佳经济效益的过程。从系统的观点来看，管理过程就是管理信息的收集、传递、加工和判断决策的过程，而这一过程通常的表现形态就是管理信息流程。管理信息流程直接反映和控制着物流的运动方向、运行速度、运动规模和目标实现。企业管理信息流程有内源管理

信息流程和外源管理信息流程之分，外源管理信息流程发生在
企业对外交易活动中，内源管理信息流程则与企业内部管理活
动密切相关。

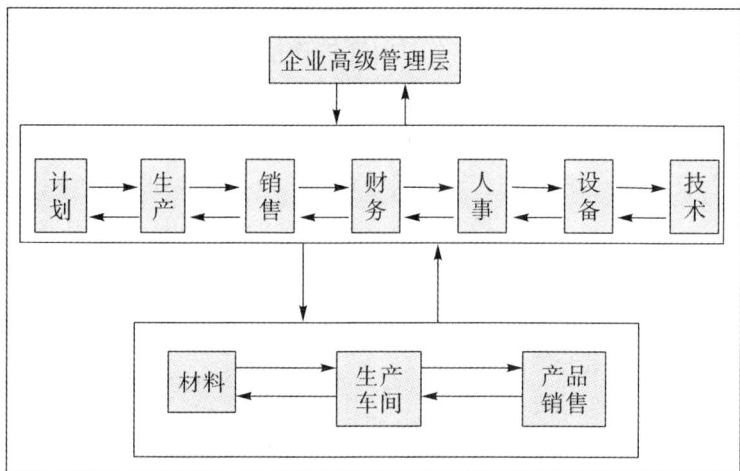

图4-6 企业内源管理信息流程模型

　　企业内源管理信息流程有纵向的管理信息流程和横向的管
理信息流程（见图4-6）。纵向管理信息流程是指自上而下或
自下而上的管理信息流动。例如，厂部的决策向下传递，生产
指标逐级向下分解，这是自上而下的管理信息流动；而各个生
产岗位、班组的生产情况，车间的生产进度逐级向上汇总，产
品销售情况逐级向上汇报，则是自下而上的管理信息流动。横
向流程是指企业内部各种人员之间，班组之间，车间之间，职
能科室之间从横的方向进行管理信息传递。企业内部管理信息
流纵向、横向地交叉进行，组成了企业内部的管理信息网络。

　　为促进管理信息在各系统之间规范、有效、有序地流动，
必须建立科学合理的管理信息组织结构。基于管理信息组织结
构发生的成本，就形成了管理信息结构成本（management infor-

mation organization cost）。因此，管理信息结构成本是企业为加强管理信息的控制与管理、运用与传递而产生的费用。

1. 管理信息结构成本的构成

在企业内部产生和传递的管理信息主要是数据和文件，如统计数据、财务数据等，企业内部管理信息传递的方式有多种，口头传递、电话传递、电子邮件传递以及以会议的方式传递等。管理活动中的管理信息结构成本可按公式（4-4）计算：

管理信息结构成本 = 数据处理成本 + 文件处理成本 + 档案
管理成本 + 会议成本 + 通讯费用等

$$(4-4)$$

下面管理是对管理信息结构成本主要项目的说明。

（1）数据处理成本

包括各部门搜集、整理、加工数据的成本，统计、财务部门为决策需要而进行的数据分析、制作报表的成本。

（2）文件处理成本

各种类型文件的编写、发送、传达、整理的费用，文件处理成本不仅仅产生于行政办公部门，还包括各种商业文件的处理。

（3）档案管理成本

一般企业都有自己相应的档案管理部门，这些档案管理部门主要负责搜集各业务部门的档案，对其进行整理并提供给企业使用。因此档案管理成本包括档案整理的耗材费和人力支出。

（4）会议成本

与外部交易活动中的会议成本相对应，企业内部管理活动中的管理信息成本是指企业内部为了管理信息交流或自上而下传达管理信息的需要而召开的各种类型的会议所付出的费用。企业内部会议成本一般可根据公式（4-5）来计算：

会议成本 = 会议室租金 + 会议设备折旧 + 其他会议费用

（茶水、资料等）＋ $\sum$ 与会人员平均小时工资 × 会议时间

＋ $\sum$ 会议前后相关工作人员平均小时工资 × 所花费的时间 ＋

会议前后准备、传达的通讯费用 ＋ 与会人员的差旅费　　（4－5）

（5）通讯费用

企业内部为传递管理信息而花费的各种通讯费用，包括网络使用费、电话费和移动通讯费等。

2．管理信息结构成本的特点

（1）企业的组织结构对管理信息成本的影响较大

管理信息结构成本受组织结构影响较大，传统的垂直式组织结构是一种包含许多层次的金字塔结构，这种等级分明、层次较多、官僚主义明显的组织结构很容易造成管理信息交流的迂回和不畅，出现管理信息冗余，造成较高的管理信息成本；而扁平化组织，则可有效地控制管理信息冗余的情况，可以打破层级式组织结构所形成的壁垒，可以更快捷更方便地获取管理信息，从而在一定程度上降低了管理信息传播和交流的成本。

（2）管理信息成本与信息技术成本息息相关

在计算机引起的管理变革中，传统的管理信息处理方式发生了根本性改变，而且也大大降低了数据处理和文件处理的费用。因此，信息技术使用成本的高低一般表现为信息技术使用效率的高低，这与管理信息结构成本一般呈负相关。

（四）管理信息失真成本

1．管理信息失真成本的含义

所谓管理信息失真，即管理信息不符合实际情况或对实际情况反映不完全。而管理信息失真成本就是由于管理信息不符合实际情况或对实际情况反映不完全而给企业现在和未来的管理决策活动带来的耗费或损失。

管理信息失真成本应包含于管理信息成本中，属于管理信息成本的一部分。管理信息失真成本的分类是多种多样的，依

据不同的标准可分成不同的类型：从造成管理信息失真的原因来看，应分为企业内部和企业外部管理信息失真形成的成本；从管理信息失真发生的频率看，可分为经常性和偶发性的管理信息失真成本；从管理信息失真的可控性来看，可分为可控制的和不可控制的管理信息失真成本等。

2. 企业管理信息失真的原因

企业管理信息失真的原因是多种多样的，有企业内部的因素，也有企业外部的影响。

（1）在企业内部，管理信息失真可从不同角度来认识。第一种情况是自上而下的管理信息失真。一项企业高层领导下达的指令，经过层层传递到达最下层的员工时，可能已经改头换面，失去了初衷。这是由于一个人接受一项管理信息并把它传达下去时，往往不是原模原样的，而是加入了自己的理解和态度，尤其是当这个人对所要传达的管理信息不熟悉时，错漏可能更大。另外，如果接收者与管理信息内容在利益上不一致或是有冲突，管理信息的接收者则有可能在允许的条件下，按照自己的利益取向修改或截取管理信息。如此一级一级地传下去，管理信息失真会被逐级放大，即使最高层做出的决策完全正确，到下边也可能面目全非了。

第二种情况是自下而上的管理信息失真。一般来说，管理信息在自下而上传递过程中，是逐级浓缩、汇总的。当基层管理信息到达企业最高决策层时，原来大量的管理信息就变成了几张报表，有时甚至是几个数字。这个过程中，大量有用的管理信息被丢失，一些本来能够反映深层矛盾的管理信息被掩盖起来了。此时，下级可从本人或从本单位的利益出发，在管理信息收集、管理信息传递等环节上，对真实管理信息进行取舍或加工，并以此来影响高层管理者的决策。

第三种情况是企业里横向或相关单位之间的管理信息传递

失真。企业是一个各部门协调运作的有机整体，企业里的各职能部门必须不断地进行管理信息的沟通才能保证其高速发展。但由于部门间的管理信息交流不像自上而下或自下而上的管理信息传递那样有行政力量的制约，各部门或个人有时会出于自身的利益提供虚假管理信息甚至是封锁管理信息。

（2）企业外部的管理信息失真原因有三种：①从空间上来看，由于企业外部空间广阔、情况复杂，企业要在这样的环境里搜寻有用的管理信息，其失真是难以避免的；②从时间上来说，企业及其外部世界都处于不停的运动之中，企业经常是花费了很大成本、刚刚辛辛苦苦收集到的管理信息，却由于外部情况的变化而变得毫无价值；③在当今知识经济时代，企业之间的竞争日益表现为获取管理信息的较量，其中表现之一就是企业之间经常在打管理信息战。因此，一个企业在市场中所获取的管理信息，往往存在很大的缺陷，要么管理信息不完全，要么管理信息有错误。

由于管理信息失真成本中相当一部分是隐性成本或机会成本，无论是识别还是计量都存在很大的难度，并且没有统一的标准，因此管理实务研究中很少涉及。

第五章
管理信息成本相关理论分析

管理信息成本具有丰富的内涵和外延，在研究中，除了研究管理信息成本本身外，也应对与其相关的理论进行分析，包括管理信息的成本与价值分析，管理信息成本三维中的时间维度分析，管理信息成本对企业组织结构的影响分析。

第一节　管理信息价值与成本的一般分析

价值与成本是什么关系，学者们已基本形成共识：价值的创造依赖于有价值的资源，这部分有价值的资源即是成本；成本可以看作是价值工程（engine of value）；成本是价值创造的源泉，资源以成本的形式完成价值创造；成本是产生收入的驱动力。① 在研究成本时不可避免地要研究价值。因为，成本管理是为使组织重要的利害关系人的利益最大化而对财务及人力资源进行的有效管理②。本文虽以"管理信息成本"为研究对象，但仍然需要对管理信息的价值做必要探讨。

一、管理信息价值

信息价值是指货币化了的使用价值。经济学家们站在不同的角度，对信息价值的表现形式以及影响价值的因素进行了分析，并且提出了决策信息和市场价格信息的价值衡量方法。

1. 决策信息的价值

阿罗认为，在分析决策信息时，从信息需求角度，将信息商品的效用价值定义为有信息和无信息两种情况下拥有一定资产的决策者进行优化决策时所得到的最大期望效用的差额。他还证明了在效用函数采取对数形式的条件下，信息商品的效用价值等于该信息商品所包含的信息量。

杰克赫什雷弗与约翰·G.赖利分析了个人在以下两个选择之间如何作出最优选择：①立即采取最终行动；②先获取信息以作出更好的最终决策。他们分析：接收到任何一条特定信息m，一般都会导致对概率信念的修改，进而导致选择不同的最终行动。信息的价值是从最优行动的修正中得到期望收益的增加，即从管理信息中得到的期望效用的增加。

用 $X = （1，\cdots，x）$ 表示一组可供选择的最终行动，$S = （1，\cdots，s）$ 表示一组现实状态，个人的行为选择和自然的状态选择相互作用决定了一个相关结果 C_{xs}。在采取最终行动时，每个人都会选择有最高期望效用的行动 x：

$$\max U(x) = \sum V(C_{xs})$$

其中，$V(c)$ 是基本效用或偏好比例函数。

将上式进一步改写，最高的期望效用为：

$$\max U(x;P) = \sum v(P_{s}. V(C_{xs}))$$

其中，P_s = 状态 s 的无条件概率。

现在给定信息 m，令 $P_{s.m}$ 等于给定信息 m 条件下，状态 s 的条件概率，信息的价值可定义如下：

$$Wm = U(x_m;P_{s.m}) - U(x_0;P_s)$$

其中 x_0 为没有接收到信息时所采取行的最优行动，它是根据先验概率计算出来的。

设 C_s 表示与状态 s 相应的收入，这一状态是在接到信息后采取最佳行动时得到的，而 C_0 是在最好的无信息行动时的收入，那么信息的价值就等于有无消息服务时的期望效用之差，表示如下：

$$P = C_s - C_o$$

2. 市场信息的价值

乔治·斯蒂格勒对信息价值的衡量建立在他所创立的搜寻理论基础上，他认为信息的价值可用购买行为中买主预期成本的减少来表示：

$$V = \sum_{m=1}^{r} \frac{r!}{m!(r-m)!} \lambda^m (1-\lambda)^{r-m} \Delta C_m$$

其中，r 代表卖主人数，m 为搜寻次数，λ 为任意一个卖主的信息被任意一买主接收到的概率，ΔC_m 为每次搜寻时预期成本的减少。

在斯蒂格勒看来，每搜寻一次所得的预期成本的节省可以近似地看作是信息的价值，这实际上是搜寻产生的价值。

格罗斯曼和斯蒂格利茨（1980）认为，信息价值与掌握信息的人数有关，而不单纯与搜寻该信息的收益有关。在市场不稳定的条件下，信息灵通的市场参与者将比信息不灵者占有更大的市场优势。但是，信息灵通的市场参加者所掌握的信息的价值，与掌握同样信息的市场参加者的人数成反比。因此，仍会有人对信息收集感兴趣，他们会持续搜寻直到边际收益等于边际成本。

3. 管理信息价值与成本

从前面对信息价值的论述我们可以看出，经济学家们无论是对决策信息的价值还是对市场信息的价值进行衡量时，都有一个很重要因素被忽略了，那就是信息成本。他们在研究决策信息价值时考虑的是有信息条件下与无信息条件下的收入之差，并且是一种完全理想状态下，即有信息后最佳行动的收入与无信息下最好行动的收入。对市场信息的价值研究也仅是从成本节约角度进行研究，把预期成本的节约作为信息价值，而没有考虑信息收益问题，没有考虑信息收益与信息成本比较后的选择问题——这才是信息真正的价值体现。

信息能客观反映事物或事项的性质、状态、外观、色彩、影响等，具有一定的自然属性和社会属性。在企业管理决策中，管理信息的价值具有明显的经济属性。管理信息的经济价值体现在两个方面：一是盈利的增加，二是损失的减少。

（1）盈利的增加

假设没有管理信息的条件下，企业决策的收入为 R_0，成本为 C_0，则：

$$P_0 = R_0 - C_0$$

其中，P_0 为没有获取某一条管理信息条件下的收益。

加入管理信息 m 时，企业决策的收入为 R_m，成本为 C_m，则：

$$P_m = R_m - C_m$$

或　$P_m = P_0 + \Delta P$

或　$P_m = (R_0 - C_0) + (\Delta R - \Delta C)$

其中，P_m 为有管理信息 m 条件下的收益，ΔP 为管理信息 m 增加的收益，ΔR 为管理信息 m 增加的收入，ΔC 为管理信息 m 的成本。

（2）损失的减少

假设没有管理信息的条件下，企业决策损失为 L_0；加入管理信息 m 后，企业决策损失为 L_m，则管理信息的价值为 $L_0 - L_m$。

管理信息的价值仅从某一个方面进行反映是不全面的，应既要体现给企业带来盈利的增长，还要反映让企业产生损失的减少。因此，只有将管理信息成本与收益进行对比分析，才能真实地反映出管理信息的价值。

二、管理信息效益

管理信息效益可以分为直接经济效益与间接效益（包括社

会效益），直接经济效益是投资方应用管理信息后直接带来的货币价值，是能直观评估的。间接效益主要是：

（1）为决策者提供及时准确的管理、财务、计划、人事等信息，以便为决策提供依据，加强和完善管理，若是政府机构则有利于提高办事效率，做到办事公平、公开、公正，提升政府的形象，而对于企业则可提升企业的社会形象，凝聚力量，增强企业或组织的竞争能力。

（2）增强决策者对社会、市场的反应能力和适应能力，杜绝和减少决策失误现象，提高决策人员的管理水平和办事效率，使他们有更多的时间利用信息系统提供的数据，加以评估和研究，促使投资方的管理工作更加标准化、规范化。

（3）对于企业，则通过信息系统，增强了与制造商、供应商、客户之间信息互换沟通能力，使企业的生产经营能力进一步提高。制造商、供应商、客户对企业的依赖程度增加，由此会为企业带来更大利润。

第二节　基于期权理论的管理信息价值分析

一、管理信息价值的评估

（一）对管理信息的两种评价

评价就是进行价值评估。价值作为一个关系范畴，既依赖于客体，又依赖于主体，不同管理信息的使用价值对于不同的个人、群体、社会、人类有不同的价值。讨论价值必须明确价值主体。

管理信息价值也是一种使用价值，管理信息的价值或效用在于它能够满足企业解决内部管理问题的需要；管理信息的取得同时也必须花费必要的劳动。对管理信息效用的评价一般是以个别企业为主体的评价，同一种管理信息对不同的企业具有不同的效用。这种评价是具体的，称为个别评价。对管理信息的劳动价值的评价则一般是以社会作为评价主体，由政府进行宏观调控之用，作为交换价值可以决定其市场价格，称为社会评价。作为一个企业组织，常常从效用的角度对一定管理信息进行评价，并与其社会评价进行比较，以确定管理信息项目的投资和管理信息产品与服务的购买和生产决策。下面主要讨论管理信息的效用价值评估。

（二）管理信息的效用

从使用者的角度看，管理信息的效用是决策者利用管理信息的主观感受，是对决策者解决问题需要的满足程度；从管理信息本身来看，管理信息的效用是指管理信息本身的属性，是它的有用性。管理信息与物质产品、能源不同，是一种非实物使用价值。管理信息的利用与物质产品的使用不同，它是一种精神、脑力、智力活动，是人们对客观世界认识的选择活动。如果没有了管理信息，企业的选择活动就无法进行；而有了管理信息，企业就有了选择的权利，我们称管理信息为企业管理决策活动提供了选择权。企业利用管理信息进行的选择活动可以分为两类，一类是与解决问题的收益或效益相关的，是包含着一定物质利益的选择活动；另一类是具有精神与美学价值的或者是虽然与解决问题有关，但是无法衡量其收益的选择活动。后一类大致只能进行定性的评价；前一类则可以进行定量评价，它需要具备下面几个条件：① 对于一定的主体，产生决策和选择的机会，能为主体所利用；② 由于管理信息的利用而导致收益和成本的改变；③ 选择活动所具有的时限；④ 主体具有评价的目标和方法；⑤ 要求主体具有一定的管理信息处理能力，能够吸收相应的管理信息。管理信息如果不具备以上的条件，企业的选择活动就难以利用，或者难以进行价值评估。

（三）管理信息价值的选择权评估与期权评价模式

管理信息为企业决策活动提供的选择权（option）与金融期权（也是 option，有人也译作选择权，这里采用期权的译法）既有区别，又有联系。金融期权是其购买者通过支付期权费（premium）所获得的在规定期限内按双方约定的价格（称为行权价格，exercise price）购买或出售一定数量某种证券组合或金融资产（称为基础资产，underlying assets）的权利的合约。不论该基础资产的实际价格如何，期权的权利人可以行使这一权利（称作行权），也可以放弃这一权利而无任何义务。金融期权的价值评估已经有成熟的期权定价理论和方法。

对于可以定量评价的选择活动，我们通过对其施加一定的限制条件将它等价成一种金融期权，从而可以采用期权定价方法来评价管理信息选择权的价值。目前国外已有研究认为，决策支持系统（Decision Support System，DSS）的价值就在于提高管理信息处理能力，决策支持系统的价值可以用期权模型进行评估。

先以一个企业为例。它在自己的经营范围内，有机会（或条件、权利、自由）实行某一方案，相应地需要支付一定的成本，从而也能够获得相应的收益。这可以等价为拥有买卖一定数量金融资产的权利（或拥有一种期权）。但是当他获得相关的市场信息以后，他有可能实行另外一种方案，这相当于他拥有了另外一种期权。由于他有了市场信息，从而使他得到具有一定价值的市场选择的机会，可能获取巨大的收益。这种额外的收益就是他实行两种方案的价值之差，也就是两种期权的价值之差。这就是管理信息带来的选择权价值，或者说是管理信息的价值。比如，当市场上某种商品的需求量突然增大的时候，上述企业开始有意识地进行市场分析，从中得到了某种商品的需求与库存以及价格的相关管理信息，表明该商品具有价格上涨的趋势，企业就可以采取进货的方案，这就拥有了增加库存的选择权———"进货期权"。当然这种选择权必须是具体明确的：①具有一定的持续时间，即时限；②行权所需的成本情况；③行权可能得到的收益情况。成本和收益一般是执行进货期权以后发生的，具有一定的可变性和概率性。这时就要把它们等价成一种风险性现金流，可以计算出它们的期望现值。据此，可以给出管理信息的期权评价模式，如图 5-1。

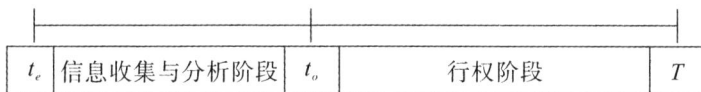

| t_e | 信息收集与分析阶段 | t_o | 行权阶段 | T |

图 5-1　管理信息的期权评价模式

从某一种触发事件（如需求量的突然增大，用 t_e 表示）开始，到企业明确认识到他们有一种新的期权存在（时间 t_o），是企业有目的地收集与分析相关管理信息的阶段。而从 t_o 到时限 T 是其行权阶段。这样获得管理信息的成本就产生了新的期权，这种期权已经是和金融期权等价了。

二、基于期权理论的管理信息价值分析

设触发事件发生的时间为 t_e，选择者接收到触发事件的管理信息后，首先是自觉或不自觉地开始收集与分析管理信息，并且需要经过一段时间信息活动以后才能认识到这一客观的期权，因此这一期权是选择者对有关管理信息进行收集分析的结果。如果在他已有信息及期权的基础上再获取有关的管理信息，则会增加期权的价值与行权时间。因此，管理信息的作用一是增加了期权的数量，二是增加了行权的时间。

从以上管理信息价值的期权模型分析可知，获得管理信息前后的期权价值之差就是管理信息的价值。这样管理信息价值

就可以用期权定价的方法进行评估。有关管理信息的价值 *VI* 就是未获得管理信息之前期权价值（ *OVN* ）与获得管理信息之后的期权价值（ *OVI*) 之差，即 *VI* = *OVI* – *OVN* 。式中 *OVI* 代表拥有管理信息时期权的价值，*OVN* 代表没有管理信息时期权的价值。

期权价值的计算如下。按照期权定价方法的假设，若该期权的基础资产可以等价为一个风险性现金流，并且该基础资产的价值（或价格）*z* 服从普通维纳过程（一般认为这是最常见的情形），即对于任意一个微小的时间增量 Δt 来说，有：① $\Delta z / z$ 相互独立；② Δz 服从于零均值正态分布，其方差线性正比于 Δt 。则期权的价值为 $OV = BN(d_1) - CN(d_2)$。其中 $d_1 = \dfrac{\ln(B/C) + 0.5\sigma^2 t}{\sqrt{t}}$，$d_2 = d_1 \cdot \sigma\sqrt{t}$；$N(\cdot)$ 是标准正态分布函数的累计概率；$t = (T - t_o)$ 是行权时间，t_o 是行权开始时间，T 是期权的时限；BN 为期权行权所产生的风险性收益现金流的期望现值；CN 为期权行权所需要的不确定性成本现金流的期望现值；$\sigma^2 = \sigma_b^2 + \sigma_c^2 - 2\sigma_b\sigma_c\rho_{bc}$，$\sigma_b^2$ 和 σ_c^2 分别是 B 或 C 在单位时间内的变化率的方差，ρ_{bc} 是 B 和 C 之间的相关系数。

从这一结论可以看出，影响 *OV* 的因素只有四个：*B* 、*C* 和 σ、*t* 。*B* 的增加对 *OV* 的影响是正效应；*C* 对 *OV* 的影响则是负效应。σ 和 *t* 的增大也都会增加 *OV* 的值。在大多数情况下，成本比较容易确定，而且常常是确定的数，因而有 $\sigma_c = 0$。需要注意，由于 σ 和 *t* 的存在，*OV* 常常是大于其净现值 *NPV* = *B* – *C* 的，并且在其 *NPV* 值越小时，这一差别越明显。而管理信息的价值就是取得管理信息前后上述 *OV* 值之差。以上情况是假设企业得到的管理信息是独有的。如果别的企业也得到了这一管理信息，市场上就会出现竞争，这时的企业的"进货期权"价值降低。因为这时候成本 *C* 上升，而收益 *B* 则下降，情况会有较大的变化。这些变化取决于市场竞争的状况，"期权价值"将会依据竞争状况发生一些变化。这些变化大致有：①竞争行为产生（进货量或者生产量的增加值）的概率分布，一般可以认为是服从于参数为 λ 的泊松分布；②竞争行为产生后可能引起的收益减少，可以用相当于无竞争时收益的倍数 k（$0 \leqslant k \leqslant 1$）来表示，由于这一倍数取决于市场结构，故而也称为市场结构系数；③竞争可能引起的成本的增加；④由于竞争引起的价格降低和需求量的增大。

因此，管理信息的期权价值主要取决于以下几个因素：①管理信息的时效性；②管理信息中有关期权价值变化的部分，即收益、成本及其分布参数（可变性）、市场结构、竞争活动的概率、时限等；③对管理信息分析处理的能力。在考虑有竞争情况和因素的时候，"进货期权"价值 OV 的计算过程要复杂一些。

第三节　管理信息成本的时间性分析

自 20 世纪 80 年代以来，企业竞争和经营环境的变化，促使竞争模式从基于价格的竞争向基于质量、品种的竞争转移，现在又进一步转移为基于时间的竞争，时间成为对竞争最有利的资源。"时间竞争"最早是由斯托克（1988）所提出，其在《哈佛商业评论》发表了一篇具有里程碑意义的文章——《时间：下一个竞争优势资源》[①]。在这篇文章里，斯托克从日本企业竞争优势的演进过程中看到了时间对于企业的"前景"，提出了基于

---

① G. STALK. Time: the next source of competitive advantage [J]. Harvard Business Review, 1988 (7/8): 41-51.

时间竞争的概念。基于时间的竞争是一种获取竞争优势的战略，其竞争重点是压缩产品研发、生产和销售在内整个生产运作中每个环节的时间，以获取竞争优势。在市场竞争日益激烈的今天，产品生命周期越来越短，顾客要求的响应速度越来越短，因此基于时间的竞争也就显得越来越重要。对于我国企业来说，时间竞争也已经提到了经营者的面前，如著名企业家张瑞敏对海尔员工说：新经济时代对企业来讲，制胜的武器就是速度，而这个速度，就是最快地满足消费者的个性化需求。时间成为继价格、质量、品种后企业最重要的竞争资源，与时间相关的成本逐渐在企业成本中占据了重要地位（崔松，2007）[①]。基于时间竞争的公司由于能够快速地响应顾客需求，从而获得了比竞争对手更大的利润、市场份额和更低的成本。但是，在实践中许多企业由于一味地加快研发或交货速度，却不考虑市场的需求和企业的成本状况，而陷入了"时间陷阱"之中。

一、时间与成本的关系

目前，关于时间与成本关系的研究主要集中在具体项目或某一经营过程上，大量的研究结果也表明两者往往存在相互折中的关系。为此，在研发、流程以及供应链等诸多问题上管理者必须在时间和成本之间做出选择。但来自世界各地的基于时间竞争的经验表明，时间的缩短并不必然导致成本的增加，时间的缩短反而有助于成本的降低。如斯托克和豪特（1990）认为，在大多数组织内部，时间越少则花费的成本也越少[②]。罗赫尔和克罗亚（1998）认为通过三个步骤同时缩短了时间和减少了成本：消除

[①] 崔松. 企业成本的新拓展——时间成本 [J]. 管理研究，2007（1）：8-9.

[②] G. STALK, M. HOUT. Redesign organization for time - based management [J]. Planning Review, 1990, 18 (1): 4-9.

非增值作业；增值作业的并行性和次序性；减少增值作业的时间①。鲍尔和豪特（1998）认为由于时间竞争公司由于采用了无耽搁、无错误、无瓶颈和无存货的运作思想，从而降低了成本。托尼和梅内盖蒂（2000）则认为时间与成本的关系存在负相关关系，但是即时制和并行技术等新的管理方法和技术的采用，可以促使整个时间—成本曲线向下方移动，从而在同时压缩时间和降低成本。在以时间为中心的管理思想下，速度的提高与成本的降低并不是对立的，速度的提高有助于成本的降低。反之，单纯的成本缩减都会对速度造成负面影响，特别是在传统的以成本降低为目标的管理模式下，成本的降低往往会以牺牲速度为代价（斯托克和豪特，1990）。因此，随着竞争从价格转向质量、品种和时间，在成本与质量、品种、时间等竞争要素之间的关系上，人们已经发现质量与成本、品种与成本之间具有内在的一致性，并不像人们通常认为的那样存在相反的关系。

二、管理信息成本的时间性分析

在信息经济时代，时间在企业管理决策中非常重要。管理决策所需信息的搜寻、收集、传递、加工、存储和利用时间的长短极大地影响着决策成本的高低，影响着决策效率的高低和决策效果的好坏。因此，时间是影响管理信息成本的重要因素。

（一）传统方法下管理信息成本的时间性分析

在某一具体项目或经营过程中时间和成本之间存在相互替代关系（崔松，胡蓓，陈荣秋，2006）。② 本文认为，从企业内部管理决策的角度看，时间和成本的关系在其他条件一定的情况

① S. ROHUR, L. CORREA. Time - based competitiveness in brazil: whys and hows [J]. IJOPM, 1998, 18 (3).

② 崔松, 胡蓓, 陈荣秋. 时间竞争条件下的时间与成本关系研究 [J]. 中国工业经济, 2006 (11): 76-82.

下，两者也存在这种权衡关系，这可以用时间—成本曲线来表示（见图 5 - 2）。在图 5 - 2 中，横轴表示企业在获取、处理管理信息的时间，纵轴表示运作所花费的成本；C_o 和 T_o 分别表示企业在获取、处理管理信息中所需的最低成本和时间。A 点代表了企业低成本竞争时的时间与成本组合，B 点代表企业在时间竞争时的时间与成本组合；A→B 表示了企业可以通过持续地加大物资投入来减少时间从而实现时间竞争的需要。

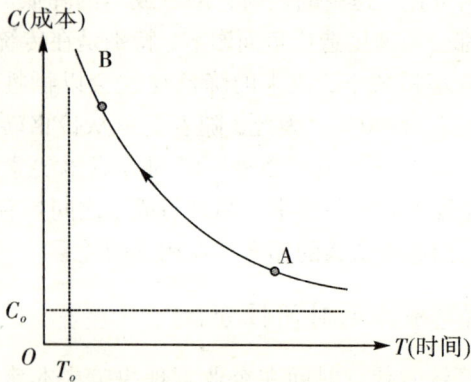

图 5 - 2　传统方法下管理信息成本与时间的关系

在此，对传统的时间与管理信息成本的含义做出如下扩展和解释：

（1）资源投入划分为两类：时间投入和成本投入。由于目前的竞争条件下，时间已经被看做与金钱、资产等同重要的竞争资源（斯托克，1988）。我们可将企业生产所需的资源分为时间和能用货币度量的传统资源（ 如劳动力、资本等）两类，其中物资资源用成本来表示。

（2）时间和成本两类资源投入可以相互替代。在管理信息处理过程中的时间与成本存在权衡和替代关系。例如，在管理信息收集中，企业可以用更多的人力投入来节约搜寻的时间，或者当人力资源不足时，则可用时间资源来替代（ 即延长项目完成时间）。这种替代关系使得一个企业可以通过投入更多的成本来缩短用于管理决策的时间，或者用更长的时间来降低投入的成本，即在一定限度内，两者是可以相互替代的。

（3）时间和成本的投入有一个最低的成本值和时间值。任何管理信息处理都需要同时消耗一定的时间和物资资源，不可能只投入物资资源而无运作时间，也不可能时间延续很长而不需要消耗任何的物质资源，时间和成本的投入都有一个最低的成本值和时间值。

（4）物资资源对时间的边际替代率递减。随着时间的压缩，压缩同样的时间需要的物资投入会越来越大。由于边际替代率递减，时间—成本曲线的形状应是凸向原点的。

（二）基于现代技术下管理信息成本的时间性分析

在传统方法下，时间和成本可以被看做相互替代的两种资源，时间—成本曲线所表示的权衡关系实质上反映了企业对时间—成本关系在既定条件下的管理能力。这种管理能力与企业的技术状况、文化以及管理水平相关。若公司采用了基于时间的新技术或新方法后，公司对时间—成本的管理能力增强时，就会同时在缩短信息处理时间的情况下减少成本。

由于现代技术改变了企业的时间—成本的管理水平，从而使时间—成本整个曲线发生移动，见图 5 - 3。现代技术的采用使得公司可以在原有的成本条件 C_A 下实现从时间 T_A 缩短到 T_B，获得时间压缩的好处；公司还可以在保持原有的速度条件 T_A 下，将成本从原有的 C_A 降低到 C_A'，从而获得低成本的好处。当采取现代技术后会导致曲线向下移动，这种移动并不是原有的时间与成本之间的权衡被打破，而是提高了公司的时间—成本的管理决策能力，使原有的时间—成本可能性边界向下移动，从而使时间和成本比原有的水平都降低了。

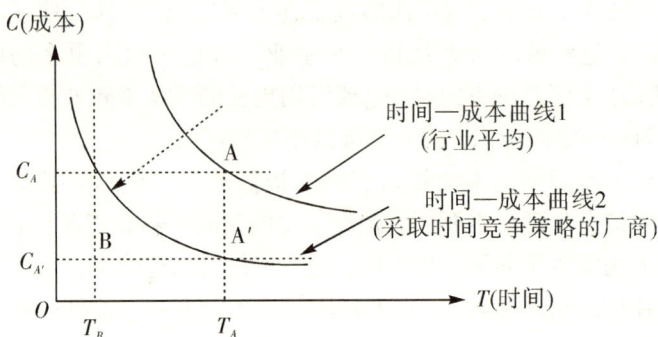

图 5 - 3　基于现代技术下管理信息成本与时间关系

通过上述分析我们可以看出：时间与成本之间的权衡关系实质上是在既定技术、管理水平条件下，企业对时间与物资两种可以相互替代的资源进行选择的结果，反映了企业对时间—成本之间关系的经营管理能力。在传统方法下，管理信息成本与时间是两种可以相互替代的资源，存在此增彼长的关系；基于现代技术条件下会造成时间—成本曲线的下移，这种移动并不是原有的时间与成本之间的权衡被打破，而是提高了公司对时间—成本关系的管理能力，提高了企业加工处理信息的效率，提高了企业的管理决策能力，使得管理信息成本与时间不再呈反向变动关系，而是同向变动，即管理信息获取、处理的时间越长，所产生的成本也越大；反之，管理信息获取、处理的时间越短，所产生的成本也越小。

第四节　管理信息成本、信息技术、企业组织结构的理论分析

一、管理信息成本的信息技术影响力分析

信息技术的发展，对经济社会生活的各个层面都产生了巨大的影响，对企业而言，因信息技术的运用引致的"信息化革命"已全面爆发，企业生产、管理、营销、服务等各种活动都因信息技术而改变。因此，信息技术也改变了企业的成本结构和降低的方向：一方面，企业可变成本大量地沉淀为固定成本；另一方面，企业成本降低可能是纵向一体化形式的，也可能是横向一体化形式的。基于企业内部管理决策所产生的管理信息成本，源自企业管理信息化，包括了大量信息技术的运用而产生的成本。信息技术对管理信息成本的影响涉及管理信息流成本、管理信息结构成本和管理信息系统成本三个方面。

信息技术对管理信息流成本的影响主要是互联网技术通过信息集成、信息共享、分类索引三种主要方式发挥作用：①信息集成。在传统经济下，消费者的个体需求难以达到厂商的经济规模，导致很多的个性化需求因不符合厂商利润要求而被拒绝，而对离散的需求进行收集的成本在互联网出现以前是比较高昂的，信息中介服务的扩展受到空间的限制。而信息技术的出现意味着全球范围内的需求可以被集成，大规模定制生产方式得以实现，在这个意义上，信息技术降低了信息搜寻成本，减少了管理信息流成本，创造了新的需求。②信息共享。信息搜寻理论中的搜寻成本是一个常量，其前提假设是各个消费者是独立地并且在单时期内搜寻信息，不存在一种信息共享机制，

价格分布的知识也是没有相关性的。N 个消费者将各自进行 k 次搜寻，再将搜寻到的价格信息共享，即相当于每个消费者进行了 Nk 次搜寻，搜寻成本 $c' = c/N$。在互联网经济中，信息的自由流动降低了经济运行的"刚性"，网络的外部性使社会福利增加。根据著名的梅特卡夫法则（the law of Metcalfe），网络的价值等于其节点（node）数量的平方，随着网络规模的扩张，其外部性以二阶比率增加。可见，通过互联网实现信息共享（例如电子布告栏等），大大降低了管理信息流成本。③分类索引。施蒂格勒在他的论文中引用了中世纪禁止在给定集市范围或非集市时间买卖制定商品，从而提高市场效率的例子，来说明分类索引的方式对降低搜索成本的意义。互联网搜索引擎通过条件和关键字设定，使得消费者获取商品信息的效率明显提高，一些互联网上的第三方价格比较代理（例如 Buy. com）可以帮助消费者自动搜寻最低价格的商品，从而将搜索成本降低到极小额的代理费水平。

对管理信息结构成本的影响是信息技术对企业组织结构和方式变革产生作用。传统企业内部组织结构可以说是一座金字塔，从董事长、董事会、总裁、（高级、中级、低级）经理层直接到监工和工人，纵向层次很多。20 世纪 80 年代的美国公司平均的层次超过 13 层，最多达 27 层。这意味着管理信息上下往返要走很长路径，存在许多扭曲和滞后的情况，滋生公司官僚的土壤相当厚实，结果使企业管理成本居高不下。信息技术的运用改变了企业内工作的组织方式和信息传播方式，产生出知识扩散及人们在工作场中互相合作的新渠道，工作中也需要更强的灵活性和适应性，从而要求对企业的生产、服务管理流程进行再造，即由阶层型变为水平型的开放式结构。企业内部决策的层次减少，管理的幅度增加，专业化生产水平和核心能力提高，决策越来越适应客户的需求，既增加了企业运行的效率和活力，又避免了工业经济时代常规运行中基础设施和固定成本的投入，从而降低了企业的运行成本。但是，在企业因信息技术的运用而改变了组织结构并提高其效率的过程中，管理信息结构成本可能会展现新的表现形式：第一，企业需要理清原有的组织结构，适应信息化的要求，制定结构变迁的目标，然后花费人力和资金来实施组织结构的变革。第二，变革调整了既定的权力分布形式。权力再分配，必然会冲击企业管理层乃至普通员工中的利益。利益冲突时刻伴随着企业信息化的进程，形成很大的内耗和阻力，并且很可能演变成一颗定时炸弹。第三，业务流程的改变以及管理方法的变革，意味着工作方式和技能的变化，人们必须按照新的规则行事。企业担负着促进和支持的责任，需要花费较多的时间和资金提供给员工心理咨询和新技能培训，员工也要在工作之外付出时间和精力学习。此外，项目上线后随之而来的适应期是不可避免的。

对管理信息系统成本的影响源于管理信息技术软硬件的选择和运用/维护。企业信息化需要建设大量的信息基础设施和进行人才培训，并且存在一定的不确定性等，这些都增加了企业的成本。除信息基础设施和人才培训成本外，还有其他相关成本。一旦企业向某种特定的管理信息化系统中投入各种补充和耐用的资产时，就会产生锁定。锁定程度的高低与早期的投入有关。投入越多，则锁定程度越高。从长期来看，技术更新和产品升级是必然趋势。但选择何时升级，升级到哪一代产品的决定权在企业手中。更新管理信息化系统的成本通常是惊人的。在整个企业范围内改变软件环境的代价十分昂贵。一项研究表明，像 SAP 这样的企业资源计划系统的安装成本是软件购买成本的 11 倍。其他的成本还包括基础设施升级、咨询、重新培训等费用。因此，信息技术的运用使企业管理信息系统成本无论是构成上还是总额上都在增加。

从以上可以看出，信息技术对管理信息成本的影响各有不同，对企业成本而言，可谓是把双刃剑：一方面，信息化的确能降低企业的管理信息成本，如管理信息搜寻成本、管理信息结构运行成本；另一方面，它也会增加企业管理信息成本，如管理信息系统软硬件成本、管理信息结构变革成本。

二、管理信息成本与企业组织结构理论分析

信息成本是当前信息经济社会中影响企业效率的重要因素。（吴京芳，2001）管理信息成本是企业基于内部管理决策的信息成本，其产生的因素是企业内部管理决策活动中信息的不对称性（包括获取信息时间的不对称和信息内容的不对称）和获取信息的不完全性。在信息不对称状态中，一方掌握了更多的信息，而另一方要想获得此信息则要花费一定的代价。当信息分布比较对称，信息成本非常低时，通过市场配置资源是最优选择；当信息成本高昂时，在组织内部进行交易，可以比市场分配资源更有效率。在信息获取不完全条件下，企业为提高管理效率，减少决策结果的不确定性，需要通过一定的组织形式去获取信息，并加工、存储、传递和利用信息，这一过程也必然会产生信息成本。当然，不同的企业组织结构在这一过程的效率是不一样的，产生的成本大小也不同。因此，组织结构与管理信息成本之间有着极其密切的联系。

新古典经济理论认为，在完全理性的假设条件下，企业获知各种信息不需要时间和成本，信息成本为零，并且企业外部的制度安排是外生给定的，企业的组织结构就变成了无须考察的东西。实际上，这一完全信息假设难以成立，所有的市场都存在信息不对称和信息不完全现象，要获得完整信息，必须支付一定的信息成本。因而，对企业组织结构的考察就变得非常有必要。

20 世纪 70 年代以来兴起的信息经济学认同新古典经济学的成本—收益分析范式，但对于完全理性的假设进行了修正。他们认为：①获取信息是有成本的，产生信息成本的大部分因素是信息不对称，一方掌握了更多的相关信息，而另一方要想获得此信息要花费一定的代价，有时这种代价是相当大的。因此，拥有较多信息的一方会产生机会主义倾向，这是道德风险存在的根本原因。在信息获取手段不是十分畅通的条件下，取得外部市场的生产和交易信息所要花费的成本十分高昂，要了解本企业内部的情况也是非常困难。为了提高企业运行效率，建立有效的组织结构就非常必要了。在这种条件下，金字塔式层级管理组织机构是有效率的。②当信息分布比较对称、交流免费或不昂贵，即信息成本近似等于零时，不管初始产权是如何分配的，通过市场配置资源总是最优的选择。在这种市场中，各企业可以获得生产和交易的全部信息，并且能够及时了解企业内部信息，以至于不需要花费太多信息成本就可以实现信息的完全分配。但这是一种比较少见的状况，在现实生活中很少发生。

通过以上的分析，可以得出以下的结论：当管理信息成本高昂时，将外部收益或者机会内部化，在组织内部通过金字塔式层级组织管理机构进行交易，可以比市场分配资源更有效率。这是因为：第一，由于内部组织的激励机制倾向于合作，削弱了机会主义倾向，因此也削弱了利用信息不对称来谋取自身利益的动机，减少了搭便车和道德风险等现象。第二，内部组织中相对于市场来说相对较低的监督和控制成本也有利于消除信息不对称现象的条件，将降低机会主义的概率。第三，内部组织在评估成员的绩效方面有一定的优势，即信号识别和信号传递机制是畅通的，这种优势不仅能够识别出有经验、有能力的成员，并能够对其实施合理的激励，而且能够消除内部成员

"搭便车"的机会主义倾向[1]。

三、管理信息成本是推动企业组织变革的重要因素

20世纪90年代以来，企业的组织结构处于积极的全面变化之中，金字塔式的层级组织模式被分散化组织方式替代，企业的组织结构趋向于向扁平式方向发展。尽管企业间兼并、重组不断，但以往的恐龙式组织方式已经越来越不适合形势发展的需要了。这是自泰罗的科学管理理论出现以后的最强烈的组织变革。

导致这一变化的外部原因和内部原因是什么？经济学家分析后认为，外部环境的变化是导致企业组织变革的主要因素。斯科特·莫顿（Scott Morton，1991）认为引发企业组织变革的因素包括：经济全球化、经济发展步伐加快、产品开发周期缩短、企业间竞争加剧。这些因素的出现并占据主导地位，使原有的组织结构不再能够适应需要，必须变革组织。斯卡姆·彼得（熊彼特，1994）认为市场范围的扩大和新供应商、新客户、新竞争者的介入以及产品产量的增加会形成日益骚动的环境，迫使企业变革组织结构，所以他又将这种影响称为"创造性的破坏"。

纵观20世纪90年代以来的企业组织结构变化，可以说是信息技术的发展最深刻地改变了企业经营环境，信息革命、计算机技术和网络技术的应用普及已经成为推动的组织变革的内在动力。信息技术手段的应用与普及，导致信息加工和传输的成本降低、信息传输过程中损耗减少，发生扭曲的概率降低，这些都可归结为管理信息成本降低的表现。运用信息技术产生的管理信息成本的变化是导致企业内部和外部环境发生变化的重

---

① 吴京芳. 信息成本与企业组织变革趋势 ［J］. 船舶工业技术经济信息，2001（5）：36-41.

要因素，是企业组织结构变革的根本原因。这是因为，信息革命、计算机技术和网络技术出现之前，信息的加工和传递过程比较复杂。一方面，企业外部信息的收集和处理成本较高；另一方面，企业内部信息传递渠道也不是十分畅通，不同层次和部门之间信息流通效率较差。于是，在管理信息成本十分高昂的情况下，为了维持组织顺利运行，减少雇员数量和组织层次是行不通的。当企业发展到一定程度时，必然导致规模扩大超出临界规模经济点，造成效率损失。尤其是在环境发生变化之后，如果不能及时适应变化了的市场竞争环境和顾客需求，企业经营状况便会恶化。这就是为什么信息革命、计算机技术和网络技术出现以来，企业组织结构随环境的变化出现重大变化的原因所在。

现代组织理论认为，信息技术对组织变革的影响更多地体现在信息成本上。因此，信息技术的进步对企业组织结构变革的影响是可以通过管理信息成本而起作用的。一方面，信息技术使信息在市场中的分布更加对称和均匀，并由此降低了管理信息成本，使具有较少等级的企业组织更具有竞争力；另一方面，信息技术使分散化的组织得以发展，因为这种组织的资源配置效率高于等级组织，因此更有竞争力。分散化组织形式的资源配置效率高于等级组织的原因在于：分散化组织可以将有限的、固定的信息交流渠道替换成众多的、有弹性的信息交流渠道，这些交流渠道可以分为纵向交流渠道和横向交流渠道，交流渠道的扩大促进了信息的传播，使组织内成员能够更对称地掌握信息，从而降低了管理信息成本。同时，从等级组织向更分散化的组织形式的转变将满足雇员个人自治和个人负责的需要，提高雇员的能动性，增加组织事业的凝聚力。

从以上的分析可以看出，正是由于管理信息成本的下降才引发了企业组织结构的变革，并使企业边界的扩大和组织变革成为可能。经济全球化和经济发展的速度加快、产品开发周期缩短，导致市场规模扩大。在经济全球化进程加快的前提下，新供应商、新客户、新竞争者的介入、产品产量的提高，又形成了企业组织结构变革的内在压力。而传统企业组织结构又不适应对降低管理信息成本、提高管理信息使用效率的要求。在这种情况下，企业就有必要通过重新安排成本效率的结构，通过组织结构变革，建立起适应信息革命要求的全新的组织结构，以此来实现外部收益的内部化。

四、基于信息技术的企业组织结构变革及其对管理信息成本的影响

信息技术带来的管理信息成本的降低推动了企业组织结构的网络化与无边界趋势，甚至更趋向于市场化的组织结构（程险峰，2002）。而企业组织的变革与创新对企业管理信息成本也会产生重要影响。

（一）无边界组织及其对管理信息成本的影响

新技术在组织结构变革中的影响形成了无边界的趋势。无边界组织实质是企业各部门的职能和界定依然存在，但部门间的边界模糊化，组织作为一个整体的功能得以提高，已经远远超过各个组成部门的功能。无边界组织的目的在于使各种边界更易于扩散和渗透，打破部门之间的沟通障碍，更有利于信息在各部门的传递并实现对称分布，利于各项工作在组织中顺利开展和完成。阿什克纳斯（2005）强调组织交流的水平层次，突破水平边界而设计能够穿越部门边界的工作流程结构，使信息和资源随工作流程在部门之间顺畅流动和快速交接，把分割的职能重新融为一体。[①] 他认为分散化组织可以通过半自治的、

---

① 罗恩·阿什克纳斯. 无边界组织［M］. 姜文波，译. 北京：机械工业出版社，2005.

共同制定决策的特定的工作团队来实现。在信息技术高度发达的企业中，信息技术的应用使团队这种组织形式运行成为可能。企业通过建立无边界组织，将产品或服务作为核心，把注意力放在供货方式和市场开拓上，从外部选择可靠的供应商并与之建立伙伴关系，使之成为自己的一部分，与之共享数据库、技术、信息和资源，从而节约内部管理信息成本。

（二）网络化组织及其对管理信息成本的影响

网络化组织突破了传统组织的纵向等级和横向分工，将组织的成员以网络的形式相互连接。网络化组织的最大特性就是松散和动态的连接，以任务为中心。目前，已有一些高新技术企业在探索网络组织的具体实施形式，通过探索建立网络组织，促进了信息流通。其具体做法是：建立扁平化的组织结构，公司总部负责对企业统一宣传、支持和指导，总部下面一般采用事业部。组织结构扁平化具体体现在财务和决策两方面：总部负责在年初时与各部门制定任务要求，分、子公司自主进行日常管理和项目运作，年底上缴利润，面向战略的决策由集团总部作出，面向市场的具体决策由分、子公司自主作出。在运行方式上，充分发挥外包企业、虚拟企业的作用，进行虚拟运作，有利于企业集中优势资源进行科技创新，提高科技竞争力。网络化组织也可以降低企业管理信息成本，同时可以实现信息交流的极大化。

（三）市场化组织及其对管理信息成本的影响

如前所述，低管理信息成本条件下倾向于选择市场化组织，因此，许多企业内部的行动可以采取市场化的形式。采用市场化组织可以将一个企业分割成若干小的单位，它们之间只有临时的、契约化的关系。假如某单位需要某个产品或服务，组织内就有几个单位能够提供此产品或服务，每个单位基于其技能、交易记录、产品或服务获得的难易程度、竞争动态提出自己的竞价，供购买单位选择。与无边界组织和网络化组织相比，市场化组织的不同之处在于：前两种组织形式在变革后仍旧是一个独立的单位，它与外界保持着清晰界限；而市场化的形式模糊了组织和外部的界限，难以分清是组织形式还是市场形式。因此，市场化组织只是一种理想模式，它对企业管理信息成本的条件要求非常高，企业必须存在极低的管理信息成本，而这与现实往往不符。

第六章
管理信息成本会计论

凯瑟琳娜·斯腾詹和乔·斯腾詹（2004）指出，成本会计的目标是提供确切的成本信息，以正确地分析目标并且也有助于管理决策①。管理信息成本会计的目的既包括记录、监督、报告和提供有益于决策的信息并提高决策者洞察力的信息，又包括反映经营管理层的受托责任。因此，管理信息成本会计既涉及促进成本结构完善、提升企业盈利能力的成本会计，又涉及报告企业财务状况、经营成果、现金流量与所有者权益变动的财务会计。但无论是哪一个会计系统，管理信息成本计量都是重要环节，在每个会计系统中都居于核心地位，诚如葛家澍（2006）教授所说：会计确认的全过程中，包括第一步确认——运用复式簿记正式记录和第二步确认——通过财务报表汇总并传递信息，都不能离开计量。②

第一节　管理信息成本计量的必要性、复杂性与可能性

进入 21 世纪以后，信息时代这股潮流使得企业经营环境发生了巨大变化，经营环境的变化推动着管理科学的发展，管理科学的发展对成本计量提出了更高的要求。管理信息成本是企业管理决策中因信息取得、加工、使用等过程所发生的支出或形成的损失，是有别于质量成本、环境成本、风险成本、产品成本等成本的一种新的成本形态，为加强成本控制和实现信息价值，对其进行会计计量十分必要。虽然管理信息成本存在复

---

① 凯瑟琳娜·斯腾詹，乔·斯腾詹. 成本管理精要 [M]. 吕洪雁，译. 北京：中国人民大学出版社，2004：19.

② 葛家澍，徐跃. 会计计量属性的探讨——市场价格、历史成本、现行成本与公允价值 [J]. 会计研究，2006（9）：7.

杂性，但对其进行计量也是可能的。

一、管理信息成本计量的必要性

进入 20 世纪 90 年代后，管理领域出现了大量与信息技术紧密相关的新思维、新方法和新体系。如业务流程再造（BPR）、企业资源计划（ERP）、供应链管理（SCM）、客户关系管理（CRM）、电子商务（E－Commerce 和 E－Business）、虚拟组织（VO）等。这些信息化与管理变革相结合的产物，对传统组织形式和管理思想造成了极大的冲击。不少企业通过信息化成功实现了管理变革、技术和经营创新，以其强大的核心竞争力迅速崛起。信息化可以为企业创造竞争优势甚至形成核心竞争力的事实，使人们认识到信息已成为企业的重要资源，是企业寻求生存和发展的一个重要机会。但是信息化给企业带来机会的同时，也对其提出了严峻的挑战，因此获得成功需要付出巨大的代价。西方工业国家的企业信息化不成功的比例大约占 50%。企业信息化项目实际投资平均超过预算达 240%，时间平均超过计划 170%。我国政府一直大力推进企业信息化的建设，已取得长足的进步。据调查，我国计算机拥有量在全世界 46 个国家和地区排名中为第 12 位，然而在信息满足企业管理需求程度上排名却是倒数第三。所建立的管理信息系统中约有 70%～80% 左右是不成功的[①]，许多企业面临着"对信息化的投资如何收回？"、"如何避免信息化黑洞？"、"ERP 成功几率等于 0！"、"是ERP 害得我们企业破了产！"等等问题。据统计，2006 年我国中小企业信息化建设投资整体规模达到 1 427.7 亿元，比 2005年增长了 16.5%，预计 2008 年市场规模将达到 1 869.2 亿元，

① 张志敏，张庆昌. 信息资源会计：企业信息化效益计量和评价的新思路[J]. 四川大学学报：哲学社会科学，2003（1）：23－28.

未来三年整体规模将达到近 5 000 亿元的惊人数字。在企业信息建设化过程中，一方面是大量的信息成本投入，但另一方面却是大量的失败案例。因此，必须加强企业信息化过程中成本投入的计量，对信息化投入进行详细和系统的计量、分析和评价，为管理者提供正确的成本信息，以便于决策和参考。

二、管理信息成本计量的复杂性

1. 管理信息成本的特点决定了管理信息成本计量的复杂性。信息向人类提供的是知识和智慧，因而管理信息成本的主要部分应当是活化劳动费用。K. J. 阿罗认为，信息成本与一般商品成本相比，具有四个主要特点：一是个人本身也是一种信息投入；二是信息成本部分地表现为资本，典型地表现为一种不可逆的投资成本；三是信息成本在不同领域和过程中各不相同；四是信息成本与使用规模无关。

由此可以看出，管理信息成本既然将个人看做一种信息投入，那就必然要涉及人力资源成本的计算，而人力资源取得、开发、离职成本以及人力资源使用成本等计算的复杂性不言而喻。管理信息既然是一种不可逆的投资，也就不免要对作为投资的信息谨慎行事，以免"血本无归"。不同领域与不同过程的管理信息成本高低不同，也就表明管理信息成本与其存在的环境是紧密相关的，管理信息成本计量要受其存在环境的制约。亚当·斯密指出，具有共同经验或同一行业中的人们之间交流信息，比没有共同经验或不同行业的人们之间交流信息要简单得多，也有效得多。由此可见，管理信息成本在不同领域与不同过程中存在高低差别。而所谓的"信息成本与使用规模无关"，则体现了管理信息的生存规律，即管理信息的不灭性导致了管理信息成本与决策数量不相关，而与决策项目相关。

2. 信息搜索成本向信息处理成本转移，加大了管理信息成本计量的难度。托马斯·达文波特和约翰·贝克在《注意力经济》一书中记载，15 世纪一个读者所能接触到的全部书面材料信息还不如今天《纽约时报》星期日版所包含的事实性信息多。每年在美国办公室之间流转的文件有 1 600 亿份之多。面对越来越多的庞大的信息群，曾有人认为，世界经济会因信息过剩而开始衰退，大多数企业将被淹没在信息汪洋中，无法分清有用或无用、有意义或无意义的信息，无法逃脱错误的决策，无法理解竞争者、消费者和投资者。这从另一侧面表明管理信息的搜索方法必须日趋多样化，否则就无法在信息的汪洋中获得企业所需管理信息。毫无疑问，管理信息的搜索成本与管理信息量成正相关关系：管理信息量越大，信息搜索成本就越高。

越来越多的迹象表明，企业通过网络搜索到大量的相关信息并不很难，棘手的是，如何根据各用户或企业各部门的需要对原始信息进行梳理和取舍。这就是人们常说的信息搜索成本向信息处理成本转移。面对不同用户的管理信息加工，其各自的处理费用不可能相同。因而，对各种处理费用按加工对象进行归集与分配也就难以回避。而对于信息服务商而言，其面对的也许是成千上万的用户，不可能将处理费用平均分摊给每一用户。究竟采用何种成本计算方法才科学、合理，也就成为管理信息成本计量的关键问题之一。

3. 管理信息采集的多样性使成本计算方法难以选择。由于管理信息商品的价格更多地取决于市场上的供求关系，而不是取决于管理信息商品管理的价值，同时，信息商品价格又往往受制于该商品的稀缺性和获利可能性，这就必然出现越是稀缺的管理信息商品，其价格可能会越高，越是可能大量获利的管理信息，其价格也可能会越高。实践表明，对于信息服务收费，一般又以费用价格为主、效用价格为辅。如此种种，也就使管理信息价格在反映其价值时远比物质商品更为复杂和多样。

　　另一个尚待解决的问题是，目前各国实行的按信息服务次数，或者信息传输距离、传输速率的计费办法乃是沿用工业商品交易思维的方式。从长远来看，在不影响信息质量的前提下，信息服务理应采用一次计费（让用户在一定时间内随便使用）的方式。倘如此，便可能在很大程度上改变信息服务收入与费用配比方法。同时，无论企业购买信息或是提供信息服务，信息服务付（收）费采用在规定时间内一次支付（收入）方式都对管理信息成本影响很大。

　　信息中介的出现也增加了管理信息成本计量的难度。所谓信息中介，是指那些收集关于消费者行为的数据并分析包装，然后将结果出售给需要进行营销和客户归档的企业。企业向信息中介购买其信息的价格也就是信息中介的销售价格，信息价格一般取决于市场的需求，因而也使企业所购买信息的价格时高时低，给管理信息成本计量带来一定的困难。

　　4. 管理信息成本的隐性特征使某些项目的成本难以确认。并非所有管理信息的成本都可以被确认，管理信息成本的隐性特征往往使其难以被确认，由此我们就要面对这样一个问题：如何区分管理信息成本中的可确认性与不可确认性。

　　（1）隐蔽信息成本。在资本市场上，当存在投资者与企业信息的不对称性时，投资者可能有两种选择：一是拒绝投资；二是将资金投入承诺高投资收益率的不良企业，也即人们所说的"逆向选择"。这样就形成了企业的隐蔽信息成本。尽管隐蔽信息成本的大小对投资者十分重要，其不对称信息的微小变动可能引发相当大的企业成本，但隐蔽信息成本的计算犹如水中捞月，企业只能通过了解投资者的信息特征来降低信息交易成本和传递成本，进而使隐蔽信息成本降低。

　　（2）信息失真成本。对管理信息使用者而言，信息失真产生的决策损失比传统工业中提供废品所带来的损失更大。管理信息一旦用于管理决策，并且决策方案已被执行，就不可能像一般商品那样允许退换，因为管理信息的作用是一个单向过程。无论是企业管理信息部门收集的管理信息，还是信息服务商提供的管理信息，都不可能保证信息永远都不失真，如果证明所提供的信息是失真的，除信息服务商应当对由此引起的损失承担责任外，企业自身也必须承担一部分损失。企业承担的损失有时是无形的、无法计量的。

（3）信息制度成本。德鲁克针对当今"信息爆炸"和信息公开范围问题，提出企业必须建立自己的信息制度。他认为，不建立信息制度，纷繁复杂的信息就会影响企业的发展。信息制度成本不可避免要发生，但有关制度的制定、建立、执行、监督等一系列成本却难以确认。

三、管理信息成本计量的可能性

诺贝尔经济学奖得主 K. J. 阿罗指出，人们可以花费人力及财力来改变经济领域（以及社会生活的其他方面）所面临的不确定性，这种改变恰好就是信息的获得。这表明，获得信息是为了改变不确定性，也表明信息的获得是要付出代价的。他同时指出，把信息作为一种经济物品来加以分析，既是可能的，也是非常重要的。斯蒂格勒教授则认为，除非存在完全集中的市场，否则无人能知道各卖主（或买主）在任一给定的时点所定出的所有价格。这使得企业必须进行信息搜寻，并为此付出代价。卡尔·夏皮罗教授在《信息规则》一书中指出，信息的生产成本很高，但是复制成本很低。他同时认为，信息生产的固定成本的绝大部分是沉没成本，即一旦生产停止就无法挽回的成本。

从成本计量的角度来看，管理信息成本的计量对象是基于管理决策所发生的信息成本，而其计量单位应当是货币。这是因为，管理信息成本与传统成本具有共同之处，即只有以货币为计量单位，才能将与管理信息生产、传递不同的经济业务活动综合地反映或再现出来。同时，目前管理信息成本与传统成本并存于企业中，不可能另起炉灶地为管理信息成本单独设置非货币计量单位。倘若如此，企业便处于两难之困境了，即无法选择计量单位和无法确定判断标准。

第二节　管理信息成本的计量属性

　　计量是会计的一个基本特征，会计计量是会计系统的核心职能。计量是根据特定的规则把数额分配给物体或事项。[1] 会计计量就是以数量关系来确定物品或事项之间的内在数量关系，并把数额分配于具体事项的过程；[2] 或会计计量就是要解决何种属性予以计量及采用什么单位进行计量的问题[3]。美国会计学家莫斯特（K. S. Most）把史蒂文斯的定义应用于会计理论，认为会计计量主要有两个构成要素[4]：①必须定量的特性（或属性）；②为定量该特性所需采用的尺度。财务会计准则委员会（FASB）也指出会计计量有三点条件：一是时间因素，二是数

　　① S. S. STEVENS. On the theory of seals of measurement ［J］. Science, 1946, 103（2686）：677 -680.

　　② YURI IRIJI. Theory of accounting measurement ［M］. American Accounting Association, 1979：29.

　　③ 莫里斯·穆尼茨. 会计基本假设 ［M］. 纽约：美国注册会计师协会, 1961.

　　④ K. S. MOST. Accounting theory ［M］. Ohio：Grid Publishing, Inc. , 1982.

量因素，三是单位因素①。简而言之，即在适当之时，以特定的单位作出的数量表示。葛家澍教授和林志军教授（2002）曾指出，从表现形式看，会计主要包括两大部分：资产计价（asset valuation）和收益决定（income determination）②，但无论是"要用货币数额来确定和表现各个资产项目的获取、使用和结存"的资产计价，还是"通过对收入、费用和净收益等要素的衡量、比较，才可能提供企业会计一定期间内经营过程和经营成果的定量信息"的收益决定，整个过程都是"一种计量形式"。管理信息成本是企业新形态的成本，是企业会计计量的对象之一。因此，管理信息成本的计量主要包括三部分内容：一是计量属性，二是计量结构，三是计量方法。本文的管理信息成本计量主要论述计量的结构与方法，以及计量属性，它们融合了管理会计计量与财务会计计量的基本思想。

一、计量属性的一般认识

会计计量是在一定的计量尺度下，运用特定的计量单位，选择合理的计量属性，确定应予记录的经济事项金额的会计记录过程。会计计量是由计量尺度、计量单位、计量属性和计量对象所组成的一个系统（赵德武，1997）③。其中，计量属性是指计量客体的特征或外在表现形式。不同的计量属性，会使相同的会计要素表现为不同的货币数量，从而使会计信息反映的财务成果和经营状况建立在不同的计量基础上，即建立在选用不同的会计目标上。但是，经济的发展需要多种多样的会计信

---

① 葛家澍，林志军. 现代西方会计理论［M］. 厦门：厦门大学出版社，2002：132.

② 葛家澍，林志军. 现代西方会计理论［M］. 厦门：厦门大学出版社，2002：115.

③ 赵德武. 会计计量理论研究［M］. 成都：西南财经大学出版社，1997：13.

息，使会计目标呈现多元化的趋势。因此，如何选择计量属性，形成能够达到会计目标的计量模式，是会计研究和实践的重要问题。

迄今为止，人们提出了五种普遍认可的计量属性，即历史成本、现行成本、公允价值、可实现净值和未来现金流入量现值。这五种计量属性并不是同时提出的。传统会计的目的在于向投资人、债权人提供有助于理解企业经营成果和财务状况的会计信息，所以，只有历史成本是从 15 世纪使用复式簿记以来始终作为计价依据的一种计量属性。其余四种计量属性，都是在本世纪为适应经济的多样化和复杂化提出来的。就其具体原因而言，主要有以下几点：

（1）物价变动的现实，向历史成本提出挑战。在通货膨胀时期，物价的持续上涨严重动摇了会计的历史成本计量基础，表现为：会计报表的真实性和可靠性大大降低，根据会计报表作出的经营或投资决策会导致严重的失误；不能保持企业的实物资本和经营能力。因此，为确保会计目标的实现，产生了物价变动会计，它提出了三种计量模式供采用：①以历史成本为计量属性，结合使用后进先出法、加速折旧法等可以消除通货膨胀影响的会计方法；②一般物价水平会计，以历史成本为计量属性，会计报表的数字按一般物价指数予以调整；③现时成本会计，以现行成本为计量属性。

（2）会计职能的延伸，丰富了会计计量属性的内容。现代经济要求企业管理现代化，从而要求会计人员提供有助于经营决策的会计信息，因此会计计量面向企业现在和未来的经济活动，需要使用现行成本或未来现金流入量现值。

（3）会计的国家化、国际化对会计计量提出了国际化的要求。国际贸易和国际投资活动不断扩大，客观上要求比较和协调各国的会计制度。特别是在跨国集团内部，子公司只有在具有可比性的财务报告的基础上，才可能编制出总部的合并财务报告。比较和协调会计制度，必然涉及对会计计量属性国际化的要求。

二、市场价格是管理信息成本计量的基础

在交易市场上，商品的价值量总是要向以货币表示的价格量转化的，因此，货币在交易中承担了两个职能：一方面，把货币作为计量单位，这时的货币，不是也不需要是现实的货币，而是观念上的货币，通常为各国各地区法定流行的货币；另一方面，用货币作为计量价值量即价格量的尺度，通常指在活跃市场上购买一项资产或清偿一项负债的价格，即市场价格或交换价格[①]。可见，市场价格存在于市场交易或事项中，是交易或事项标的物的价值体现。

市场价格与计量属性之间存在什么样的关系？葛家澍教授等（2006）认为，市场价格是所有计量属性的基本概念，其他计量属性如历史成本、现行成本、现行销售（脱手）价格都来自市场价格，市场价格是初始计量的基础。在企业财务会计中，企业持有的资产、负债和净资产以及引起它们变化的交易和事项，只能借助于市场价格（及其转化形式）才能保证进行同质的量化描述。市场价格是会随着时间经常发生变化的，按照时态，市场价格可分为过去的、现在的和未来的三种。过去的市场价格在会计中的反映是：过去已经发生的交易和事项，在其发生时，买卖双方所达成的按那时的相同商品在活跃市场上的报价，或参照这一报价在双方自愿的基础上所作调整的成交金额。这种成交金额在会计上会转化为历史成本，即过去的市场价格转化为会计的历史成本。可变现净值的获取也要依赖于资

① 葛家澍，徐跃. 会计计量属性的探讨——市场价格、历史成本、现行成本与公允价值［M］. 会计研究，2006（9）：7－8.

产现在或未来所能实现的市场价格，在此基础上扣除相关成本、税费，即现在或未来的市场价格是获得可变现净值的基础。诚如葛家澍教授等指出的，从广义上看，以过去的市场价格为基础或由其转化而来的历史成本，由现行市场价格转化而来的现行成本（买入价）和脱手价格（卖出价）都属于公允价价值。它意味着：交易双方基于自愿而并非被迫，是各自认为有利的价格。市场价格是会计的一切计量属性的基础。市场价格是会计计量最公允的估计。张为国教授等（2000）也有类似的论述，在市场经济中，市场价格是可以观察到的，由市场价格机制所决定的，市场交易各方承认和接受的。历史成本就是过去的市场价格，现行成本是当前的市场价格，它们都是用于会计计量，由市场价格转化的形式。①

管理信息成本包括管理信息结构成本、管理信息系统成本、管理信息流成本和管理信息失真成本，每一种成本的计量都必须以市场价格为基础的。管理结构成本中的人工成本、业务成本等是以过去的市场价格为基础的；管理信息系统成本中的软硬件成本在不同的状态下选择的市场价格标准不一样，可能是过去的市场价格（如管理信息设备的账面余额），也有可能是现在的（如管理信息设备的提取减值时）或将来的市场价格（如接受捐赠的、无活跃市场的管理软件）；管理信息流成本一般是以过去的市场价格（如购买管理信息商品的成本）为基础；管理信息失真成本主要指由于管理信息失真而给企业管理所带来的损失或纠正支出，这些成本的计量，既可能以过去的市场价格为基础（如纠正支出），又可能以现在或未来的市场价格为基础（如损失量的估计）。针对管理信息成本的计量可以选择不同的计量属性，这实质上都是不同市场价格的选择。

① 张为国，赵宇龙. 会计计量、公允价值与现值——FASB 第 7 辑财务会计概念公告概览 [J]. 会计研究，2000（5）.

管理信息成本论

三、管理信息成本计量应遵循的原则

（一）管理信息成本计量应遵循的原则

1. 权责发生制原则。从本原则出发，为获取管理信息在本期发生的成本费用，不论款项是否支出，均应计入本期的管理信息成本；凡不属于本期管理信息负担的费用，即使款项已经支付，也不能计入本期管理信息成本。

2. 配比原则。按照本原则，本期发生的成本费用，如果在本期不能受益，其成本费用不应计入（至少不应全部计入）本期损益，应在以后受益期内分期摊销。这里的配比原则只能是期间配比，不可能实现对象配比，因为管理信息的特殊用途，决定了管理信息成本发生后不一定会形成价值；即使创造了价值，在现行计量模式下也难以准确反映，更难实现与成本的配比。

3. 相关性原则。在传统会计的框架中，会计计量既重视会计信息的可靠性，又重视会计信息的相关性。但在可靠性和相关性发生矛盾时，更多的时候选择了可靠第一。而管理信息具有很强的对象性。在社会生产经营过程中，各经济主体有相对的独立性，它们内部的调控信息只有在内部"信道"中传递。因此，计量时要把具体的管理信息、具体的市场和具体的应用环境联系起来。

4. 未来收益原则。资产是由过去的交易、事项形成并由企业拥有或控制的，预期会给企业带来经济利益的资源。传统会计对资产的确认是基于过去的交易、事项的发生，但对于管理信息而言，并非都由过去的交易、事项所形成，因此只能根据它所提供的未来经济利益来衡量。

5. 协同原则。传统会计对于资产的确认是基于会计主体和单个资产假设来进行的。但管理信息的价值并不表现为主体是否拥有或控制它，而必须经过恰当的协同效应的分析和市场比较才能确认。所以，其确认应该是一种非主体化的协同原则和市场评估标准。

6. 风险原则。在充满风险和不确定性的市场环境中，为保证会计信息的可靠性，计量时应充分考虑谨慎性原则。而管理信息的确认是基于未实现的未来利益的，对它的确认应采用风险原则，以便把企业在充满风险和不确定性的市场环境中可能实现的财富和经营风险充分表现出来。

（二）运用管理信息成本计量属性应遵循的基本原则

1. 同质性。即会计计量结果应与会计对象、会计报表项目以及会计主体的实际财务状况、经营成果及现金流量情况保持一致。

2. 可验证性。即不同会计人员对同一会计事项进行计量时应得到相同的结果，相互之间可以验证。

3. 一贯性。即会计计量方法前后期应尽量保持一致，不得随意变更；如果变更，则应在报表附注中披露变更的原因以及变更导致的累计影响金额。

4. 充分相关性。会计计量结果尽量满足"现有的和潜在的投资者、雇员、贷款人、供应商和其他的债权人、顾客、政府及其机构和公众"等一系列信息使用者的需求。

5. 相对可靠性。会计计量结果应"没有重要差错或偏向并能如实反映其所拟反映或理当反映的情况而能供使用者所依据"。

6. 合法性。会计计量过程应符合国家有关法律、法规、政策等规定，防止违规操作。

四、管理信息成本计量属性的比较与选择

（一）管理信息成本的计量属性比较

对计量属性的种类，无论是理论上还是实务方面，都已形

成共识，共有五种计量属性，即历史成本、现行成本（或重置成本）、公允价值、可实现净值（或可变现净值）和未来现金流入量现值。它们各有特点和局限性，而且为满足不同的要求而产生，在达到多元化会计目标的计量过程中，各有利弊。

（1）历史成本。指取得资源的原始交易价格，因而具有可靠性，并且其计量的实践经验和理论很丰富。但是，在物价变动明显时，其可比性、相关性下降，收入与费用的配比缺乏逻辑统一性，经营业绩和持有收益不能分清，非货币性资产和负债出现低估，难以真实揭示企业的财务状况。

（2）现行成本。指在本期重置或重购持有资本的成本，又称重置成本。这种计量属性能避免价格变动的虚计收益，从而反映真实财务状况，并客观评价企业的管理业绩。但是，确定重置成本较困难，无法与原持有资产完全吻合，从而影响信息的可靠性；其次，它仍然不能消除货币购买力变动的影响，也无法以持有资本的形式解决资本保值问题，使以后的生产能力难以得到补偿。

（3）公允价值。它是指在公平交易中，熟悉情况的交易双方自愿进行资产交换或者债务清偿的金额。在我国 2006 年 2 月颁布的《企业会计准则——基本准则》中对其使用有这样一个描述：在公允价值计量下，资产和负债按照在公平交易中，熟悉情况的交易双方自愿进行资产交换或者债务清偿的金额计量。公允价值计量的使用，受控于两个条件，一是公平交易，不存在特别或特殊关系；二是熟悉情况的、自愿的当事人。但运用过程中，公允价值的最终确定会受公平的标准的选取、市场参与者的主观感受、相关人员的职业判断能力等诸多因素的影响。

（4）可实现净值。指资产在正常经营状态下，带来的未来现金流入或将要支出的现金流出，又称预期脱手价格。这种计量属性能反映预期变现能力，体现了稳健原则，但它不适用于所有资产。

（5）来现金流入量现值。指资产按预期未来现金流入的贴现值计量的一种属性。这种计量属性考虑了货币时间价值，与决策的相关性最强，但其未来现金流入量现值是不确定的，与决策的可靠性最差。

所以，对五种计量属性进行最优选择，会因为其各自的利弊而难以进行。但无论它们各自具有什么样的优缺点，这五种计量属性同样适用于管理信息成本的计量过程，不同的管理信息成本内容在不同的状态下可以选择不同的计量属性，从而实现管理信息成本控制目标。

（二）管理信息成本计量属性的选择

会计目标是会计信息系统的运行方向，不同的目标要求选择不同的计量属性作为计量基础。当然，在现代经济或者说高度的市场经济中，很难基于会计目标和会计计量的直线联系进行一一对应的选择。面对错综复杂的经济行为，单一计量属性构成的计量模式无法实现各方提出的多元化信息（包括成本信息）要求。因此，单一的计量属性、单一的会计目标，不能满足各方面会计信息使用者的需要，在对管理信息成本进行计量时，必须多计量属性共用，在不同系统中各有侧重，形成一个管理信息成本计量属性模式。

在进行计量属性的选择时，只有使多种计量属性共存并相互配合，才能够实现多元化管理信息成本控制目标。因此，企业可以采用这样的计量属性模式：基于财务会计系统的计量以历史成本为计量基础（即使用历史成本财务报表）；基于财务分析及管理会计的计量可采取历史成本和其他计量属性并存择优选用。这种计量属性模式的实现有赖于以下几个方面的要求：

（1）历史成本模式是信息系统运行的主体模式，即企业的任何管理信息成本资料的输入都应以历史成本计量，对成本信息的加工整理可视当期的使用者需要，分别采用不同属性计量；历史成本计量的管理信息成本在账簿和每期基本财务报表中列示，其他计量信息分别在项目决策分析、可行性方案等财务报告或附表资料中给予揭示，以满足管理决策者的特殊需要。

（2）其他属性的并存、择优以满足信息使用者的要求为目标，视宏观经济环境、市场环境、行业特点、企业经营性质、战略目标等因素而定。比如，对上市公司而言，投资者（包括潜在投资者）的信息要求，是会计信息系统最关注的目标，公司提供的管理信息成本信息应是以历史成本计量的和部分现行成本计量的管理信息成本信息，而将现行市价、可实现净值计量的管理信息成本信息，则以投资可行性分析报告的形式提供给外部潜在投资者。对非上市公司而言，管理者的意愿更受会计信息系统的关注，因而管理信息成本的揭示应以首先满足决策层有关经营管理的要求为目的。总而言之，并存择优不是指每一报告期要使用每一种计量属性，而是指在所有属性都可以使用的前提下选择本期关注信息要求的计量属性来计量管理信息成本。

（3）会计人员分工合作，维持管理信息成本系统的运行，共同完成多元化目标。财务会计人员负责历史成本计量的三大财务报表的提供，管理会计人员在此基础上，为满足其他个别信息需求而工作。有条件实现会计电算化的企业，可以提供历史成本、现行成本计量的两套财务报表，更好地为信息使用者服务。

第三节　管理信息成本的计量模式与方法

一、管理信息成本计量的结构

（一）管理信息成本计量的四类变量结构

通过前面相关内容①分析我们可以知道，基于成本源的企业管理信息成本包括四个部分，即管理信息流成本、管理信息系统成本、管理信息结构成本和管理信息失真成本。因此，可以得到如下公式（6-1）：

$$TCi = Cr + Cs + Co + Cf \qquad\qquad (6-1)$$

其中，TCi 表示管理信息总成本，Cr、Cs、Co、Cf 分别为管理信息流成本、管理信息系统成本、管理信息结构成本和管理信息失真成本。

基于成本源的管理信息成本的四个变量构成与基于管理层次的管理信息成本构成相互交融（图 6-1）。基于管理层次的管理信息成本包括四个变量：跨企业间组织管理信息成本、战略管理信息成本、管理控制信息成本和作业管理信息成本。其分析的顺序是自上而下：跨企业间组织管理信息成本——战略管理信息成本——管理控制信息成本——作业管理信息成本。跨企业间组织运用网络分析、价值链分析工具，分析"价值星系"中管理信息成本的相关性和决策有用性；公司战略层次运用价值链分析工作，进行"成本链"相对成本优势分析；管理控制层制定管理信息成本预算，进行成本过程控制分析；作业层计算特定对象成本，利用成本动因分析进行成本改善。然而，

---

① 本文第四章关于管理信息成本构成部分。

管理信息成本计算的顺序恰恰相反，应是自下而上：作业层进行原始成本记录和成本计算；管理控制层利用成本基础信息汇集进行成本预算控制；而公司战略层则利用作业层与管理层的成本信息进行战略决策与分析；跨企业间组织则利用前三项管理形成的成本信息进行企业间组织内的协作管理决策分析。

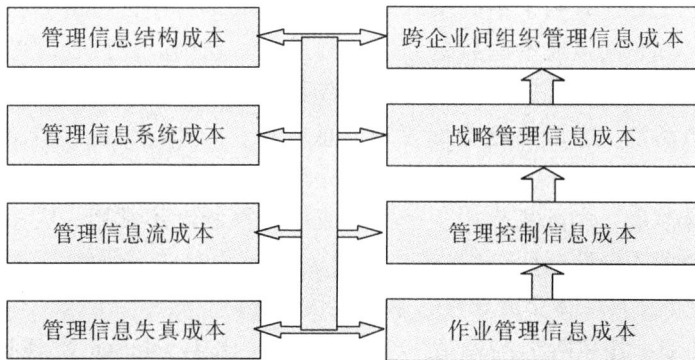

图 6 - 1　管理信息成本变量结构

注：图中各成本之间不是一一对应关系，而是相互交融关系。

（二）开放式的管理信息成本系统结构

陈良华（2002）教授曾指出，未来成本计量模式应该突破会计账户系统，在账户系统之外构建一个开放系统①。管理信息成本是一种新的成本形态，根据上述基于成本源的四类变量可知，作业层次的成本系统是基础。作业管理信息成本既要考虑成本计量的正确性和可行性，又要考虑前三个更高管理层次的需要。开放式的管理信息成本系统结构要求：①合理设计成本对象。一般成本对象是多维的，包括服务、项目、作业、计划等。作业管理信息成本对象数量确定要谨慎，因为增加一个成

① 陈良华. 企业成本计量模式研究［J］. 经济理论与经济管理，2002（10）：56 - 60.

本对象，系统数据处理量将是级数倍增加。②根据不同的成本对象决定直接成本和间接成本。管理信息成本中的直接成本和间接成本是动态的。直接成本可采取追溯法直接计入特定成本对象，间接成本则需要分配计入。③科学划分成本等级，确定汇总逻辑系统。根据不同的成本动因确定合理的成本等级，并进行汇总，有利于不同层次管理者分析成本。④价值链分析工具，确定间接成本库数量和寻找合适成本动因。设计合理的成本库有利于进行成本动因分析，有利于找出价值链上不增值或低效活动，采取措施降低管理信息成本。另外，在正常情况下应将成本动因作为管理信息成本分配基础。⑤选择合理的成本计算制度。实际工作中，单纯的成本计算制度不常用，大多是混合成本计算制度。

（三）一体化的管理信息成本计量结构

H. 托马斯·约翰逊和 S. 卡普兰（H. T. Johnson & Robert S. Kaplan,1987）指出，目前的成本会计系统试图满足三个目标：①将部分期间成本分配到产品，以便能及时编制财务报表；②为成本中心管理者提供过程控制信息；③为产品和经营管理者提供一个产品成本估计数据。然而，由于财务会计的思想已占主导地位，传统的成本会计系统由于依赖账户系统，传统的管理成本计量模式依服于财务会计的账务体系，因此存在着结构性的先天缺陷，只有第一个目标能完成得较好，却无法很好地满足多目标要求，难以及时、准确和真实地提供用于管理决策的成本信息。因此，一体化的管理信息成本计量结构要求管理信息成本计量系统突破财务会计系统的束缚，实现财务成本计量系统与管理成本计量系统的内在一体化，即数据相互关联，而不是相互独立。在一体化系统设计思想下，按照"信息共享，数据相融"的原则，在管理信息成本进入会计账户数据库时，要设立"屏障"以保证成本数据符合会计准则法定性要求。

（四）管理信息成本计量的数据结构

传统成本数据流向顺序是财务会计系统——管理会计系统——业务系统，即会计交易事项通过凭证输入记入账簿系统，由账簿系统向业务系统提供成本信息数据。基于这种成本数据流向设计的成本信息系统存在着固有的缺陷，无法从根本上克服成本信息与物流、人流和资金流匹配问题。管理信息成本计量模式中的数据流向应该恰好相反，由业务系统流向管理会计系统直至财务会计系统。业务部门发生活动立即被实时地记录下来，形成物流、人流、资金流"三流"相匹配信息数据，这类原始状况信息需要占用极大的存储空间。对于外部财务会计而言，所需信息十分有限，将从业务数据库中获取的符合会计准则要求的成本信息，记入会计账簿系统，大量价值信息（不符合会计准则要求）将被屏蔽在账簿系统之外。

二、管理信息成本的计量模式

（一）管理信息成本计量模式的选择

管理信息成本的计量模式面临着选择"双轨制"还是"单轨制"这一问题。"双轨制"计量模式是指在现有的成本会计计量体系之外，另行建立一套管理信息成本计量体系进行单独计量。"双轨制"模式能使现行成本会计不受任何影响而按有关会计制度和会计准则的规定严格进行，而不同的角度形成的不同成本信息，则有利于企业内部管理决策和成本控制。但是，分别按两套体系组织成本计量，必然会增加计量工作量，并且有可能导致信息的不一致性，甚至完全不同。"单轨制"计量模式是指将管理信息成本计量与现行成本计量有机结合，形成一套既满足会计制度和会计准则要求的又能为管理信息成本控制服务的成本计量体系。不同成本计量对象在同一计量程序和方法下相互衔接，是"单轨制"模式的一大特点①。"单轨制"管理信息成本模式是基于现行成本会计框架下的次级模式，具有工作量小、简便易行、能够提供更为可靠和相关的成本信息的特点，并且实现了有效揭示和反映新型成本形态的目的②。

通过对"双轨制"模式和"单轨制"模式的理性认识，本文认为，"单轨制"管理信息成本计量模式在现行环境中具有可行性和可操作性，它既能满足企业内部管理决策的需要，又能实现满足相关者成本信息需求目标。因此，下面所构建的管理信息成本计量模式是基于单轨制模式前提下进行的。

（二）管理信息成本计量的一般模式

1998年，罗伯特·S.卡普兰和罗宾·库珀（Robin Cooper）在《成本与效益》一书中论述了"成本系统演进四阶段模型"，并详细描述了已近成熟期的组织在生命周期过程中成本管理系统的演进③。其中，第一阶段系统不符合常规报告要求，很难提供产品、客户和运营成本计算的信息，不适于进行战略控制；第二阶段系统是基于财务报告编制的需求产生的，能满足财务会计准则，但不能提供高质量的决策信息，经常歪曲成本和利润，且不能及时反馈信息；第三阶段系统是专门化的，要求财务会计系统与成本会计系统使用一个数据库，并出现了作业成本会计和业绩评价系统；第四个阶段模型是完整的、系统的，可以为战略经营决策提供统一的报告系统，所有财务和生产数据，包括预算和实际信息都是相互关联的。实际上，第四阶段

---

① 林万祥，苟骏. 风险成本管理论［M］. 北京：中国财政经济出版社，2006：175 - 178.

② 林万祥，苟骏. 风险成本管理论［M］. 北京：中国财政经济出版社，2006：175 - 178.

③ ROBERT S. KAPLAN, ROBIN COOPER. Cost and effect：using integrated cost system to drive profitability and performance ［M］. Boston：Harvard Business School Press，1998.

模型是一个战略的、整合的成本管理系统，是企业要达到的高层次系统。因此，根据前面的管理信息成本计量的变量结构、开放式结构、一体化结构和数据结构的要求，以及第四阶段模型的特点，我们可以构建如下（图6-2）的管理信息成本计量模式。

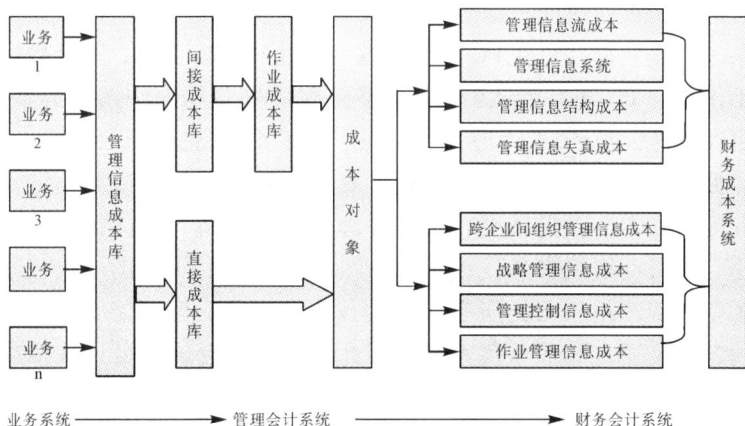

图6-2　管理信息成本计量模式

管理信息成本的计量模式具有如下特点：①充分体现了会计目标。该模式下形成和提供的会计信息既能反映经营管理者的受托责任（财务会计系统），又能体现相关者的决策有用性（企业内部管理者主要使用管理会计信息进行决策，外部其他相关者主要使用财务会计信息进行决策）。②实现了不同管理信息成本的有机融合。该模式可以根据管理者的不同需求，既能提供基于成本源的不同的管理信息成本，也能提供基于企业管理层次的不同的管理信息成本。③揭示了作业成本法与作业成本管理的运用。通过管理信息作业对间接成本进行分配，较为精确地对管理信息成本进行计量，实现间接成本分配、归集的科学化和合理化，以便于成本分析和成本控制。

三、管理信息成本计量的一般方法

（一）总拥有成本法

"总体拥有成本（Total Cost of Ownership，TCO）"的概念源于20世纪80年代后期加特纳公司的一项研究，加特纳想要知道购买和配置、使用一台 PC 到底要投入多少成本。他们的研究结果表明企业拥有每台 PC 的年度成本接近 10 000 美元，这个数据不仅帮助 PC 拥有者认清了 PC 整个服务生命周期中的总成本，更在财务人员和 IT 管理人员中间引起了不小的骚动。此后，总体拥有成本便被定义为一个概念或者一系列技术来持续地定义和度量成本，以提供更有效的管理和决策支持。总体拥有成本是一项帮助组织来考核、管理和削减在一定时间范围内组织某项获得资产相关联的所有成本的技术。这些资产可能是：厂房建筑、交通工具或软件系统。因此，总体拥有成本可以被描述为资产购进成本及在其整个生命服务周期中发生的成本之和。总体拥有成本绝不等同于资产的购买产品，它还要包括资产购进后运营和维护的费用。目前国内外对信息资源投入的计量主要使用"总拥有成本"[①]指标，其含义是指信息化项目周期各个阶段投入的开发、服务和运行维护等全部费用，包括软硬件和相应专业服务费用，以及咨询、培训、信息管理方面的人力资源费用等。管理信息成本是企业管理信息化过程中发生的费用，总体拥有成本适用于管理信息成本的计量。

在实践中，人们并没有普遍接受计算总体拥有成本的公式，因此运用总体拥有成本法计量管理信息成本时，一定要考虑到与管理信息结构、管理信息系统和管理信息流等所有的关联成本。一般情况下，包含在总体拥有成本中的需要计量的管理信

① 凯西·施瓦尔贝．IT 项目管理［M］．北京：机械工业出版社，2002．

息成本项目有：购买成本、安装成本、财务成本、佣金、能源成本、维修成本、升级成本、转换成本、培训成本、支持成本、服务成本、维持成本、安全成本、生产力成本、风险成本、处理成本。具体哪些因素应该考虑到总体拥有成本中去，这取决管理信息系统、管理信息结构、管理信息流的自身属性。

总体拥有成本的优势主要体现在两个方面：一是总体拥有成本认真量度与资产相关联的所有成本；二是总体拥有成本作为一项长期量度法，致力于减少资产服务周期内的总成本，提高投资回报率。但是总体拥有成本也存在一些缺陷：①总体拥有成本针对信息化项目所发生的各项成本总的累计值，而信息化是企业需要长期持续进行的工作，其投入的成本以永续的分期计量更为合理；②总体拥有成本主要是用来反映信息化投入费用的一个笼统指标，本身并未形成一个系统化的计理体系，难以对信息资源成本进行分析、预测、计划和控制等精细的有效管理，从而对企业可操作性较差；③总体拥有成本中没有考虑因信息化带来的组织、管理和技术的变革成本，许多企业管理者忽略了这一重要的变革成本，这正是信息化失败的主要原因之一。

（二）时间驱动作业成本法

许多人都会觉得作业成本法（ABC）是管理公司有限资源的一种行之有效的方法，而当管理人员在公司内大范围推行这一方法时，面对不断攀升的成本和员工的不满，却只能半途而废，于是产生了时间驱动作业成本法。

时间驱动作业成本法以时间作为分配资源成本的依据，基于公司管理层对实际单位作业时间消耗的可靠估计，来计算单位作业应分担的作业成本，从而避免了以往大范围实施作业成本法过程中的一些难题[①]。对于每一类资源，公司只需估计两个

---

① 李明毅. 时间驱动作业成本法例解［J］. 财会通讯（综合），2005（10）：27.

参数：一是单位时间投入的资源成本，即单位时间作业成本（cost per time unit of activity），该指标可以用一个部门的总费用除以管理层估计的实际作业得到；二是某一作业或者最终成本计算对象在消耗资源时所占用的时间，即作业单位时间数量（unit times of activities），该指标可以由管理人员凭借经验或者观察得到。两个参数相乘，就可以得到单位作业应分担的作业成本，即成本动因率（cost driver rate）。企业管理信息搜集、处理需要时间，同时也耗费资金构成成本。产能可以用时间来衡量，管理信息作业同样可以采用此法。时间驱动作业成本法还可以在成本计算模型中嵌入一些计算时间的等式，从而能够反映出管理信息作业活动的时间消耗，这样就能满足错综复杂的现实运营要求。

时间驱动作业成本法比作业成本法更能反映错综复杂的实际情况，且功能和准确性大大提高，另一方面，它反而简化了公司的作业成本财务计量系统，实施起来更为容易。按照这套方法，管理人员们可直接估计每项管理信息事务所花费的资源，而不是先将资源成本分摊到各项活动上，然后再分摊到各项事务上。以前所用的作业成本法是通过员工调查得到的管理信息在各项活动中投入的时间所占的比例，然后根据比例来分摊成本。这个方法的弊端是，员工们报告的时间比例加起来总是会等于100%，基本上没有人会报告说，自己有相当大的一部分时间无所事事。在新的系统中，经理们能够很清楚地看到员工利用率与理想的利用率到底有多大的差距，这方面的信息对提高流程的效率显然具有重要意义。

根据管理信息成本的计量模式，运用总拥有成本法和时间驱动作业成本法，就能对管理信息进行相对较为准确的计量，形成具有客观性和相关性的管理信息成本信息，实现对管理信息成本的合理分析和有效控制。

第四节　管理信息成本的会计核算

　　管理信息成本（MIC）是企业内部交易和管理过程中所发生的信息成本。在管理信息的收集、加工、存储、传递、使用过程中，都必然会产生成本或损失，它是企业内部管理活动和管理过程的代价，对现代企业（或组织）产生了重要影响。因此，必须加强对企业信息化过程中成本投入的核算，对信息化投入进行详细和系统地计量、分析和评价，为管理者提供正确的成本信息，以便于决策和参考。

一、管理信息成本会计核算模式的选择

　　（一）双轨制管理信息成本会计核算模式

　　双轨制会计核算模式是指在现有的成本会计核算体系之外，另行建立一套管理信息成本核算体系进行单独核算。双轨制模式下的管理信息成本核算有别于现行财务会计核算，其单独进行核算的内容可以包括以下几个方面：①设置管理信息成本凭证和账户；②对企业管理决策中形成的管理信息系统成本、管理信息资源成本、管理信息组织成本和管理信息失真成本专门进行确认、计量、记录和报告；③编制管理信息成本报告；④进行管理信息成本分析、考核与评价。

　　双轨制模式能使现行成本会计不受任何影响而按有关会计制度和会计准则的规定严格进行，而不同的角度形成的不同成本信息，则有利于企业内部管理决策和成本控制。但是，分别按两套体系组织成本核算，必然会增加核算工作量，并且有可能导致信息的不一致，甚至完全不同。

（二）单轨制管理信息成本会计核算模式

单轨制会计核算模式是指将管理信息成本核算与现行成本核算有机结合，形成一套既满足会计制度和会计准则要求，又能为管理信息成本控制服务的成本核算体系。不同成本核算对象在同一核算程序和方法下相互衔接，是单轨制模式的一大特点。

单轨制管理信息成本模式是基于现行成本会计框架下的次级模式，因此，管理信息成本核算的内容主要包括：①在现行成本费用账户下设置管理信息成本二级账户；②对企业管理决策中形成的管理信息系统成本、管理信息资源成本、管理信息组织成本和管理信息失真成本在二级账户下进行确认、计量、记录和报告；③在现行成本报告中编制管理信息成本报告；④进行管理信息成本分析、考核与评价。

单轨制管理信息成本模式具有工作量小、简便易行的特点，能够提供更为可靠和相关的成本信息，并且实现了有效揭示和反映新型成本形态的目的；但由于二级账户较为复杂，对应关系不够清晰，在理解和读取上存在一定难度，对成本会计人员的要求也较高。

通过对双轨制模式和单轨制模式的理性认识，结合管理信息成本计量模式，本文认为，单轨制管理信息成本会计模式在现行环境中具有可行性和可操作性，它既能满足企业内部管理决策的需要，又能实现满足相关者成本信息需求目标。因此，本文所研究的管理信息成本会计是基于单轨制模式进行的。

二、管理信息成本核算应遵循的会计原则

1. 权责发生制原则。从本原则出发，为获取管理信息在本期发生的成本费用，不论款项是否支出，均应计入本期的管理信息成本；凡不属于本期管理信息负担的费用，即使款项已经支付，也不能计入本期管理信息成本。

2. 配比原则。按照本原则，本期发生的成本费用，如果在本期不能受益，其成本费用不应计入（至少不应全部计入）本期损益，应在以后受益期内分期摊销。这里的配比原则只能是期间配比，不可能实现对象配比，因为管理信息的特殊用途，决定了管理信息成本发生后不一定会形成价值；即使创造了价值，在现在计量模式下也难以准确计量，更难实现与成本的配比。

3. 实际成本原则。该原则要求信息按取得、发生或形成时的交易价格来计量。不论是开发生产的信息技术产品，还是购入信息服务产品，都是企业的一项资产，其计量就应该遵循实际成本原则即历史成本原则。

4. 未来收益原则。资产是由过去的交易、事项形成并由企业拥有或控制的，预期会给企业带来经济利益的资源。传统会计对资产的确认是基于过去的交易、事项的发生，但对于管理信息而言，并非都由过去的交易、事项所形成，因此只能根据它所提供的未来经济利益来衡量。

5. 协同原则。传统会计对于资产的确认是基于会计主体和单个资产假设来进行的。但管理信息的价值并不表现在主体是否拥有或控制本身，而必须经过恰当的协同效应的分析和市场比较才能确认。所以，其确认应该是一种非主体化的协同原则和市场评估标准。

6. 风险原则。在充满风险和不确定性的市场环境中，为保证会计信息的可靠性，核算时应充分考虑谨慎性原则。

而管理信息的确认是基于未实现的未来利益，对它的确认应采用风险原则，以便把企业在充满风险和不确定性的市场环境中可能实现的财富和经营风险充分表现出来。

7. 相关性原则。在传统会计的框架中，会计核算既重视会计信息的可靠性，又重视会计信息的相关性。但在可靠性和相关性发生矛盾时，更多的时候选择了可靠性。而管理信息具有很强的对象性。在社会生产经营过程中，各经济主体有相对的独立性，它们内部的调控信息只在内部信道中传递。因此，核算时要把具体的管理信息、具体的市场和具体的应用环境联系起来。

三、管理信息成本的确认和计量

管理信息成本是企业成本的重要组成部分，在进行确认时应分为两种：费用化支出和资本性支出。费用化支出是指企业在管理信息收集、加工、传递、存储等日常活动中发生的、会导致所有者权益减少的、与向所有者分配利润无关的经济利益的流出；资本性支出是指企业构成企业资产或预期会导致企业经济利益流出的、惠及几个会计期间的支出。

因此，管理信息成本的确认因支出类型不同而有所差异。对费用化的管理信息成本，其确认包括两个方面：①管理信息成本的费用化支出定义；②两个条件：经济利益很可能流出企业，经济利益的流出额能够可靠地计量。对于管理信息成本中的资本性支出即资本成本，其确认也包括两个方面：①管理信息成本的资本性支出定义；②两个条件：与其相关的经济利益很可能流出企业，产生的成本或者价值能够可靠地计量。

管理信息成本计量一般可采用下列方法：

（1）历史成本法。它是根据原始成本计价原则，将管理信息的取得、发展、保持等实际支出资本化的方法。它主要适用于管理信息系统成本中软件与硬件成本、运行成本、管理信息资源成本的信息商品买价、信息搜寻成本等。

（2）重置成本法。它是假设在当前物价条件下，重新取得、发展、保持管理信息所需要的全部支出资本化的方法。它主要适用于管理信息成本的人力资源成本、管理信息失真纠正支出等。

（3）机会成本法。它是指经营决策采取一个最优信息方案时，要考虑放另一个次优方案的成本，在选择最优信息方案时，要失去的可能产生的效果也考虑进去，将已放弃次优方案可能获得的收益看作是被选用的最优信息方案的机会成本。它主要适用于管理信息失真后放弃产生的损失。

四、管理信息成本核算的基本思路

在现代信息网络技术条件下，企业管理信息成本主要发生在信息市场交易和企业内信息运作两方面。因此，我们在进行管理信息成本核算时，必须考虑企业内部信息生产与运作的费用和企业外部获得信息所需支付的费用。

在企业内部生产信息的过程中，必然要涉及信息生产的相应劳动工具。目前，企业一般将所购买的计算机硬件列作固定资产。对于因购买硬件所附带的软件，未单独计价的，并入计算机硬件作为固定资产管理；单独计价的，则作为无形资产管理。由于这些资产都与管理信息的加工、生产有关，都可为企业带来未来的经济利益，为了对管理信息成本单独核算，宜将硬软件列作固定资产——管理信息系统（硬件）或无形资产——管理信息系统（软件）加以处理，同时设置相应的累计折旧——管理信息系统（硬件）折旧或累计摊销——管理信息系统（软件）摊销科目对硬软件损耗进行摊销。摩尔定律指出，计算机的芯片性能每 18 个月提高一倍，其价格却会下降 50%。实践证明，硬件价格大幅度下降已是大势所趋，与此同时，软件版本快速更新换代也使原先购入的软件提前被废弃，由此决定企业购入服务器、网络设施等硬软件以资产入账后，不仅要考虑其加速折旧问题，同时要计提各信息资产的减值准备。

企业决策所需管理信息也有购买信息原材料的问题。无论是通过信息中介还是采用其他方式购买数据或原始信息，都要支付一定的费用。对信息组织部门而言，购买原始信息所付费用是一种经常性费用，应当设置管理费用——信息使用费支出科目加以核算。尽管有一部分数据或原始信息无需付费就可以在网上搜索取得，但搜索成本仍然存在，例如人工费和网络及计算机等硬软件设施的使用费等，因此宜设置管理费用——信息搜索成本科目加以核算。而鉴于信息处理费用将越来越大，还需要设置管理费用——信息处理成本科目来核算纷繁多样的信息处理费用。除此之外，信息组织部门还应对某些不能直接计入决策项目成本的费用加以归集，因此可设置间接信息费用科目对诸如存储、传递等环节所发生的费用加以汇总与分配。

五、管理信息成本核算的账务处理

在现代网络技术条件下，企业管理信息成本主要发生在信息市场交易中，即企业外部获得信息所支付的费用和企业内部信息市场与运作的费用。管理信息成本中的管理信息系统成本、管理信息组织成本和管理信息资源成本因客观性、相关性等可以运用一定的方法进行确认、计量、记录和报告，而管理失真成本中的纠正支出现实中融合在前三项成本中，而放弃损失中的前期成本费用也包含于前三项成本，机会成本却难以计量，因此不能进行账务处理。

1. 管理信息系统成本的账务处理。企业在管理信息加工过程中，其购买的软硬件成本，按照目前新的《企业会计准则》规定，一般将购买的计算机等硬件设备作为固定资产。对因购买硬件所附带的软件，未单独计价的，并入计算机硬件作为固定资产来管理；单独计价的，则作为无形资产管理。为了对管理信息成本单独核算，可将管理信息加成本分为信息材料消耗、原材料消耗、工资及工资附加和其他组织与管理生产的间接消耗等成本项目，通过以管理信息产品的品种或服务对象为成本计算对象，开设成本计算单，计算其成本。管理信息加工成本的核算要设置若干必要的科目。如设置固定资产——管理信息系统（硬件）、无形资产——管理信息系统（软件）、管理费用——管理信息组织成本等科目，核算信息加工或服务过程中发生的资本性支出，如购买各种通讯和信息处理设备所发生的支出和信息员招聘费、培训费、安置费等。发生该项支出时，借记固定资产——管理信息系统（硬件），或无形资产——管理信息系统（软件），或管理费用——管理信息组织成本，贷记银行存款、库存现金、实收资本等科目。设置累计折旧——管理信息系统（硬件）折旧或累计摊销——管理信息系统（软件）摊销，摊销加工过程发生的资本化支出，摊销时，借记管理费用——管理信息系统成本，贷记累计折旧——管理信息系统（硬件）折旧或累计摊销——管理信息系统（软件）摊销。固定资产——管理信息系统（或无形资产——管理信息［软件］系统）与累计折旧——管理信息系统（硬件）折旧（或累计摊销——管理信息系统［软件］摊销）的差额为尚未收回的信息资本性支出。设置管理费用——信息处理成本科目，核算信息的收益性支出，如管理信息加工、服务过程中发生的信息材料费用、原材料费用、工资费用和其他间接费用及与本期收益配比而摊销的资本性支出，费用发生或摊销资本性支出时，借记该科目，贷记有关科目。期末将管理信息各成本费用科目的期末余额结转到本年利润账户，核算当期损益。

2. 管理信息资源成本的账务处理。企业无论是通过信息服务商或信息中介还是采用其他方式购买数据或原始信息，都要支付一定的费用。对企业信息组织部门而言，购买管理信息所付费用是一种经常性费用，可以设置管理费用——管理信息资源成本科目加以核算，尽管有一部分数据或原始信息无需付费就可以在网上搜索获取，但搜索成本依然存在，如人工费用和计算机等硬件、系统软件的使用费用，因此可以设置管理费用——管理信息搜索成本科目加以核算。而鉴于信息处理费用将越来越大，还需设置管理费用——管理信息处理成本科目来核算信息处理费用。除此之外，管理信息组织部门还应对某些不能直接计入服务产品成本的费用加以归集，设置信息间接费用科目对诸如存储、传递等环节所发生的费用加以汇总和分配。为了核算损益，企业也应像信息加工一样，期末将上述管理信息成本费用科目的借方余额转入本年利润科目的借方核算当期损益。

3. 管理信息组织成本的账务处理。管理信息组织成本是企业信息组织运行所产生的费用，包括日常业务费用、人员工资及福利支出等。对这些费用，企业可以通过管理费用——管理信息组织成本进行核算。当费用发生时，借记管理费用——管理信息组织成本——业务费（或工资，或福利），贷记银行存款或库存现金。期末将其转入本年利润的借方来核算损益。

六、管理信息成本报告

成本报告（costing report）属于企业内部管理的报表，它反映了企业生产耗费和产品成本结构、成本升降的变动，也是考核成本计划执行结果偏离目标与否的一种会计报表。通过了解成本报表数据，企业可以在保证产品质量前提下做到增产和节支，为降低产品成本作出贡献。企业管理部门可以从中了解费用预算执行情况，各项成本变动趋势和成本降低任务完成动态的情况，总结经验，奖励先进，还可以将成本报表资料与其他方面的信息联系起来加以综合分析，为经营决策提供有效依据。企业领导和上级部门利用成本报表资料可以了解企业目前经营状况和成本管理及企业发展趋势，了解企业贯彻执行国家有关方针的情况。管理信息成本报告是成本报告的组成部分，根据管理信息成本的构成及核算情况，它应由三大部分构成，即管理信息结构成本、管理信息流成本和管理信息系统成本。

第七章
管理信息成本集成论

奥兹巴斯（2005）指出，基于财产所有权的企业控制权可以使企业建立"游戏规则"，通过组织流程来改进管理行为；公司的集合水平影响着企业高层决策者分配资源时的信息获取质量①。集成成本管理是一种新成本管理策略，要对管理信息成本实施集成管理，首先要依据企业的战略目标，然后识别企业内部的管理信息功能，在企业资源计划和信息资源规划的基础上，遵循一定的集成路径，构建具体的管理信息成本集成模式，包括管理信息结构成本集成、管理信息系统成本集成和管理信息流成本集成三部分。

第一节　集成成本管理与集成成本管理系统

一、集成成本管理

（一）集成成本管理的含义

集成成本管理是指在企业成本管理过程中以集成管理理论为指导，将集成管理的基本原理和方法创造性地运用到成本管理的实践中，在成本管理的行为和组织上以集成管理机制为核心，在成本管理方法上以集成的成本管理方法为基础，实现成本管理与企业战略、经营管理、资源配置和绩效管理的集成，从而提高企业决策能力和成本竞争优势。上述定义表明：①首先在成本管理思想上进行变革，将集成管理理论渗透到成本管理的计划、组织、指挥、协调和控制的各个过程中去，让成本管理人员及其他管理人员充分意识到集成管理对在激烈竞争环境下提高成本管理水平的重要性，这也是集成成本管理的前提条件。②集成成本管理是一种创造性的活动过程。由于企业内部专业化分工是客观存在的，它在提高工作效率的同时不可避免地带来了管理效益的缺失，这也是成本信息相关性遗失的主要原因。因此，必须创造性地运用集成管理理论和方法对成本管理的行为、组织、方法等进行整合和变革，从而达到成本管理效益的非线性增长。③集成成本管理在集成过程中以集成管理机制为核心，与其他管理活动相比，集成管理有其独特的运作机制。首先，应用"无限集"把与成本管理相关的各种不同资源（不考虑其性质和位置）都列入集成成本管理过程中整合的对象。无限集体现了跨组织的资源整合观，有利于成本管理在企业整个网络价值流中的应用，并突破组织边界，在更广范围内实现成本管理系统功能的强化和效益的提高。然后，应用"并集"对具有公共属性的对象实施集成，运用"交集"寻找在集成过程中制约集成系统功能发挥的"瓶颈"并采取措施重点解决。最后，以"全集"实施合并，构建集成成本管理系统。④在成本管理方法上，集成成本管理强调的是一种集成的成本管理方法，不仅注重多种成本管理工具的综合应用，还包括其他的一些重要管理工具，如目标成本法、时间驱动作业成本法、作业生产能力管理、作业基础业绩评价、投资管理、流程管理、供应链管理等。⑤集成成本管理的目的是提高企业决策能力和成本竞争优势，通过创造性的管理活动实现成本管理与企业战略、经营、资源配置和绩效管理的整合，提高成本信息的相关性和及时性，从而实现成本管理功能倍增的效果。

（二）集成成本管理的特征

从上述集成成本管理的内涵可以看出，集成成本管理是以集成管理理论为指导的崭新成本管理理念，它具有以下几方面突出特征：①综合集成性。一方面，从集成成本管理所涉及的领域看，传统的成本管理更多地是为了财务报告目的而计量产品销售成本和存货成本，而集成成本管理是在构建集成成本管理理论、成本管理系统与其他管理系统的集成基础上，在横向（沿价值链）和纵向（沿产品生命周期）两方面进行成本控制的，同时还结合非财务指标对企业经营管理活动进行了综合衡量。可见，集成成本管理在满足财务报告目的之外，还涉及了企业战略、经营、资源配置和绩效管理，以及顾客、市场和企业各种管理流程等方面。另一方面，从集成成本管理的技术、手段和方法来看，集成成本管理中的成本管理理论本身是一种集成的成本管理方法，而且成本管理方法还要与先进制造技术、信息技术、管理技术等相互融合形成一种综合集成技术。如企业资源计划与成本管理系统的集成就需要这种综合集成技术来支持。②创新性。集成成本管理需要管理者以一种创造性思维方式对成本管理方法进行创新，和对企业其他管理与成本管理进行有机整合，通过管理流程的彻底变革来达到集成前成本管理无法达到的效果，实现成本管理功能倍增的目的。因此，集成成本管理的创新性表现在成本管理方法的创新、成本管理流程的创新、成本管理功能的创新和成本管理系统的创新等。③协同性。集成成本管理的实质要求是实现成本管理与企业战略、经营、资源配置和绩效管理之间的协同，实现优势互补和企业决策能力的倍增。由于集成管理的综合性很强，集成成本管理涉及的集成要素较多，而且要素之间的关系错综复杂，因此，需要通过集成来提高它们之间的协同能力，才能达到通过集成成本管理实现企业决策能力倍增的目的。集成成本管理的高度协同性表现为：在横向（沿价值链）和纵向（沿产品生命周期）两方面，企业战略管理、绩效管理、经营管理与成本管理活动的相互协同，以及企业与企业之间在成本管理上的协同即供应链成本管理。④市场性。是指集成成本管理中的成本控制具有很强市场特征，体现了以市场为导向的成本竞争战略。市场性要求集成成本管理以市场所认可的成本水平为控制目标，以集成理论为指导在企业所有相关流程中应用集成成本信息来改进成本控制。同时，企业以集成成本信息进行各种决策的管理效益，最终还是要由市场对其进行检验①。

（三）集成成本管理的基本范畴

1. 集成成本管理的集成单元

集成单元是构成集成管理系统的基本要素，我们可以根据集成单元应具备的客观性、可集成性和相对性等一般性质，来界定集成成本管理的基本集成单元。其中，最重要的是集成成本管理单元的可集成性，对于集成管理系统来讲，集成管理单元在它们彼此分离单独存在时是处于无序状态的，但由于集成管理单元彼此存在着某种相关性，一旦通过一定的集成模式将其集成在一起后，就形成了集成管理系统。因此，与成本管理集成的其他集成单元必须与成本管理具有一定相互联系和相互作用的可能性。另一方面还应该从集成成本管理的目的和集成效益，即集成成本与带来的成本功能倍增之比，来认识集成管理单元的可集成性，集成单元要有助于企业竞争优势的提升。就目前企业管理的现状，可以把作业管理、供应链管理、流程管理、投资管理、成本管理、绩效管理、战略管理、顾客和管理人员等作为集成成本管理的基本集成单元。

2. 集成成本管理的集成界面

在工程技术领域里，界面主要是用来描述各种仪器、设备、部件及其他组件之间的接口。在管理活动中的界面可认为是不同职能部门之间、不同岗位之间的交接状态，反映不同工序、流程之间的衔接状态，以及人与物之间的人机交互界面等。集

---

① 邓明君，罗文兵. 集成成本管理基础理论研究 [J]. 财会通讯（学术版），2006（5）：106–107.

成成本管理的集成界面是指为实现企业成本竞争优势，集成成本管理单元之间、集成成本管理系统与市场环境、各种信息传递的媒介或载体，以及集成成本管理单元之间相互联系的内在机制，这种集成界面是一种以介质为基础的界面。在当前信息技术飞速发展的年代，产品制造现代化，信息管理技术在企业各管理部门的运用，企业与外部更多地是通过网络进行沟通，管理更多地是通过机器语言、各种数据信息和语言等介质来实现的。因此，从沟通效率和成本上考虑，集成成本管理的集成界面应该是在网络系统和集成成本管理系统基础上由多种介质构成的多重界面，其中以数据信息为主要介质。

3．集成成本管理的集成模式

集成模式是指集成管理基本单元之间相互联系的方式，反映了集成管理单元之间的物质和信息交流。有的学者提出，从管理集成的行为和组织两方面对集成的各种关系进行分类、管理集成的行为模式有互补型集成模式、互惠型集成模式和协同型集成模式；管理集成的组织模式有单元集成组织模式、系统集成组织模式、过程集成组织模式和网络集成组织模式。根据集成成本管理发展过程和内涵，其集成行为应该是一种协同型的集成管理模式，集成成本管理基本单元通过整合形成了相互协同一致的、相互交流的、以多维成本信息为基础的集成成本管理方法和成本决策支持系统，从而实现了改善各集成单元的功能和集成成本管理功能倍增的目的。如成本管理与作业管理的集成成为作业成本管理，就是一种典型的协同型集成模式，作业管理有利于提高成本管理的相关性和精确度，成本管理有利于作业流程的改进，它们各自的管理功能都得到了改善，两者之间相互融为一体形成了作业成本管理，并实现了成本管理功能的倍增。一般来讲，集成度越高系统越复杂，集成的效能也越高。要使高度集成的集成成本管理系统能够充分发挥其决策支持功效，就必须提高集成成本单元之间的协同能力，在现代网络环境和组织管理的支撑下，运用现代集成技术和手段设计良好的集成管理界面。

4. 集成成本管理的集成原则

原则通常是指一般性的规范，具有比较广泛的指导意义。集成成本管理原则是集成成本管理的一般性规定，对其集成过程及其应用具有广泛的指导意义。集成成本管理的原则主要包括：相关性原则、经济性原则、相容性原则和及时性原则等。

(四) 集成成本管理的逻辑过程

集成成本管理作为一种管理，一般管理理论同样适合它的管理过程。对集成成本管理的逻辑过程进行分析，能够让我们更好地认识集成成本管理的规律，有利于提高集成成本管理的有效性和指导集成成本管理实践活动。其逻辑过程由集成成本管理的计划，集成成本管理的组织，集成成本管理的指挥，集成成本管理的协调，集成成本管理的控制构成。

计划是管理的首要职能，集成计划是成功实施集成成本管理的关键因素。集成是一项系统工程，在集成成本管理的计划阶段，企业高层管理者、运用成本信息进行决策的相关内部组织和人员以及企业外部相关组织和人员都应该明确几方面问题：集成成本管理的目标和基础性研究，集成内容，集成组织，集成时间与单位，集成方法。

集成成本管理组织主要涉及组织结构建立、规定行为和资源配置三方面。组织结构是集成成本管理分工与协作的基本形式和框架。设计科学、合理的组织结构是集成成本管理系统运行的基础条件，也是集成成本管理实现成本管理功能倍增的必要条件。在规定行为方面，集成成本管理的行为规定应该通过内部成本管理制度和各种契约。集成成本管理注重各种管理系统之间信息的整合，在行为管理上，不能依靠传统的命令与指

184

挥，而是依据制度和契约进行信息的沟通与协调。在资源配置方面，集成成本管理强调集成单元之间的信息集成，通过增强成本信息的相关性来提高企业相关决策能力。因此，在做好信息资源的选择、使用、评价等过程管理的同时，还需要做好人力资源方面的配置、使管理人员与集成成本管理系统更好地集成。

集成成本管理的指挥是驱动其集成单元有序运动的过程，包括集成单元整合的动态过程和集成成本管理系统的维护与发展。在集成成本管理系统设计过程中，要设计科学合理的界面，建立通用的数据结构，减少协调工作量，同时还要有利于协调成本的降低，提高其系统的和谐性。另外，还应该通过加强组织结构设计来增强集成成本管理的协调能力，达到其集成目标。

控制是一项重要的管理职能，没有控制就难以保证一切活动按照计划或目标进行。集成成本管理控制就是对集成成本管理系统形成过程中，对集成过程、应用集成成本管理支持企业各种决策过程和集成成本管理系统运行过程的控制，及时发现偏差，采取纠正措施，保证集成成本管理目标的实现，其控制模式有反馈控制、同期控制和前馈控制。

二、集成成本管理系统（Integrated Cost Management，ICMS）

（一）集成成本管理系统概念

1998 年弗里曼（Freeman）首先提出了集成成本管理系统概念，认为集成成本管理系统是把组织的核心决策、支持性决策和多种成本管理系统有机联系在一起，使组织内的数据流与生产流程、决策以及人结合起来，形成一个行动和结果一致的集成系统"[1]。本文认为，集成成本管理系统是指在集成管理理论

① FREEMAN T, MCNAIR C J. Transforming cost management into a strategic weapon [J]. Journal of Cost Management, 1998.

指导下，针对成本信息相关性遗失问题，从企业战略管理角度出发，综合运用各种现代成本管理理论、业务流程再造理论、集成技术和方法，通过创造性的管理流程变革，使成本信息系统、作业管理、绩效管理、流程管理、企业资源计划系统和人有机地集成在一起来支持各种决策的集成管理系统。

（二）集成成本管理系统特征

集成成本管理系统除了具有集成成本管理的一般特性外，还具有以下几方面的特点：①分布式、多样化地获取成本信息。集成成本管理系统彻底改变了传统的成本信息系统获取相关成本信息的方式和渠道，它涵盖了企业经营管理的多过程，如产品设计、作业管理和供应链管理等。成本信息的来源不仅包括企业内部，还包括供应商乃至用户。成本信息的种类不仅包括制造成本信息，还包括设计成本、物流成本、质量成本等。成本信息是集成了价值、时间、作业和质量属性的多维成本信息。②多功能智能性。集成成本管理系统将成本信息系统与企业资源计划系统、作业管理、绩效管理综合集成时就能够增加成本管理的决策支持功能，在增强企业成本信息相关性的同时，更重要的是它拓展了成本信息的应用范围，提高了企业竞争优势。另外，商业智能与成本管理的集成，增强了企业决策过程中对多维成本信息的分析和发现新市场机会的能力，以及成本控制能力，提高了成本管理的智能。

（三）集成成本管理系统作用

集成成本管理从以下几方面帮助企业提高了利润和增强了成本竞争优势：提高企业对市场环境的适应能力，在环境变化影响企业之前就能够预测并对其做出反应，从而降低企业风险；支持连续地改善企业营运能力，而不是寻求暂时的平衡；把焦点放在企业外部的顾客需求和竞争威胁上，通过顾客需求来驱动企业发展；将企业资源集中在增值活动上，识别并消除浪费，通过改进流程减少非增值活动，从而增加企业利润；将个人、团队和企业的动机联结起来，确保企业中每个人都能理解企业战略和经营目标，并且激励他们去实现战略目标；增强所有层次、流程和部门的联系，满足顾客需求，更好、及时地解决其所遇到的问题，同时发现新的市场机会①。

（四）集成成本管理系统机制

集成成本管理系统的机制就是其运作方式，包括：①集成成本管理系统的形成机制。集成管理行为是在特定的环境下，集成主体为适应环境而进行的有目的的行为过程。集成成本管理系统的形成受到了当前激烈竞争环境下企业各种决策对成本信息质量要求日益提高的影响，而目前企业当中成本管理系统与其他管理系统之间的整合程度不高，成本信息相关性不强，导致企业决策失误现象普遍发生，从而促使企业决策者对成本管理系统和其他管理系统采取集成行为。决策者通过对相关信息的搜集、分析与评价，根据决策的需要选择集成单元并组织集成成本管理系统的设计和开发。②集成成本管理系统的功能实现机制。集成成本管理系统的目的在于实现成本信息系统、作业管理、绩效管理和投资管理等各自无法实现的决策支持功能。按照系统论的观点，系统的功能水平取决于系统结构、构成系统结构的机制（即软件）和系统的运行环境三大因素。集成成本管理系统的功能实现主要取决于协同机制，除了上述三大因素间的相互作用以外，还有与集成成本管理基本单元之间的相互作用。③集成成本管理系统的稳定机制。集成成本管理系统功能稳定机制是保证集成成本管理系统为企业各种决策连续提供高度相关性成本信息，约束和调节系统中各集成成本管理基本单元的信息集成方式，稳定机制的存在有助于集成成本

---

① 刘彦文，王桂馥. 基于系统思想的成本控制管理探析［J］. 会计之友，2004（8）：75-76.

管理控制过程的实现①。

集成管理是一种新型的管理理论，其实质是在一个统一的目标指导下，实现系统要素的优化组合，在系统要求之间形成强大的协同作用，从而最大限度地放大系统功能和实现系统目标的过程。集成成本管理作为一种先进的管理模式，能够帮助企业有效地使用成本信息和业绩数据，实施企业战略，从而增强成本竞争优势。集成成本管理系统作为一个复杂系统，其构建和应用需要企业具备一定的基础条件，同时其开发和实施的成本和风险也非常高。除了需要集成成本管理理论体系的指导外，还更需要有一套成熟的集成成本管理方法体系与集成成本管理系统模型的指导。集成成本管理是"一种新成本管理策略"②，要对管理信息成本进行集成管理，首先要依据企业的战略目标，然后识别企业内部的管理信息功能，在管理信息结构集成、管理信息系统集成、管理信息流集成的基础上，构建具体的管理信息成本集成管理策略与模式。

第二节　管理信息成本集成的基础、路径和模式

一、管理信息成本集成的基础

管理信息成本集成是企业对管理信息成本进行有效控制的前提。企业要对管理信息成本进行集成，必须实施有效的信息

---

① 陈华亭. 管理会计新方法：集成成本系统［J］. 财会月刊（会计版），2005（1）：11 – 12.

② 董桂芝. 集成成本管理模式的新视角［J］. 荆门职业技术学院学报，2007（8）：67 – 69.

资源规划和企业资源计划，对企业的业务流程进行改造和重组。信息资源规划是企业信息战略的重要组成部分，是企业信息化建设的基础性工作，也是在企业管理信息成本集成过程中必不可少的指导性工作。企业资源计划是管理信息成本集成的基础，是成本集成管理的重要平台，它形成的各种信息（包括成本信息）为管理决策提供了重要依据。

（一）信息资源规划

信息资源规划（Information Resource Planning，IRP）是指对企业生产经营所需要的信息，从采集、处理、传输到使用的全面规划。企业信息化建设的主体工程是建设现代信息网络，而现代信息网络的核心与基础则是信息资源网。企业信息资源规划，就是信息资源网建设的规划，是企业发展战略规划的延伸，是企业信息化建设的基础工程。信息资源规划是关于信息资源开发和规划的信息技术体系，由一整套方法论、标准规范、软件工具所构成，三者的关系如图7-1所示。

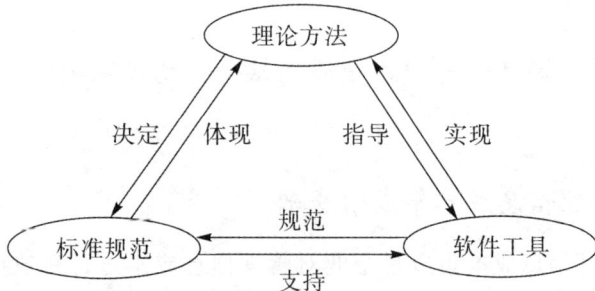

图7-1　信息资源规划体系构成及关系图

信息资源规划是按照一定的方法步骤，遵循一定的标准规范，利用有效的软件支持工具进行各职能域的信息需求和数据流分析，建立全域和各职能域的信息系统框架—功能模型、数据模型和体系结构模型，建立全企业信息资源管理（IRM）的基础标准。在这些标准和模型的指导、控制和协调下，可以进一步实施企业信息化建设的网络工程、数据库工程和应用软件工程。从而保证企业信息化建设高起点、低成本，实现信息资源整合共享的目标。

信息资源规划侧重于企业信息资源整合与应用系统集成化开发的策略方法的制定。从理论和技术创新的角度来看，信息资源规划的要点有：

（1）在总体数据规划过程中建立信息资源管理标准，从而落实企业数据环境的改造和重建工作。

（2）工程化的信息资源规划的实施方案，在需求分析和系统建模两个阶段的规划过程中执行有关的标准规范。

（3）简化需求分析和系统建模方法，确保其科学性和成果的实用性。

（4）组织业务骨干和系统分析员紧密合作，按周制订工作进度计划，确保按期完成规划任务。

（5）形成以规划元库为核心的计算机化文档，确保与后续开发工作的无缝衔接。

信息资源规划的重要作用在于解决企业管理信息化的两类问题：第一类是管理信息系统集成（integration）问题。企业已经建立了内部网，接入了国际互联网并建立了网站，计算机应用已有相当的基础，但多年来分散开发或引进的管理信息系统，形成了许多"信息孤岛"，需要进行信息资源整合，实现管理信息系统集成。第二类是管理信息系统重建（reengineering）问题。新建的企业需要建立新一代信息网络，或者企业原有管理信息系统陈旧落后需要重建，或者整套引进 ERP 软件。

（二）企业资源计划

企业资源计划（Enterprise Resource Planning，ERP）是由美国加特纳公司（Gartner Group Inc.）在 20 世纪 90 年代初期首先

提出的，它强调供应链的管理。其主要宗旨就是将企业各方面的资源充分调配和平衡，使企业在激烈的市场竞争中全方位地发挥足够的能力，实现企业物流、资金流和数据流的有机统一，从而取得更好的经济效益，为企业做出正确及时的决策提供依据。

企业资源计划系统是指对企业的人、财、物等资源进行优化配置的一种管理应用软件，是建立在信息技术基础上，以信息化的管理思想，为企业决策层及员工提供决策运行手段的管理平台。企业资源计划系统信息技术与先进的管理思想一起，成为现代企业的运营模式，反映时代对企业合理配置资源，是提高企业综合效益的解决方案。从管理思想的角度来看，企业资源计划是面向供应链（Demand/Supply Chain）的管理思想；从软件产品的角度看，它是综合应用了客户机/服务器体系、关系数据库结构、面向对象技术、图形用户界面、第四代语言（4GL）、网络通讯等信息产业成果，以企业资源计划管理思想为灵魂的软件产品；从管理系统的角度看，它是综合了企业管理理念、基础数据、人力物力、业务流程、硬件软件于一体的企业资源管理系统。

实际上企业实施企业资源计划后会有以下几个方面的优势：①重新梳理本企业的业务流程，发现问题，实现企业流程再造；②在一定意义上完成企业标准化工作；③在系统所达的范围内做到信息共享，密切协作，实现企业的可视化管理；④使企业基本完成从粗放型管理到精细管理的演进。企业资源计划项目是一个企业管理系统工程，在引入企业资源计划系统的过程中，实施是一个极其关键的环节，决定着企业资源计划效率的充分发挥。因此，企业资源计划项目只有在一定科学方法的指导下，才能够成功实现企业的应用目标。

一个典型的企业资源计划实施进程主要包括以下几个阶段：

①项目的前期工作阶段。这个阶段的工作主要包括领导层培训及企业资源计划原理的培训、企业诊断、需求分析和确定目标。②企业资源计划软件选择阶段。③实施准备阶段。在这个阶段中，要做这样几项工作：项目组织、数据准备。④系统安装调试阶段。在人员、基础数据已经准备好的基础上，就可以将系统安装到企业中，并进行一系列的调试活动。⑤软件原型测试。由于企业资源计划系统是信息集成系统，所以在测试时，应当是全系统的测试，各部门的人员都应该同时参与，这样才能理解各数据、功能和流程之间相互的集成关系，并找出不足的方面，提出解决企业管理问题的方案，以便接下来进行用户化或二次开发。⑥模拟运行及用户化阶段。这一阶段的目标和相关的任务是模拟运行及用户化、制定工作准则和工作规程。⑦验收阶段。在完成必要的用户化工作进入现场运行之前还要经过企业最高领导的审批和验收通过，以确保 ERP 的实施质量。

二、管理信息成本集成的路径

管理信息成本是现代企业成本的重要组成部分，是企业成本控制的重点。管理信息成本具有可控性和较强的可变性，如果方法得当，技术先进，手段合理，使管理信息收集、加工、处理的效率增加，有用性增强，企业既可以减少决策的不确定性，又可以降低管理信息成本；反之，可能导致决策结果的不确定性增强、管理信息成本增加。管理信息成本产生于企业内部业务流程的许多环节，管理信息成本集成既依赖于对产生管理信息成本的活动、组织和系统的集成，如管理信息结构集成、管理信息流集成和管理信息系统集成，又必须以企业现代管理方法或手段为基础，如业务流程改造、信息资源规划、企业资源计划。

管理信息成本集成是以集成管理理论为指导，以信息技术为手段，以企业网络为平台，在业务流程重组的基础上，将企业的管理信息成本集合在一起，实现成本管理与企业战略、经营管理、资源配置和绩效管理的集成，从而提高企业决策能力和成本竞争优势的活动。管理信息成本的集成既要考虑管理信息流的集成，又不能忽视管理信息结构和管理信息系统的集成。因此，管理信息成本集成应遵循以下原则：①全面性。管理信息成本集成的内容既要包括管理信息结构成本，又要包括管理信息系统成本，还要包括管理信息流成本。②战略性。管理信息成本的集成不仅仅是企业各操作与控制环节，还有企业战略管理活动过程，并且战略管理信息成本的集成对企业影响的面大、时间长。③依赖性。管理信息成本的集成需要其他相关的技术、活动、人员与组织的支撑，人员是管理信息成本集成的主体，信息技术是管理信息成本集成的工具，科学的管理方法和改造活动是基础，组织机构是管理信息成本集成的保障。④复杂性，管理信息成本的集成不仅仅是成本集成，还需要其他的诸如结构、信息流、系统、人员的集成，并且管理信息成本集成的方式因企业各有不同，整个操作过程比较复杂。⑤灵活性。企业之间总是存在许多差异，包括组织结构不同、经营方式不同、生产经营对象不同、管理模式不同等，各个企业可以根据自身的特点选择适合自己的管理信息成本集成模式。⑥跨越性。随着现代企业价值星系的产生与发展，管理信息成本的集成不应再局限于企业内部，还应跨越企业界限在整个价值星系内集成。

结合上述原则，本文认为，管理信息成本集成（Integration of Management Information Cost，IMIC）的路径主要包括以下三种：

（1）对企业日常管理过程中产生和形成的管理信息成本的集成，称之为基于控制过程的管理信息成本集成。这一集成主要针对企业内部各日常管理部门、管理人员、管理活动中产生的管理信息成本。

（2）对企业战略管理过程中产生和形成的管理信息成本的集成，称之为基于战略管理的管理信息成本集成。这主要针对企业战略管理过程中人员、组织、活动中产生的管理信息成本。

（3）对跨企业间组织构建战略联盟过程中产生和形成的管理信息成本的集成，称之为基于跨企业间组织的管理信息成本集成。它主要是对同一价值星系内的企业间在构建战略联盟过程中所有相关人员、组织机构和活动中产生的管理信息成本的集成。基于跨企业间组织的管理信息成本集成在实际操作中必须处理好一个关键问题，即管理信息成本的分配。这需要跨企业间组织确立严格的"界面规则"（组织间关系的界面规则，简单地说，就是处理组织间关系的各结点关系，解决界面各方在专业分工与协作需要之间的矛盾，实现组织间关系整体控制、协作与沟通，提高组织间关系效能的制度性规则）[①]。

管理信息成本集成的这三种路径存在着较强的内在联系，集成的成本层次不断提升，基于控制过程的管理信息成本集成的管理信息成本发生于企业内部日常管理控制过程中，基于战略管理的管理信息成本集成的管理信息成本发生于战略管理过程，基于跨企业间组织的管理信息成本集成的管理信息成本发生于企业间形成的价值星系内；集成的成本范围不断扩大，基于控制过程的管理信息成本集成和基于战略管理的管理信息成本集成的管理信息成本限于企业内部，基于跨企业间组织的管理信息成本集成的管理信息成本发生于企业间。当然，这三种不同路径的集成难度也在不断增加。

---

① 罗珉，何长见. 组织间关系：界面规则与治理机制 [J]. 中国工业经济，2006（5）：87－95.

三、管理信息成本集成的模式

管理信息成本包括管理信息结构成本、管理信息流成本和管理信息系统成本三种，管理信息成本的集成必然包含了对管理信息结构成本、管理信息流成本和管理信息系统成本的集成三部分。但这三类成本之间无论是内容上还是形式上都存在差异，因此，它们又各自存在不同的集成方式。本文构建了如下（图7-2）管理信息成本集成模式。

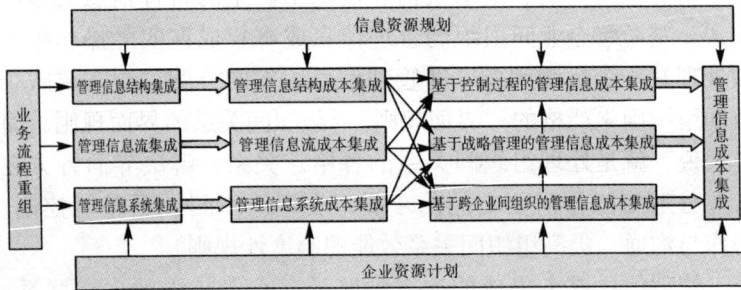

图7-2　管理信息成本集成的模式

管理信息成本集成模式呈现出几个方面的特点：①以业务流程重组、企业资源计划和信息资源规划为基础，特别是业务流程重组，它既是企业实施企业资源计划的重要环节，又是管理信息成本集成的前提；②存在一定的路径依赖，管理信息结构成本集成依赖于管理信息结构集成，管理信息流成本集成依赖于管理信息流集成，管理信息系统成本集成依赖于管理信息系统集成；③集成路径的层次性，基于跨企业间组织的管理信息成本集成、基于战略管理的管理信息成本集成和基于控制过程的管理信息成本集成在集成路径层次上是依次递减，基于跨企业间组织的管理信息成本集成高于基于战略管理的管理信息成本集成，基于战略管理的管理信息成本集成高于基于控制过程的管理信息成本集成；④成本集成的范围各有不同，基于跨企业间组织的管理信息成本集成的范围是企业联盟内因跨组织信息系统所产生的成本，基于战略管理的管理信息成本集成的范围包括企业内部战略决策所需的管理信息产生的成本，基于控制过程的管理信息成本集成的范围是企业管理控制过程及作业管理过程所发生的管理信息成本；⑤集成的动态性，在现有模式下的集成是一种动态集成，主要表现在两个方面：一是集成对象的动态性，因为管理决策所需管理信息在不同时间、不同项目中有所不同，也就意味着管理信息成本包括的具体成本内容不同，二是集成路径的动态性，因为不同管理层次的成本信息需要是不确定的、动态的，所以所选择的集成路径也不同。

第三节　管理信息结构成本集成

一、管理信息结构成本集成与管理信息结构集成

　　管理信息结构成本是基于管理信息组织结构的人员、活动等发生的支出，不同的管理信息组织结构对管理信息成本有着不同的影响，直线型的、扁平化的、职能型的或综合型的组织结构对管理信息的需求不同，管理信息的传递途径也不一样，最终会形成不同大小的管理信息结构成本。因此，为科学控制管理信息成本，必须进行管理信息结构集成。

　　管理信息结构集成是指在识别企业管理信息功能单元的基础上对企业的管理信息结构实施集成，以达成企业管理信息要素优化配置和整体功能最优的目的。企业管理信息结构集成的前提是对照企业的信息战略，审视企业现有的信息机构，确定管理信息结构集成的方案。管理信息结构集成与管理信息结构

成本集成两者有着密切联系。

1. 管理信息结构集成是管理信息结构成本集成的基础。管理信息结构集成是一种以功能单元为基础的集成，但每一功能单元发挥作用时都会产生成本，形成管理信息结构成本。管理信息结构成本发生于管理信息结构内，源于管理信息结构单元的各种活动。因此，管理信息结构成本集成必须依赖于管理信息结构集成。管理信息结构中不同的功能单元在发生活动时产生的成本会因管理信息结构的集成而更易控制，即集成后的管理信息结构可以实现管理功能的优化和管理效能的提高，达到既定成本下效用最大化或既定效用下成本最小化目的。但实现了管理信息结构集成并非完全实现了管理信息结构成本集成，因为管理信息结构各功能单元所发生的成本只有采用一定方法和方式进行归并后才能实现管理信息结构成本的集成。

2. 管理信息结构成本集成影响着管理信息结构集成。管理信息结构集成的效果如何，是否能实现集成目标，达到预期效果，管理信息结构成本是一个重要衡量指标。集成后的管理信息结构成本相对于以前在成本数量上是否更低，在成本计量上是否更准确，在成本控制方面是否更科学合理，这些都反映了管理信息结构成本集成的效果。管理信息结构集成作为管理信息结构成本集成的基础，成本集成的效果好坏基本上反映出了结构集成的效果，也会影响着结构集成的方式，促进管理信息结构集成的优化。

因此，管理信息结构成本集成与管理信息结构集成两者之间相互影响着。管理信息结构是管理信息结构成本发生的主体，也是管理信息结构成本分配的客体。管理信息结构集成是管理信息结构成本集成的基础，直接影响到管理信息结构成本的集成水平和效果；管理信息结构成本集成又会反作用于管理信息结构集成，管理信息结构成本集成效果的优劣决定着能否促进管理信息结构集的优化。

二、管理信息结构成本集成的前提

（一）管理信息结构集成

1. 管理信息结构集成的理论分析

针对企业管理信息结构的缺陷和相对滞后，西方的信息资源管理学家从 20 世纪 80 年代起便开始研究相应的理论和解决方案，并构建了不同的理论架构（霍顿，1985；马尔尚和克雷斯莱因，1988；波尔，1994；科塔达，1998；沃德和格里菲思，1996；伯杰龙，1996）。国内信息资源管理理论研究很少涉及企业管理信息结构中的问题，业务流程集成研究也大多没有深入到管理信息结构的层面，中国社会科学院管理学霍国庆和黄艳华（2001）、裴中阳（1998）在信息结构集成方面进行了一些探索。

（1）信息战略管理与管理信息结构的互动

企业战略管理理论中有"结构追随战略"之说，其意是指战略与结构之间存在着一种互动关系，这种互动关系本身对应着战略制定与战略实施之间的关系。一般而言，企业组织结构包含着既定战略框架内企业要做的工作以及完成这些工作的方式，包含着企业的汇报关系、工作程序、控制结构、授权和决策过程，决定着管理者的工作方式和决策模式（伊特，爱尔兰和霍斯金森，2003）。从某种意义上说，企业组织结构的内涵是由企业战略决定的，但企业组织结构一旦确定以后，又会影响当前的战略行动以及未来战略的选择。从理论上讲，每一个战略都应有适合它的组织结构，当战略变化时，企业同时应该考虑改变其组织结构以支持新的战略，这种互相适应的过程也称为企业组织结构与战略的匹配。

美国著名的战略管理学家 A. 钱德勒在其代表作《战略与结构》一书谈到，企业似乎总倾向于维护现有的组织结构和工作关系，只有在效率低下时才会被迫改变他们的组织结构，此外，企业的高层管理也总是讳言组织结构方面的问题，因为这样做意味着他们以前的选择并非最佳选择（钱德勒，1962）。钱德勒的分析同样适用于信息管理领导。当信息化战略在我国企业风起云涌时，很多企业只是简单地制定了自己的信息战略，试图实施信息化战略管理，而没有分析企业应拥有哪些信息部门、这些信息部门所组成的信息结构是否支持企业的信息战略等问题。企业信息战略管理的首要任务是消除信息孤岛、实现信息资源共享、降低管理信息成本和提高管理信息效益，而实现这个任务不仅需要建设可共享的管理信息基础结构和管理信息系统，而且也需要集成企业的信息组织，形成能够支持企业信息战略管理的合理的管理信息结构。

根据组织结构理论，企业管理信息结构至少应包括三方面内容：一是汇报关系，即企业管理信息结构与企业组织结构之间的关系，其体现形式主要是企业信息组织的领导者——信息主管（Chief Information Officer，CIO）与企业最高决策者（CEO或董事长）之间的关系；二是控制结构，主要是指信息组织内部的从属关系；三是工作结构，主要指信息组织内部的分工与合作关系。企业管理信息结构不同于企业财务结构与人力资源结构：财务结构和人力资源结构虽然也渗透在所有企业活动中，但相对容易识别和集成；管理信息结构在不同的企业中有很大的区别，由此决定的管理信息结构集成也有很多变数。

（2）信息孤岛治理与管理信息结构集成

集成管理从起始就是信息资源管理的核心观念之一。在1985 年，美国信息管理学家霍顿就认为，信息资源管理是一个集成概念，它融不同的信息技术和领域为一体，这些技术和领域包括管理信息系统、记录管理、自动数据处理和电子通信网络等。这些领域和职业在 20 世纪六七十年代是相互隔离和分散的，但它们必定重新聚合在一起。（霍顿，1985）美国信息管理学家马尔尚和克雷斯莱因（1988）更详细地划分了公共机构中信息资源的管理功能，认为它们包括数据处理、电子通信、文书和记录管理、图书馆/技术信息中心、办公自动化、研究/统计信息管理、信息服务/公共信息办公室等（见图7-3），并形象地称它们为"信息孤岛"。

图7-3 组织中信息孤岛结构

马尔尚和克雷斯莱因认为，为了在信息孤岛之间架上桥梁，需要组织制定一种能够提供指导方向并具备灵活性的管理战略，该战略的制定要遵循五个基本原则：①确立"信息是组织资源"的观念，信息是一种具有成本和价值的资源而不是"免费食物"；②在利用信息资源和信息技术时必须权责分明，明确各自的权利和义务是什么、如何确保合作与资源共享等内容；③业务规划与信息资源规划必须紧密地联系起来；④必须对信息技术实施集成管理；⑤最大限度地提高信息质量、改进信息利用和促使信息增值是组织的战略目标。

马尔尚和克雷斯莱因还进一步提出了信息资源集成管理的模型（见图7-4）。在模型中，信息孤岛统一在信息资源管理主任的领导之下或者说统一在信息资源管理的目标之下，经过集成的信息功能之后建立起了内在的联系，一体化的组织信息结构基本形成。

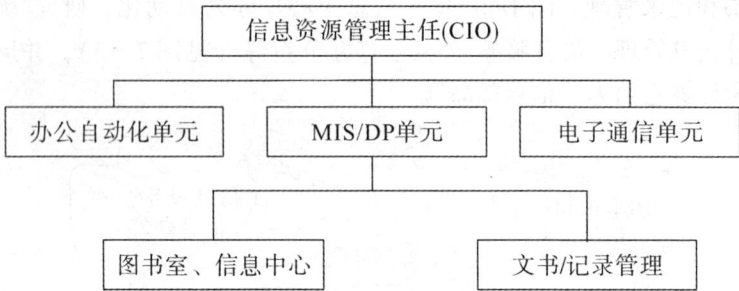

图7-4　信息资源集成管理框架

（3）信息技术与业务调配理论

美国信息战略学家波尔在国际商业机器公司咨询人员解释信息技术和业务战略关联的模型的基础上，提出了信息技术与业务调配的概念模型（见图7-5）（波尔，1994）。

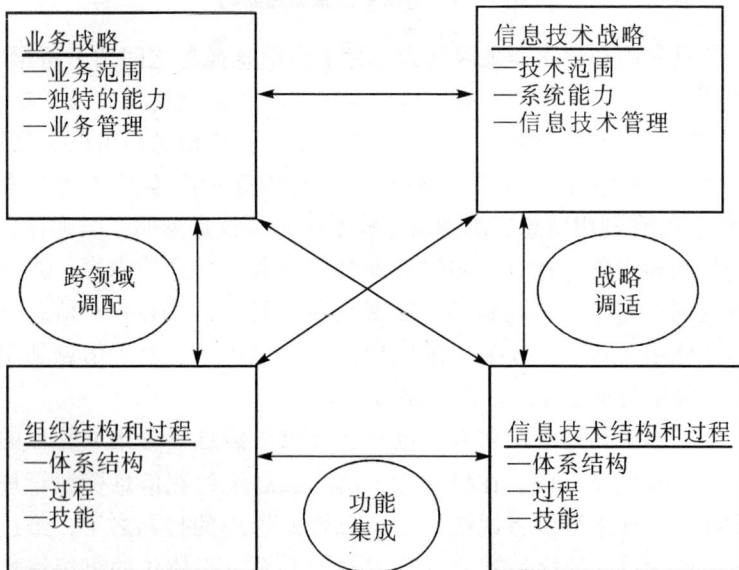

图7-5　信息技术与业务调配的概念模型

"调配（alignment）"其字面意思为调适、匹配。波尔（1994）认为，"调配"是指这样一种现象：当事物处于调配状态时，它们能够自然地、协调地相互作用以实现共同的目的，它们之间不存在摩擦也不存在阻力，它们能够完美地彼此互补和增援，它们实际上已合为一体。当一个企业处于调配状态时，其所有的功能或过程都能根据共同的目标或业务范围连结在一起；一个企业作为一个整体又必须与市场需求相调配，必须与其供应链相调配。对于 IT 功能与业务的调配而言，首要的问题是 IT 功能必须与业务范围实现调配，通过这种调配使企业的所有功能和过程都能以卓越的方式为顾客服务。企业在实现信息技术战略的过程中，信息技术战略一方面需要转化为企业的信息技术基础结构，另一方面还要转换为企业的信息组织结构，信息组织结构是实现信息战略和的组织基础。调配不是一种静止的状态，而是一个动态平衡的过程，是企业业务战略、信息战略、企业组织结构和信息结构之间的连续匹配的过程。因此，调配也是一种集成过程。

（4）集团公司管理信息结构集成理论

1998 年，我国学者裴中阳在《集团公司运作机制》一书中提出"集团公司新型组织模式构想"（见图 7－6）。在该模式中，企业所占用的全部资源被归纳为人力资源、信息资源和财务资金资源三大类，相对应的新型公司组织结构的主体因而也包括人力资源开发中心、信息资源开发中心和财金资源开发中心三大板块，公司原有的职能部门均归于这三大中心之下，另设监察审计部，全面负责人事、财务和信息（保密）方面的监控。应该说，裴中阳先生所构想的集团企业组织结构特别是其中的信息资源开发中心是符合企业信息结构集成的理论思维的，这种构想可以看作是现代企业信息管理实践的升华和理论抽象。

```
                    ┌──────────────┐
                    │    股东大会    │◄─────────┐
                    └──────┬───────┘           │
                           ▼            ┌────────────┐
                    ┌──────────────┐    │   监事会    │
                    │    董事会      │    └────────────┘
          ┌─────────┴──────┬───────┘
┌──────────────┐          │            ┌────────────┐
│   审议委员会   │◄─────────┤            │  咨询委员会  │
└──────────────┘          ▼            └────────────┘
                    ┌──────────────┐
         ┌──────────┤    总裁       ├────┐  ┌────────────┐
 监       │     ┌────┴──────┬───────┘    │  │  总裁办公室  │
 察       │     │           │            │  └────────────┘
 审       ▼     ▼           ▼            ▼
 计  ┌────────┐ ┌────────┐ ┌────────┐
 部  │人力资源开│ │财金资源开│ │信息资源开│
     │发中心   │ │发中心   │ │发中心   │
     └───┬────┘ └───┬────┘ └───┬────┘
```

| 流动部 | 培训部 | 后勤部 | 计财部 | 融资部 | 结算部 | 网络部 | 公关部 | 发展部 | 子公司 | 关联企业 |

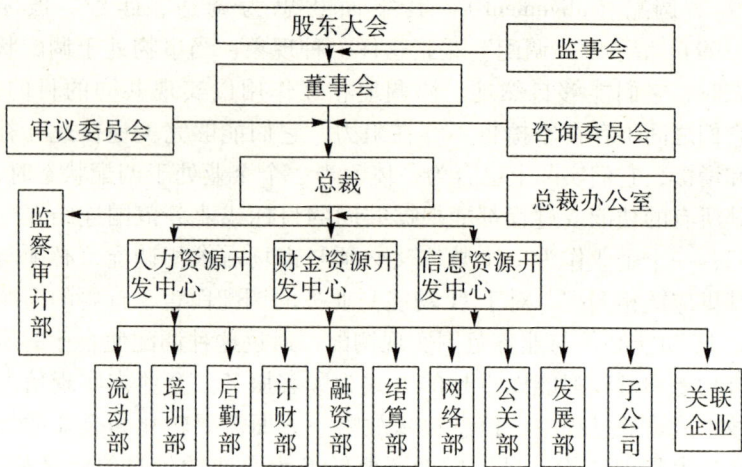

图 7-6　集团公司新型组织模式构想

2. 管理信息结构集成的步骤与模型

（1）管理信息结构集成的步骤

企业管理信息结构集成的理论前提是从战略的角度评估企业的信息需求，然后根据企业整体的战略信息需求设计企业的管理信息功能。企业管理信息结构集成建立在广泛的企业内部和外部分工与合作的基础上，集成后的企业管理信息功能必须考虑企业的任务、目标、战略、威胁与机会、优势与劣势、战略价值流、核心竞争力等企业整体事宜及其引发的信息需求。管理信息结构集成实际上是管理信息功能集成，结构是功能的载体。中国社会科学院霍国庆教授（2004）提出，信息功能集成是指在识别企业信息功能单元的基础上对企业的信息结构实施优化组合。企业内部管理信息功能的集成管理可以分四步。

第一步，识别企业内部所有的信息功能单元，并抽象或分离出管理信息功能单元。一个企业内部的信息功能单元有很多，有的是因管理而设，有的因技术而设，有的因营销而设，该步的关键是识别管理信息功能单元。

第二步，确立企业管理信息功能的形成机制，即明确企业应该拥有哪些管理信息功能，哪些管理信息功能应该外包或由社会或社区承担。

第三步，区分管理信息功能单元的职责并集成。企业所拥有的管理信息功能单元，如战略规划小组、信息研究室、信息中心等之间都存在不同程度的职责交叉问题，因此，它们可以精简归并，集成为权、责、利不重叠的单元。

第四步，构建管理信息功能集成系统。将经过集成的管理信息功能单元依据它们之间的内在关联结构有机地连接起来，置于信息主管的统一领导之下。经过上述识别、确立和区分管理信息功能单元之后，企业所有的战略信息管理功能单元可以归并为战略管理中心、信息资源中心、信息技术中心三大板块。

（2）管理信息结构集成的模型

企业管理信息结构集成主要服务于企业战略，企业战略不同会形成不同的管理信息结构。一般而言，集成后的战略信息中心的构成因企业的发展阶段和规模而异（见表7-1）。

表7-1　　企业发展阶段、规模与管理信息结构

企业规模＼发展阶段	成立初期	发展壮大期	稳定发展期
小型	信息技术中心	信息技术中心	信息技术中心
中型	信息技术中心、战略管理中心	信息技术中心、信息资源中心、战略管理中心	信息技术中心、信息资源中心、战略管理中心
大型	信息技术中心、信息资源中心、战略管理中心	信息技术中心、信息资源中心、战略管理中心	信息技术中心、信息资源中心、战略管理中心

对小型企业而言，其管理信息结构中可能一直都只有信息技术中心；对大型企业而言，可能战略管理中心、信息资源中心、信息技术中心三大板块一直都存在并发挥着作用，并且三个中心之下还需细分，其结构如图7-7所示。

管理信息结构所辖的三个中心之间是一种分工互补关系：战略管理中心主要负责战略信息资源的收集、分析、协调以及战略规划方案的制订，包容现有的战略规划部门、竞争情报部门、企划部、研究部、企业信息化领导小组等信息机构；信息资源中心主要负责战略信息资源的收藏、组织、再加工、传播和咨询，包容现有的科技图书馆、档案馆、数据库中心、网络资源中心、信息编辑部门等信息机构，信息技术中心主要负责信息系统的开发、运行、维护、发展、安全以及电子通信，包容现有的计算机中心、电子通信中心、电子商务中心以及网络部等信息机构。

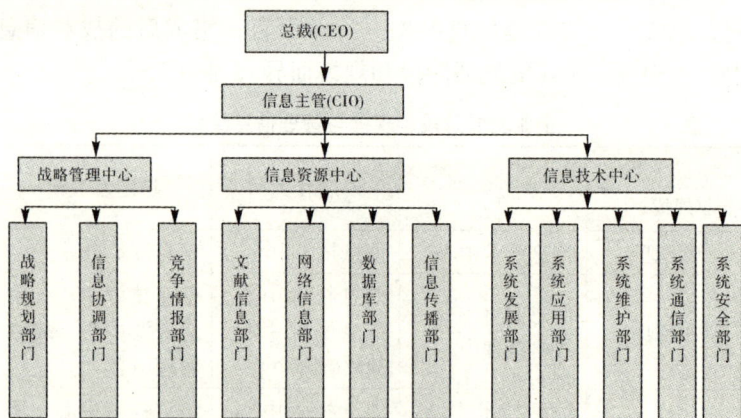

图7-7　企业管理信息结构集成模型

（二）管理信息结构集成的成本体现

根据前面论述内容我们可以发现：①不同的管理信息结构

有不同的集成方式和对象，也会产生不同内容的管理信息结构成本。②管理信息结构是管理信息结构成本产生的主体和分配的载体，管理信息结构集成过程实现了管理信息结构成本的集成。因为，管理信息结构成本是管理信息组织结构所产生的费用，包括组织的日常业务活动费用、员工的工资及福利支出等。将集成后的管理信息组织结构所发生的成本进行统一汇总与归集，也就完成了管理信息结构成本的集成。③管理信息结构集成和管理信息结构成本集成有着共同的价值目标，即通过管理信息结构的集成实现管理效率和效果的提高，降低管理信息结构成本或提升管理信息组织结构的价值创造能力，实现成本控制和价值创造目标。

因此，管理信息结构成本的集成是对管理信息结构所发生的成本进行的集成，是管理信息结构集成在成本上的体现。从某种程度上来说，管理信息结构的集成实质上是对管理信息结构成本的集成。

三、管理信息结构成本集成的原则与路径

（一）管理信息结构成本集成需要处理的几大关系

企业信息化过程中，为了适应不同历史阶段的发展需要和响应不同的信息部门的要求，很多企业都建立了一系列信息组织，并由此产生了不同的管理信息结构成本。但由于许多信息功能单元是为适应不同阶段的社会潮流而设置的，并且部分是"企业办社会问题"在信息功能领域的体现（霍国庆，2004），而不是根据企业整体的战略需求而设计的，缺乏统一的规划，没有能够像财务系统那样统合起来形成一个有机的信息功能系统，因此不仅没有促进企业的信息化建设和提高企业管理效率、效果，反而严重阻滞了企业的信息进程，增加了企业的管理信息成本，降低了管理信息化的效率和效果。因此，企业必须实

事求是地就企业现有信息机构存在的必要性进行成本效益分析，在管理信息结构成本集成过程中处理好几大关系。

企业管理信息结构成本集成需要处理好企业信息组织与社会信息组织的关系。企业是社会的组成细胞之一，是社会系统中生产价值的功能部分，企业的某些信息需求理应由社会信息组织来满足，譬如，企业员工的一般性文化、教育、技术、娱乐及其他信息需求就可以通过某种合作方式由社会性的公共图书馆或社会图书馆来满足。其次，企业应当充分利用法律规定的权利，充分利用政府部门信息组织的信息资源。原则上，向公众开放的政府部门的信息资源企业可以尽量少收藏、多利用。再次，企业在成本效益分析的基础上，可以把一些管理信息功能外包给社会相关研究机构或高校中的研究组织，行业信息资源的收集和分析功能可以外包给行业协会或对口的行业管理部门的研究机构，某些竞争对手的竞争情报收集和分析功能可以外包给一些社会关系广泛的情报公司，市场调查及市场分析功能可以外包给专业调查公司或咨询公司，专利信息资源的追踪和分析可以外包给专利服务公司，文献信息的查阅、跟踪、汇总和分析功能可以外包给专业信息服务商，等等。最后，企业信息组织要确立与社会信息组织之间的多重互补关系，并在互补的基础上确立自身的核心功能。

企业管理信息结构成本集成还要处理好企业信息组织与企业业务单元或事业部的信息功能之间的关系。集成之后的企业信息结构仍然采取集中—分布式结构，集中的部分是企业的战略信息功能，需要分散处理的则是企业的操作信息部分。

企业管理信息结构成本集成还涉及企业信息人员的优化组合和分流问题，这是集成中最好处理又最难处理的问题。因为，信息人员的能力、素质及岗位的适应性直接影响着管理信息结构成本集成的效果、决定着企业管理信息的有效性、影响着管理信息成本的高低。如何把信息人员安排在信息收集、传递、反馈或日常信息管理等不同环节的岗位上考量着企业的管理层的能力和水平。

企业管理信息结构成本集成实际上也是重建企业的核心信息功能、外包非核心信息功能和裁减冗余信息功能的过程，是集中内部的有限资源和利用外部近乎无限的信息资源的过程，是为企业信息战略管理提供组织支持的过程。

（二）管理信息结构成本集成的原则

1. 动态性

管理信息结构成本集成以管理信息结构集成为基础，而管理信息结构会随着企业组织形式、业务范围、规模大小、发展阶段而发生变化，管理信息结构集成也会随之变化，因此，管理信息结构成本集成无论是对象、数量，还是形式上都不是一成不变的，它会随着管理信息结构的变化而改变。

2. 层次性

管理信息结构成本的集成是基于管理信息结构所发生的成本，而企业的管理信息结构有明显的层次性，高、中、低层的管理信息部门形成了不同属性的成本，为有效控制这些成本，需要对它们进行有效集成管理，使得管理信息结构成本的集成呈现出层次性。本文认为，管理信息结构成本有三个层次，即一般管理信息结构成本、战略管理信息结构成本和跨企业管理信息结构成本。但由于跨企业管理信息结构成本与一般管理信息结构成本和战略管理信息结构成本之间较难区分，也可以分为一般管理信息结构成本和战略管理信息结构成本两个层次。因此，管理信息结构成本的集成也就包括一般管理信息结构成本集成和战略管理信息结构成本集成两个层次。

3. 系统性

管理信息结构成本集成属于企业集成管理系统中的一部分，

需要综合考虑其他集成子系统，如管理信息系统、财务与会计系统、生产与销售系统、人事与规划系统等。在企业管理系统中只有将其他系统与管理信息结构进行正确区分，才能准确识别管理信息结构成本，也才能实现管理信息结构成本的集成。

（三）管理信息结构成本集成的路径

管理信息结构成本集成是在管理信息结构集成的基础上，从企业战略的角度对管理信息结构成本进行集成管理。以管理信息结构集成为基础，按照动态性、层次性和系统性原则，可以按以下路径（如图7-8）对管理信息结构成本进行集成。

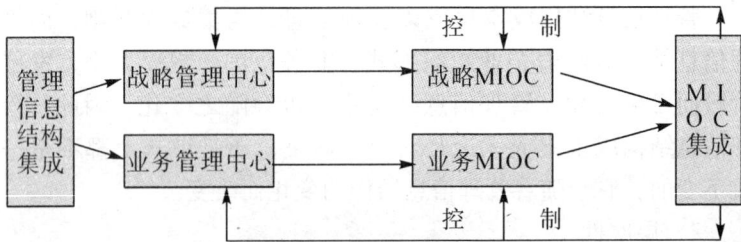

图7-8　管理信息结构成本集成的路径

第一，根据管理信息功能单元构建管理信息结构集成系统。管理信息结构集成是管理信息结构成本集成的基础，只有对管理信息功能单元的职责进行了区分并集成，才能减少功能单元，降低各功能单元发生的成本，并降低管理信息结构成本集成的复杂性。

第二，根据功能或作用的不同，将各管理信息功能单元发生的成本进行归集。

第三，识别作业类型，根据作业的不同，对管理信息结构成本进行分析、控制。

可以看出，管理信息结构成本集成依赖于管理信息结构的集成，通过管理信息结构集成可以将管理信息功能单元分为战略管理中心和业务管理中心，将这两个中心发生的信息成本进行归集和控制，即实现了管理信息结构成本的集成。从集成路径也可以看出，集成后的管理信息结构所发生的成本，通过归集也就实现了管理信息结构成本的集成。

第四节　管理信息流成本集成

　　管理信息流成本是企业在管理决策过程中，由于管理信息不对称和信息不完全而对外购买信息商品、搜寻管理信息产生的费用，实质上也是企业外购各种管理信息流（集合）形成的成本。为有效控制管理信息流成本，企业必须对管理信息流（集合）在集成的基础上进行集成管理，这样就既明确了管理信息流成本的发生对象，也有利于加强对管理信息流加工、处理费用的控制。因此，管理信息流是引致管理信息流成本发生的重要原因，管理信息流的集成是对管理信息流成本进行集成管理的基础。

一、管理信息流集成

　　（一）业务流程重组与管理信息流集成

　　管理信息成本的集成需要对管理信息流进行集成，而管理信息流的集成依赖于业务流程重组。业务流程是为了实现特定的业务产出而必须执行的一组逻辑上相互关联的任务的统称。它有两个重要特点：一是有明确的顾客，这些顾客可以是企业内部的也可以是企业外部的；二是跨越组织边界，即业务流程发生在组织的业务单元之间及其业务伙伴之间。

　　一般认为，每一个业务流程都是由人、信息流、物流、资金流等组成。这些要素可以归纳为流程主体和流程客体两大类：

人是业务流程的主体，其他要素是业务流程的客体。因为，在业务流程运作的平台——设施上，人是设计、运作、调整和改造业务流程的主体，物流、资金流和信息流是业务流程运作的对象。

在信息技术条件下，业务流程的核心要素可以进一步整合为物流和信息流两大类，物流是基础，信息流是核心，物流是信息流的载体，信息流是物流控制的依据。这样信息流和物流的分离就为业务流程重组提供了一种新的理论视角，业务流程重组据此可以分为两个层面：一是信息流程重组，二是以物流为主体的业务流程重组。而在信息流中，管理信息流是主体。信息流程重组的重要内容是管理信息流的重组。

管理信息流集成是以现代技术为支撑，以科学管理为依据，通过业务流程的改造，将管理信息进行汇并和分配，有效地渗透进企业管理的过程。通过管理信息流集成，企业可以提高管理信息的有效性，提高信息作用的效率和效果。其主要意义体现在以下几个方面：①降低风险。管理信息流集成要求应用现代信息技术对业务流程进行创新，它能在一定程度上降低企业实施业务流程重组的不确定性，进而降低风险。②降低成本。管理信息流集成是以管理信息为研究对象，通过规则制定，信息技术运用，能对原有复杂的信息进行过滤、清理和整合，既能降低管理信息成本，又能减少无效管理信息产生的损失。③提升管理效率和效果。管理信息流集成的关键是提高管理信息的有效性，使管理信息在管理过程中发挥作用，降低决策风险。

（二）管理信息流集成及其特征

管理信息流与业务流程是企业中的两种客观存在。在企业内部，上下级之间计划指令的传达、各部门之间的沟通都是管理信息流的表现形式。而业务流程是为顾客创造价值的逻辑相关的一系列活动，是构成企业的基础单元，企业的运作就是由许多业务流程来实现的。企业内部管理活动的业务流程与管理信息密切联系，每一个管理业务流程都必然内含着一个管理信息流成本，而这些管理信息流成本都是相互关联的。

在企业实施信息化进程之前，管理信息流与内部业务流程是一体的，管理信息处理与内部业务活动是同一过程；一旦企业开始信息化，管理信息流就要从业务流程中剥离出来，以便在管理信息系统中运行，这时的管理信息流和业务流程就分离了。管理信息由管理信息系统操作，内部业务流程由人来操作。但是，在现代信息技术的支撑下，管理信息与内部业务流程可以在信息化平台上实现一体化。信息化平台的搭建依赖于业务流程集成（BPR）。企业的业务流程集成可分为两个阶段：首先是信息层面的流程集成即管理信息流集成（Management Information Process Reengineering, MIPR），然后是实体业务流程集成阶段。因此，管理信息流集成就是根据企业的战略管理目标对内部业务流程内含的管理信息流进行优化组合的过程。

管理信息流集成是与业务流程集成对应的一种理论和实践，它既是业务流程集成的理论抽象，同时又是业务流程集成实践的理论指导，管理信息流集成的结果还是企业管理信息系统的内在依据和逻辑基础。

管理信息流集成也体现了信息资源集成管理的思维，也是管理信息成本集成的基础，没有管理信息流的集成，就没有管理信息成本的集成。管理信息流集成过程始于现有业务流程的分解和管理信息流的提取，重点是根据企业战略管理目标、业务流程原理和信息技术要求对管理信息流要素和结构进行优化，目的是为企业业务整合、管理战略重构与实施、管理信息成本集成结构的形成提供内在的基础结构。

王能元和霍国庆（2004）认为信息流集成存在三种路径，

即基于价值链的信息流集成、基于大规模定制的信息流集成和基于虚拟企业的信息流集成①。因此，管理信息流集成的基本思路如下：首先按照企业的战略管理目标识别企业核心信息流程，并将管理信息与其他信息区分开来；然后，依据企业生产经营规律和管理信息流自身的规律并借助信息技术重新设计管理信息流的结构，形成企业的管理信息流程图；最后，通过利用管理信息流程与业务流程的对应关系来指导实体流程集成过程，尽可能降低集成的风险和成本。

管理信息流集成的主要特征包括：①战略性。管理信息流集成作为业务流程集成的前期规划阶段，它必须遵从企业的战略管理目标，根据企业战略管理的需要来选择和确定管理信息流，并对管理信息流进行整体优化组合，指导和带动实体业务流程集成过程，实现企业资源的合理配置和最优利用。②复杂性。管理信息流集成需要对企业的各种信息进行识别，以明确管理信息，这具有较大的不确定性和模糊性，因为管理信息与其他信息有时难以区分。③信息技术依赖性。正是有了信息技术，管理信息流才能从业务流程中分离出来并相对独立运行。

二、管理信息流成本集成的路径

管理信息是基于企业内部管理、内部业务流程而言的，而企业信息是基于企业内外部各种业务流程的。在管理信息流集成的基础上，伴随着管理信息流的集成，管理信息流成本也实现了集成。因为在管理信息流的运动过程中，管理信息成本也随之转移，只是在不同管理信息流程中，管理信息成本转移到了不同层面的管理活动中。因此，管理信息流成本集成的主要路径包括：

---

① 王能元，霍国庆. 信息流集成模型研究［J］. 南开管理评论，2004（3）：69-73.

（1）通过企业内部各管理与控制环节解构、优化与重构实现管理信息流成本集成，这是基于企业操作与控制层面的集成路径，即基于操作层面的管理信息流成本集成；

（2）通过企业内部价值链的解构、优化与重构实现管理信息流成本集成，这是基于企业内部资源价值创造的集成路径，即基于价值链的管理信息流成本集成；

（3）通过企业战略管理目标的制定、实施与达成实现管理信息流成本集成，这是企业基于战略管理而形成的一种战略形态的集成路径，即基于战略管理的管理信息流成本集成；

（4）通过探索跨企业间组织经营模式实现管理信息流成本集成，这是企业升级转型之后形成的一种更高形态的跨企业资源优化集成路径，即基于跨企业间组织的管理信息流成本集成。

管理信息流成本集成的这四种路径是由其主要目的决定的，四种路径之间本身也存在内在关联，从操作层面集成到价值链创造，再到战略集成和跨企业间组织集成，集成的范围不断扩大，由企业内部扩展到企业间；集成的层次不断提高，由操作层面到战略层面；集成的难度不断增强，由企业内部环节和部门发展到跨组织间同一价值星系内的集成。

第五节　管理信息系统成本集成

在企业管理决策所需管理信息过程中，除了管理信息资源、管理信息组织结构发生的成本外，因搜寻、加工、传递、存储管理所需的管理信息系统也会发生成本，即管理信息系统成本。管理信息系统成本的集成建立在管理信息系统集成的基础上，因为管理信息系统所产生的费用构成了管理信息系统成本，因此，管理信息系统的集成是管理信息系统成本集成的前提和基础。

一、管理信息系统及其功能

管理信息系统（Management Information System，MIS）是在电子数据处理系统（Electronic Data Processing System，EDPS）的基础上发展起来的。电子数据处理系统侧重于处理企业操作层的数据，而管理信息系统侧重于从管理层的角度对企业生产、经营和管理进行定量化处理和分析。管理信息系统在企业组织中有多种不同的应用形式，而这些形式都与企业的组织职能划分相对应，如市场营销系统、财务系统、生产系统、库存系统、人力资源管理系统等。物料需求计划（Material Requirement Planning，MRP）系统和制造资源计划（Manufacturing Resource Planning，MRPⅡ）系统是管理信息系统的发展和典型高级别应用形式。

管理信息系统的主要功能有：①支持企业业务管理过程，将处理结果以数据库的形式进行统一存储。②支持企业管理过程。管理信息系统对大量的数据和管理信息进行查询和统计，并以报表或图形用户界面的方式输出，使管理者能有效地掌握职能部门内的关键数据和综合信息，为管理者做出结构优化和程序化决策提供信息支持。

从理论上来说，管理信息系统属于高阶系统，其主要服务对象是企业的管理层，它包含了电子数据处理系统的事务处理和数据计算功能。在实际应用中很多管理信息系统更多地关注对企业管理层的业务支持，所开发的管理信息系统直接从企业的管理层切入，而忽视了 IDPS 的基础数据计算和处理功能，结果造成了大量管理信息系统应用的失败，这也是信息技术"黑洞"发生的主要原因之一。

管理信息系统主要依赖于两个方面：一是计算机硬件系统的发展和应用，二是数据库理论的提出和基于数据库管理系统的应用软件的开发，降低了企业开发和应用管理信息系统的难度和实施成本。在此基础上，通过对职能部门内的业务活动进行综合处理和分析，管理信息系统实现了企业职能部门内的集成管理。如财务管理信息系统通过应收账管理、成本计量、预算控制、固定资产管理、应付账管理、现金管理和总账管理等功能模块实现了财务部门的资金信息集成管理（肯尼思 C. 兰登、简·P. 兰登，2003）。但是，依据企业职能部门划分而建立相应职能模块的管理信息系统存在两大缺陷：一是按企业职能分工开发管理信息系统必然造成其各子系统之间相互隔离，从而形成大量的"信息孤岛"；二是管理信息系统仅仅实现了对企业职能部门的信息管理，缺乏企业管理知识和经验的有效集成，对企业战略决策部门的支持作用相当有限（霍国庆，2004）[1]。

二、管理信息系统集成的内容

企业信息系统集成源于计算机集成制造（Computer Integrated Manufacturing，CIM）（约瑟夫·哈林顿），其内涵有两个观点：①企业生产经营的各个环节包括市场分析、产品设计、加工制造、经营管理和售后服务等是一个不可分割的整体，必须紧密相连、统筹考虑；②整个生产过程实质上是一个数据的采集、传递和加工处理过程，最终产品可以看作是数据的物质表现（马士华等，2000）。计算机集成制造是信息技术与生产技术的集成，当一个企业按照计算机集成制造的原理组织整个企业的生产经营活动时，就构成了计算机集成制造系统（Computer

① 霍国庆，等. 企业信息资源集成战略理论与案例 [M]. 北京：清华大学出版社，2004：161－162.

Integrated Manufacturing System，CIMS）。管理信息系统集成是企业计算机集成制造系统的一项重要内容，它是以企业管理为重心，通过信息技术与管理技术相结合，实现对管理信息的科学组织和优化配置。

管理信息系统的集成主要包括以下内容：

（1）系统运行环境的集成。主要是指不同硬件设备、操作系统、网络操作系统、数据库管理系统及其他支撑软件的集成，集成的产物是一个统一的高效协调运行的系统平台。

（2）管理信息的集成。主要指对整个企业管理信息进行总体规划，设计建立统一的数据库系统，使不同部门、不同层次的人员都能够共享管理信息资源。

（3）技术方法的集成。主要是指管理信息系统开发、运行和管理的各种技术和方法的集成，包括数据库技术、多媒体技术等。

（4）人和组织的集成。管理信息系统集成要求企业成立相应的机构，其人员由信息技术部门人员、信息资源管理部门人员和企业管理决策层人员等组成，管理决策层领导要参与集成过程，所有管理者和操作人员都要具有集成观念。

通过对管理信息系统集成，实现了软件与硬件的结合，人员与设备的结合，信息与方法的结合，使管理信息系统运行的效率和效果得到提升。与管理信息系统相随的是管理信息系统成本，它是管理信息系统运行过程中发生的软硬件支出、组织活动支出、维护升级支出、员工薪酬支出等。因此，管理信息系统是管理信息系统成本发生的载体，管理信息系统集成是管理信息系统成本集成的基础；管理信息系统集成成功，也就意味着管理信息系统成本集成的目标实现了。

三、管理信息系统成本集成

（一）管理信息系统成本集成的内容

通过管理信息系统集成的内容我们可以看出，管理信息系统所发生的成本主要有三部分，即软硬件费用、人工费用和活动费用：①软硬件费用，是指企业构建管理信息系统所购买或租赁的硬件设备、操作系统、网络操作系统、数据库管理系统及其他支撑软件费用及相应的折旧费，也包括软硬件升级、备用硬件和耗材的费用；②人工费用，主要包括管理信息系统的软硬件在运行中相应操作人员的工资、福利等费用；③活动费用，是指为提供管理决策所需的信息而运用管理信息系统进行加工、传递、存储并对系统进行维护所发生的支出。前两部分成本在一定企业规模下基本固定，第三项成本一般随着管理信息业务活动多少、繁杂而变化。因此，管理信息系统集成的目的是减少系统的软硬件及人员数量，减少维护、运行、管理等活动，提高系统运行效率；相应地也就减少了管理信息系统成本，实现了管理信息系统成本集成。

（二）管理信息系统成本集成的特点

管理信息系统成本是源于企业管理信息系统的软硬件费用、人工费用和活动费用，它们的集成具有三大特点：①以管理信息系统集成为基础。通过管理信息系统的集成减少了企业信息化过程中的软硬件投入、人员数量，提高了系统运行效率，不仅减少了整个系统成本，而且以系统功能的科学划分为基础实现了成本集成。②具有明显的技术性。技术对管理信息系统成本集成的影响有两个方面，一是技术对管理信息系统软硬件先进性及管理科学性产生的影响，从而影响系统本身成本和运行成本；二是技术对集成方式方法的影响，并影响着集成后成本的控制效率和效果。③完全的成本集成难度较大。由于计算机应用的普及及网络技术的发展，管理信息技术及相应的管理系统已渗透到企业管理的各个环节，使管理信息系统成本具有分散性的特点，导致管理信息系统的精确识别存在一定难度，因此要做到管理信息系统成本的完全集成难度会更大。

（三）管理信息系统成本集成的一般模式

由于不同企业的管理信息系统各有不同，管理信息系统成本构成和比例也就存在差异，因此难以形成通用的集成模式，只能构建一个一般的集成模式（如图7-9）。

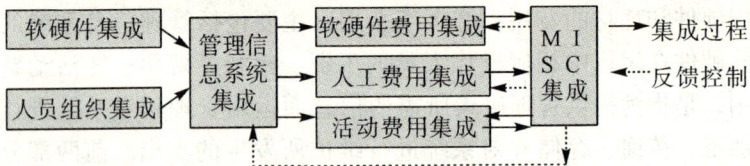

图7-9 管理信息系统成本集成的一般模式

管理信息系统成本集成，可以运用价值工程（VE）中的比较分拆法进行控制，即首先分析系统成本的高低与构成，然后对管理信息系统要素进行比较并拆卸（tear down），将成本高效率低或无用的系统要素进行拆除或替换，最后再对拆卸后的效果进行分析、比较和判断，以达到管理信息系统成本集成的目的：降低成本和提高效率。

第八章
管理信息成本控制论

企业战略的本质是什么？迈克尔·波特指出，首先，有效战略的第一步是确定一个正确的目标；其次，设定战略的第二个原则是环顾你所在的产业，确保公司要有能力从产业中获利。管理信息成本控制战略作为企业战略、企业成本战略的一个重要部分，确定科学有效的管理信息成本控制战略，有利于管理信息成本控制目标的实现，有利于从整个企业管理角度审视成本，从而提高企业的战略地位和管理信息的价值。

第一节　控制、成本控制、成本控制战略与战略成本控制

一、控制与现代控制理论

（一）控制的基本含义

"控制"一词有多种解释。控制在英文里为 control，意思为控制，指导，支配。《现代汉语词典》的解释为：掌握住不使任意活动或超出范围；操纵。① 《简明牛津词典》的解释为：（作名词）指挥、命令的权利；对来源于实践的推论进行核查的对比标准；（作动词）支配，命令。② 因此，控制具有多方面的含义：一是掌握住不使任意活动或越出范围，如控制数字、自动控制；二是使处于自己的占有、管理或影响之下；三是掌握住对象不使任意活动或超出范围，或使其按控制者的意愿活动；四是指对事物起因、发展及结果的全过程的一种把握，能预测

---

① 中国社会科学院语言研究所词典编辑室. 现代汉语词典 [M]. 北京：商务印书馆，1983：649.

② J. B. SYKES. The concise oxford dictionary. Oxford University Press, 1982：206.

和了解并决定事物的结果。在不同的领域或活动中，控制的定义有所不同。在经济学中，控制是指有权决定一个企业的财务和经营政策，并能据此从该企业的经营活动中获取利益。如"投资企业能够对被投资单位实施控制，被投资单位为其子公司，投资企业应当将子公司纳入合并财务报表的合并范围"中的"控制"主要是指经营管理和财务活动中有决策权。在管理学中，控制是指对员工的活动进行监督，判定组织是否正朝着既定的目标健康地向前发展，并在必要的时候及时采取矫正措施。这强调了控制行为的活动目标导向性。

在管理领域，"控制"一词的含义与一般的含义有较大的差别。一般认为，控制是管理的基本职能之一，因此一般从管理职能角度来定义控制。古典管理学家法约尔认为，在一个组织中，控制就是要证实一下是否各项工作都与已定计划相符合，是否与下达的指示及已定原则相符合。现代管理学家孔茨指出，控制就是按照计划标准衡量计划的完成情况和纠正计划执行中的偏差以确保计划目标的实现。实际上，无论是古典管理学家还是现代管理学家，他们对管理的控制职能的分析都不同程度地反映了控制工作的一般特征与主要内容。因此，控制是通过确立标准、衡量绩效和纠正偏差，一方面保证组织活动的结果尽可能接近既定的目标与计划任务的要求，另一方面又及时提供有关信息以便对目标与计划进行修订和完善的管理职能。对于组织目标的实现、计划任务的完成以及组织活动的有效性来说，管理的控制职能是必不可少的。亨利·西斯克曾经明确指出，如果计划从来不需要修正，而且是在一个全能的领导人的指导之下，由一个完全均衡的组织完美无缺地来执行的，那就没有控制的必要了。在现实的组织中，正是由于目标和计划的不完善性、领导人能力的有限性、组织的非均衡性，以及组织内外环境条件的多变性，有效和适时的控制就成为了组织各项活动得以有序进行、组织目标得以顺利实现的重要保证。在管理的全过程中，决策、组织、领导和控制四个职能是相辅相成、缺一不可的。它们共同构成了管理链条中相互联系的基本环节。

因此，本文认为，控制是一定主体基于既定目标、标准或计划，通过制度、机构、手段与方法，使特定单位活动与行为达标的过程。控制的要点有四个：一是有很强的目的性；二是以监督和纠偏作为重要手段；三是控制是一个过程；四是控制是一个系统结构，包括目标、主体、客体、方法与手段体系。因为环境条件的变化，使计划在执行过程中可能出现偏差，因而任何组织、任何活动都需要进行控制，控制是必要的。

（二）控制与现代控制理论

控制是现代控制理论的一个重要概念，要求在各种耦合运行的系统中，通过采取一定的手段，保持系统状态平衡或不越出标准范围，实现系统行为的预期目的。控制理论中有三点基本原理：

（1）任何系统都是由因果关系链连在一起的元素的集合。元素之间的这种关系就叫耦合。控制论就是研究耦合运行系统的控制和调节的。

（2）为了控制耦合系统的运行，必须确定系统的控制标准 Z。控制标准 Z 的值是不断变化的某个参数 S 的函数，即 $Z = f(S)$。例如为了控制飞机的航行，必须确定航线，飞机在航线上的位置的值是不断变化的，所以控制标准 Z 的值也必须是不断变化的。

（3）可以通过对系统的调节来纠正系统输出与标准值 Z 之间的偏差，从而实现对系统的控制。

可以看出，对于一个耦合运行的系统进行控制主要包括两方面含义：其一，决定系统状态变化的轨道，即确定控制目标和达到目标的途径；其二，通过不断调节，使系统运行保持在确定的轨道上。在这里，控制活动包含三大要素，即目的性、信息选择和调节。控制的目的性要求控制活动能够在系统受到内外干扰而发生偏差时及时纠偏以使系统恢复稳态；信息选择是控制活动得以实现的基本条件，控制的全过程都离不开信息及其变换过程，没有信息选择，控制的目的就无法实现；调节是控制的核心组成部分，是对耦合运行系统从数量上或程度上进行调整以使之适合既定目的的要求。控制活动的目的性、信息选择与调节这三个要素刻画出了控制活动的本质特征。

从本质上说，控制只是促进系统正常运行的一种手段，控制本身不是目的，而是改善系统运行状态和保持系统稳定的手段；控制过程也是一个信息传递过程，它既要把系统运行的标准信息传递出去，又要把系统输出的信息反馈回来，还要再把调节偏差的信息传递出去，发挥调节作用，控制活动要通过信息处理活动才能达到目的；控制的内在机制是一种反馈过程，即对输出信息的回输过程，正是由于存在信息及其变换过程，才必然存在反馈过程，而反馈过程又使系统的有效控制得以实现。

二、成本管理与成本控制的基本内涵

（一）成本管理（cost management）

成本管理的内涵丰富，观点多样：①日本《会计学大辞典》中认为成本管理是管理和控制在一定经营条件下发生的成本；并且在《成本计算准则》中是要求制定标准成本，记录计算实出没无常成本的发生额，同标准成本进行比较，分析差异原因，向经营管理人员提供有关资料以采取措施，提高成本效率。②美国著名会计学家查尔斯·霍恩格瑞（Charles T. Horngren）在《成本会计》（2001）中指出，成本管理是经理人员为满足顾客要求同时又持续地降低和控制成本的行为。③由我国著名管理学家许毅等（1987）主编的《成本管理大辞典》中提出，成本管理是对企业的产品生产和经营过程所发生的产品成本有组织、有系统地进行预测、计划、决策、控制、计算、分析和考核等一系列的科学管理工作。④ 2006 年，我国会计学者胡国强等主编的《成本管理会计》一书中对成本管理的定义是：成本管理是在满足企业总体经营目标的前提下，持续地降低成本或提高成本效益的行为。该行为包括成本策划、成本控制、成本核算和业绩评价四个主要环节。成本管理的目标有两个层次：一是战略目标——满足企业总体经营目标，二是具体目标——持续地降低成本或提高成本效益。

传统的成本管理是以企业是否节约为依据，片面地从降低成本乃至力求避免某些费用的发生入手，强调节约和节省。传统成本管理的目的可简单地归纳为减少支出、降低成本，这就是成本论成本的狭隘观念。随着市场经济的发展，卖方市场逐渐向买方市场转变，企业不能再将成本管理简单地等同于降低成本。因为，企业不仅要关注产品的生产成本，而且要关注其产品能在市场上实现的效益。企业成本管理工作中应该树立成本效益观念，实现由传统的"节约、节省"观念向现代效益观念转变。企业的一切成本管理活动应以成本效益观念作为支配思想，从"投入"与"产出"的对比分析来看待"投入"（成本）的必要性、合理性，即努力以尽可能少的成本付出，创造尽可能多的使用价值，为企业获取更多的经济效益。

因此，成本管理是企业管理的一个重要组成部分，是指企业生产经营过程中各项成本核算、成本分析、成本决策和成本控制等一系列科学管理行为的总称。一般包括成本预测、成本决策、成本计划、成本核算、成本控制、成本分析、成本考核等职能。它要求系统而全面、科学和合理，它对于促进增产节支，加强经济核算，改进企业管理，提高企业整体成本管理水平具有重大意义。

（二）成本控制的内涵

成本控制由成本与控制两个词复合而成，成本是为实现特定经济目的而发生的资本耗费，而控制是通过改变控制对象的构成要素或其构成要素之间的联系方式，使其按一定目标运行的过程①。成本控制的定义很多。如，成本控制，是指企业根据一定时期预先建立的成本管理目标由成本控制主体在其职权范围内于生产经营耗费发生以前和成本形成过程中，对各种影响成本的因素和条件采取一系列预防和调节措施以保证成本管理目标实现的管理行为②；成本控制是指产品形成过程中对每项成本形成的具体活动，依据事前制订的标准（目标成本）进行严格的监督，发现超支后及时采取措施予以纠正，使每项资源消耗和费用支出控制在目标之内③；成本控制是指企业在生产经营过程中按照预定的成本目标，对实际发生的生产消耗进行指导、限制和监督，发现和及时纠正偏差，以保证更好地实施成本目标，促使成本不断降低④；等等。成本控制从控制的范围上来说，有广义和狭义之分。狭义的成本控制是指日常生产过程中的产品成本控制，是根据事先制定的成本预算，对企业日常发生的各项生产经营活动按照一定的原则，采用专门方法进行严格的计算、监督、指导和调节，把各项成本控制在一个允许的范围之内。狭义的成本控制又被称为"日常成本控制"或"事中成本控制"。广义的成本控制则强调对企业生产经营的各个方

① 焦跃华. 现代企业成本控制战略研究 ［M］. 北京：经济科学出版社，2001：20.

② 赵蓉，陈学杰，韩丽艳. 浅谈成本控制 ［J］. 牡丹江教育学院学报，2004（2）：112 – 113.

③ 李云贵，等. 浅谈企业二级计量单位的成本控制 ［J］. 一重技术，1999（2）：101 – 103.

④ 周慧生. 浅谈企业成本控制 ［J］. 煤炭科技，2001（4）：51 – 53.

面、各个环节以及各个阶段的所有成本的控制，既包括"日常成本控制"，又包括"事前成本控制"和"事后成本控制"。广义的成本控制贯穿企业生产经营全过程，它与成本预测、成本决策、成本规划、成本考核共同构成了现代成本管理系统。本文认为，成本控制是企业管理层对整个生产经营过程中各项费用的发生进行规划、引导、调节和限制，使成本能按预定的目标或计划进行的一种管理活动。成本控制对企业有着重要的作用，成本控制的实施是保证企业完成既定成本目标的重要手段，是降低产品成本、增加盈利、提高经济效益的重要途径，为保护企业财产物资的安全完整、防止贪污盗窃等弊端的发生提供了制度上的保证，是抵抗内外压力、求得生存的主要保障，是企业发展的基础，并且成本控制在企业诸控制系统中起着综合的控制作用。

三、成本控制战略与战略成本控制

成本控制并不是为了节约而节约，也并不等同于降低成本，而应该是为了建立和保持企业的长期竞争优势采取的一种措施。将成本管理纳入战略的框架，瞄准的就是企业降低成本的途径必须以提高（或不损坏）其竞争地位为指针。如果企业把成本作为战略来看待，那么成本管理就已经不仅是财务部门的事情，更不仅仅是生产部门的事情，它应该是全方位、多角度、突破企业边界的成本管理体系。因此，我们可以看出，成本控制与战略一旦结合，就引申出了两层含义：一是战略成本控制，二是成本控制战略。战略成本控制可以理解为制定企业战略过程中成本控制[①]，是利用成本资源开发（develop）和确认（identify）

---

① 焦跃华. 现代企业成本控制战略研究 [M]. 北京：经济科学出版社，2001：35.

将产生持续的竞争优势的更高一级的战略①。成本控制战略是对成本控制方法与措施的构造与选择。它是以成本控制过程为轴心展开的，是为了提高成本控制的有效性而对成本控制方法、措施、制度等所进行的构造与选择②。殷俊明、王平心（2005）等以产品寿命周期成本分析方法为基点，对成本控制战略的历史演进进行分析后指出，成本控制战略经历了四个阶段：传统的制造成本控制战略、企业产品寿命周期成本控制战略、顾客产品寿命周期成本控制战略、社会产品寿命周期成本控制战略③。

　　成本控制战略从属于企业战略，如何通过成本控制战略实现企业的战略目标是企业战略管理的重要内容。迈克尔·波特在《竞争战略》一书中指出，企业竞争的基本战略有三种：成本领先战略、差异化战略、目标聚集战略。成本领先战略的目标是使企业成为其产业中的低成本生产厂商，并以成本优势获取竞争优势。这种成本战略的核心是企业通过一切可能的方式和手段，降低企业的成本，成为市场竞争参与者中成本最低者，即成本领先者。目标聚集战略有两种形式——成本聚集战略和差异聚集战略，其中成本聚集战略是在细分市场的成本行为中挖掘差异，寻求目标市场上的成本优势。

　　因此，我们可以知道，成本控制战略是企业战略的重要方面，企业的成本控制战略包括两个部分，一是企业战略中的成本控制，二是企业成本控制过程中的战略。企业战略中的成本控制就是成本领先战略和企业实施其他战略过程中的成本战略；

---

① HANSEN, MOVEN. Cost management: accounting and control [M]. South - Western College Publishing, 1997: 354.

② 焦跃华. 现代企业成本控制战略研究 [M]. 北京：经济科学出版社，2001：35.

③ 殷俊明，王平心，吴清华. 成本控制战略之演进逻辑：基于产品寿命周期的视角 [J]. 会计研究，2005（3）.

成本控制过程中的战略就是在不影响企业基本战略的前提下，采取各种手段和方法，尽可能使企业成本结构优化和数量降低。

第二节 管理信息成本控制战略的内涵

一、管理信息成本控制战略的内涵

管理信息成本控制战略涉及的内容较多，包括"信息"、"管理信息"、"成本控制"、"战略"等多个方面。因此，从管理的职能角度来说，管理信息成本控制战略是企业控制战略的一部分，也是企业成本控制战略的组成部分（见图8-1）；从战略角度来说，它是企业战略的一部分，还是企业信息战略、管理战略与成本战略的交叉部分（见图8-2）。

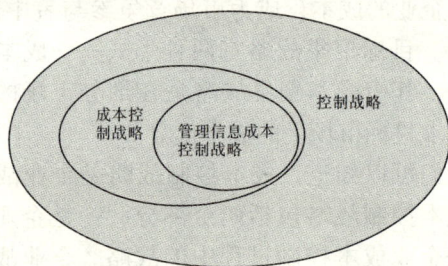

图8-1 企业控制战略关系图

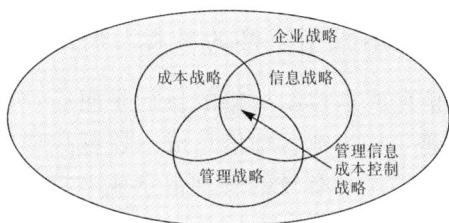

图 8 - 2　企业战略关系图

　　管理信息成本控制战略是企业成本控制战略的重要组成部分，也是企业管理战略和信息战略的一部分。从成本控制战略的内涵可以知道，管理信息成本控制战略也包含了两个方面：一是管理信息成本控制过程中的战略，二是企业战略中的管理信息成本控制。管理信息成本控制过程中的战略以管理信息成本控制为轴心，强调企业采用什么样的战略措施和战略方法与手段对管理信息成本进行有效控制，其目的是实现管理信息成本的最小化；企业战略中的管理信息成本控制以企业战略为轴心，强调企业在制定或实施企业战略控制中如何实现对管理信息成本的控制，其目的是通过管理信息成本控制以实现企业战略目标。管理信息成本控制过程中的战略和战略管理信息成本控制构成了企业管理信息成本控制战略的两个核心层面。由于管理信息成本实务中战略管理信息成本控制与管理信息成本控制过程中的战略两者相互交织，也由于管理信息成本问题在企业管理中与诸方面问题相互交织，如果对每一项管理信息成本控制问题人为地在战略控制与控制战略之间作出硬性划分，将会把问题变得更加复杂，为此，除非必要，本文对战略管理信息成本控制与管理信息成本控制过程中的战略不再作严格划分，统一称之为管理信息成本控制战略。

二、管理信息成本控制战略的目标与特点

确立管理信息成本控制战略的目标是明确管理信息成本控制战略思想，建立和实施管理信息成本控制战略方法与措施的关键。同时，为了建立有效的管理信息成本控制体系，也必须对管理信息成本控制战略的基本特点进行必要的探讨。

（一）管理信息成本控制战略目标

管理信息成本控制战略目标源于成本控制目标。在理论界，成本控制目标存在不同的观点：一种观点认为成本控制的目标是实现预定的成本目标，通过实现预定的成本目标来降低成本。这种观点将成本控制过程理解为实现既定目标的过程。另一种观点认为，将实现预定的成本目标作为成本控制的目标是以既定条件为前提的，除此以外，还应通过各种措施，改变成本发生的条件，使成本不断降低。这两个观点实质上都从两个角度反映了对成本的控制：一是成本数量，二是成本结构。这一思路为管理信息成本控制战略目标的确立提供了方向。管理信息成本的控制也是从数量和结构两个方面进行的，只是因对象不同而需要考虑不同的问题和采取不同的措施。

管理信息成本控制过程中的目标定位应考虑以下几个问题：

（1）配合企业形成竞争优势。企业管理中，战略的选择与实施是企业的根本利益所在，战略的需要高于一切。管理信息成本产生于企业管理过程中的信息需求，因此管理信息成本控制必须配合企业为取得竞争优势而进行战略选择，要配合企业为实施各种战略对成本及成本控制的需要，在企业战略许可的范围内，引导企业走向管理信息成本最低化。

（2）利用成本与其他因素之间的联动关系，促使企业最大限度地获取利润。具有重要战略意义的问题是通过增加成本以

获取其他的竞争收益（competitive gains）①。降低管理信息成本以提高收益是管理信息成本控制的一个方面，通过改变管理信息成本结构与规模提高企业报酬是管理信息成本控制的另一个重要方面。

（3）存在资源"瓶颈"的条件下，要通过管理信息成本控制提高资源的利用效率。当企业不能无限制地获得经济资源时，管理信息成本控制的基本作用不仅仅是降低成本，还要提高资源的利用效率，使受限资源的边际收益最大化。②

（4）降低成本。在设定条件下，只要影响利润变化的其他因素不因成本的变动而变化，降低成本便成为了首要问题。管理信息成本控制可以从两个方面来降低成本：一是降低管理信息成本，二是通过管理信息的作用降低其他成本。

（5）跨企业间组织的成本大小。现代企业始终处于企业簇群中，不同的企业簇群形成不同的"价值星系"③，但他们有着共同的价值追求目标，而目标的实现需要他们"联合"考虑成本的问题。管理信息成本是跨企业间组织成本的重要内容，是跨企业间组织管理信息沟通、使用形成的费用，它们影响着"价值星系"的总价值。

综上所述，管理信息成本控制战略存在一个目标体系，这个体系包含四个层次：第一，通过跨企业间组织的管理信息成本控制，构建真正的"价值星系"，实现星系价值最大化。第二，通过管理信息成本控制配合企业的战略选择与实施，通过

---

① MICHAEL D. SHIELDS, S. MARK YOUNG. Effective long - term cost reduction: a strategic perspective [J]. Journal of Cost Management, 1992（3）: 16 - 30.

② CHALES HORNGREN. Cost accounting [M]. 9th ed. Prentice - Hall, 1996: 698.

③ 罗珉. 价值星系：理论体系与价值创造机制的构建 [J]. 中国工业经济, 2006（1）: 80 - 89.

获取管理信息成本优势帮助企业取得竞争优势。第三，利用资源、成本、质量、数量、价格之间的联动关系，使企业尽可能获取最大利润。第四，降低企业管理信息成本。四个层次体系之间的主要差别在于考虑管理信息成本的视角不同。第一层次以企业间关系——价值星系为视角，以跨企业间组织的共同利益最大化为目标。第二层次以企业与环境、企业与竞争的相互关系为视角，以企业的长期发展和竞争优势为重点。第三层次以企业内部为视角，考虑到了影响企业利润的多元因素，并以利润为取向。第四层次，以企业内部管理为视角，以降低管理信息成本为核心。前两个层次具有明显的战略性，后两个层次更具有业务性。

因此，笔者认为，管理信息成本控制战略的目标是一个综合体系，即：以管理信息成本降低为基点，以改变管理信息成本发生的基础条件为措施，使企业获取成本优势并形成竞争优势，配合企业尽可能获得最大利润、星系价值创造最大化和星系价值分配最优化①。管理信息成本控制战略目标中，包括了成本结构和成本数量的变动。

（二）管理信息成本控制战略的特点

认识管理信息成本控制战略的特点，有助于管理信息成本控制战略的理论建设和方法体系的构造及完善。新的制造环境、新的管理理念和新的管理对象使管理信息成本控制具有新的特点。

1. 目标多极性

如同前文所述，管理信息成本控制的目标包括四个不同的层次，它们分别代表了有利于企业或企业簇群的长期发展和星系价值创造、竞争优势和利润的取得、管理信息成本的降低等不同的目标取向。管理信息成本控制揭示了成本控制的一个重

---

① 符刚，林万祥. 价值星系与财务管理目标的选择 [J]. 财会月刊：理论版，2007 (3).

要战略思想，即成本控制要充分考虑企业间关系、企业战略选择和实施、经济资源的优化利用、环境因素和内部条件的变化，并调动各管理层次、业务层次和控制环节控制成本的积极性，实行管理信息成本的分目标控制。

2. 价值创造性

管理信息成本控制战略的最高目标是实现跨企业间组织的价值创造最大化与价值分配合理化。现代成本控制战略不再局限于成本控制，而是通过成本控制实现价值创造。管理信息成本控制战略既要考虑管理信息成本本身，又要考虑通过对管理信息成本的控制给企业所创造的价值，这才是成本控制的根本。

3. 环境适应性

管理信息成本控制战略是外部环境、竞争态势、内部条件综合作用的结果。管理信息成本控制战略的制定、实施和调整受到外部环境和竞争态势的强烈影响。企业要想在竞争中创造更多价值、取得成本优势和竞争优势、获得更多利润和降低成本，必须分析企业簇群、竞争对手、环境变化趋势、成本结构与数量，采取有效的战略措施，适应环境现状及其变化。

4. 时空拓展性

管理信息成本控制战略目标的实现，必须"两结合"：一是短期控制与长期控制相结合，二是内部控制与外部控制相结合。短期控制以战术控制为主，着眼点是控制环节；长期控制以战略控制为主，强调企业长远发展与整体。从空间上，管理信息成本既要关注企业内部各管理层次与控制环节，又要关注企业间组织关系和价值联系。

5. 要素整合性

管理信息成本控制与其他管理控制相比的一个显著特点是其构成要素的分散性。主要表现在：成本控制的主体、成本控制对象的构成内容、成本控制方法所依托的组织结构与制度基础具有较大的分散性。管理信息成本控制的分散性要求存在一个强大的协调职能，运用强有力的协调措施将各方面的因素整合起来，将分散的各要素整合成为一个有机整体。

三、管理信息成本控制与价值创造

信息化是现代企业的发展方向。对企业而言，管理信息的真正价值在于能够为企业，尤其是为领导者提供决策的依据，在于服务、符合企业效益目标的确立与调整的要求。换言之，管理信息是在对效益目标起导向作用中形成其特有价值、发挥其特有的价值功能、实现其价值增值效果的。因此，企业的效益目标成为管理信息作用的方向和管理信息成本发生的根本所在。管理信息成本产生的目的是为了追求效益，其形成动因是管理信息价值。

管理信息成本控制是基于管理视角，通过对管理信息成本的本质认识，发现管理信息成本产生的动因，识别信管理息成本的具体类型，将渗透后的管理信息成本进行归集并会计计量，以实现对管理信息成本的有效控制。但管理信息成本控制不是企业信息成本管理的最终目的，只是一种方法和手段。企业以生存、盈利和发展为目标，为实现这些目标，企业必须进行成本控制，进行价值创新，提高并形成核心竞争力，不断获得利润。管理信息成本控制必须为企业的目标服务。因此，管理信息成本控制的目标具有双重性，即成本控制与价值创造。

成本控制与价值创造相互促进（见图8-3）。企业运用科学的方法和手段，通过管理信息成本控制，凸现信息效用，为信息价值实现提供条件；企业通过信息价值的创造，实现对管理信息成本的补偿，最终获得信息收益。因此，将成本控制与价值创造融合在一起，作为企业管理信息成本控制的目标，有利于企业正确认识管理信息成本的作用和影响，有利于企业从

业务活动、战略和跨企业间组织等层面上对管理信息成本进行
控制，有利于企业在推进信息化的道路上健康发展。

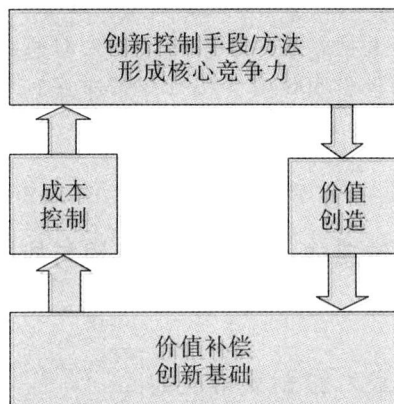

图8-3 管理信息成本控制目标关系

案例8-1①：在我国，也有许多主动型信息化的企业都取
得了快速的发展和成功，如联想、海尔、邯钢等企业都通过信
息化获得了巨大的经济效益。2000年联想集团实现利润8亿多
元，一半以上利润是企业信息化带来的：实现信息化以后。存
货周转天数从72天降为22天，年降低成本1.2亿元；产品积压
损失从2%降到0.19%，年降低成本3.62亿元；应收账款周转
天数从28天降到14天，年降低成本4 700万元；坏账占总收入
的比例从0.3%降到0.05%，年降低成本5 000万元。这几项加
起来，年节约费用6亿元，效益相当可观。

全球最大的商业零售商沃尔玛就是一个主动型信息化的典
型。1969年它租用了国际商务机器公司360型计算机进行货物
配送管理。20世纪80年代初，沃尔玛花费2 400万美元发射了

① 武克华，马海敏，张淑敏. 秘笈：以信息化为动力［EB/OL］.［2008-
03-15］http://www.ycwb.com/gb/content/2005-01/24/content_838357.htm.

一颗企业自己的人造卫星，用于企业信息系统的管理。据说，沃尔玛的电子信息通信系统是全美最大的民用系统，其规模甚至超过了电信业巨头美国电话电报公司（AT&T）公司。沃尔玛在信息化上的巨大投入为其带来的是更大的回报。在美国《财富》杂志公布的世界500强（按营业额排序）排行榜上，沃尔玛于2001年、2002年连续两年高居榜首。

第三节　管理信息成本控制战略思想与战略分析

一、管理信息成本控制战略思想

管理信息成本控制战略思想是关于管理信息成本控制战略理论架构的概括与总结，决定着管理信息成本控制战略制定和实施的基本思路，规范着管理信息成本控制的内容和措施。

（一）源流管理思想

源流管理思想是管理信息成本控制战略的一项重要思想，也就是，控制管理信息成本要从成本发生的源流着手，控制的重点内容是成本发生的源流，控制措施的着力点也应是成本发生的源流。结合前文所述，管理信息成本是一个"三维立体"，即时间长度、项目宽度和费用厚度。因此，管理信息成本的源流包括了时间源流、空间源流和业务源流。就时间源流而言，在事前、事中和事后管理信息成本控制体系中，从预测、计划，到决策、执行，最后到反馈与再控，时间的长短影响着管理信息成本的大小和各管理职能中产生的成本结构。就空间源流而言，管理信息成本控制关注两个方向：一是企业间组织的管理信息成本，二是企业内部管理决策的管理信息成本。空间源流控制既限定了发生成本的范围，又界定了管理信息成本范畴。

从业务源流来看，管理信息成本发生于各项业务过程之中，成本的高低受制于业务量大小、复杂程度和管理信息需求的多少等。

（二）价值至上思想

管理信息成本控制不仅仅是成本控制，成本控制只是低层次目标，其最高目标是实现价值，实现企业或企业簇群价值创造最大化和价值分配最优化目标。在价值至上思想主导下，企业成本管理有两层含义：第一层是成本控制是一种手段，价值创造与实现是目的。管理信息成本控制战略中各种控制战略措施和手段、方法的采用，是以创造价值为取向的。第二层是企业的各种目标中，价值目标是关键和核心，其他目标是中间目标而非终极目标。

（三）匹配控制思想

管理信息成本控制战略匹配思想是指管理信息成本控制战略要以企业战略为先导，要与企业的基本战略、企业不同时期采用的特殊战略以及各种成本控制战略措施之间相互配合。第一，管理信息成本控制战略与企业基本战略的匹配，即管理信息成本控制战略要与企业的战略相适应，管理信息成本控制的方法与措施要有利于成本控制战略目标的实现。采用成本领先战略的企业，企业战略的重心是成本，企业战略主要体现为成本控制战略，管理信息成本控制战略属于其中的重要项。采用差异化战略和目标聚集战略的企业，如何实现差异化和目标聚集是核心，管理信息成本控制战略要有助于差异化战略的实施和目标聚集战略的实现。第二，管理信息成本控制战略与企业发展阶段的匹配。管理信息成本控制战略应与企业在不同发展阶段采用的不同战略相匹配。企业在不同发展阶段，其优先考虑的问题各有不同，管理信息成本控制战略的制度和实施要充分考虑到企业在不同发展阶段的特点和需要。第三，管理信息成本控制战略措施之间的匹配。管理信息成本控制战略除了要与企业基本战略和发展阶段的特殊战略相匹配外，各种控制战略措施之间也应该相匹配，避免用相互冲突或矛盾的措施来"削减"成本。

（四）融入整合思想

管理信息成本控制措施是为实现管理信息成本控制目标所采用的方法与手段。管理信息成本的分析方法、控制手段和方法较多，如企业资源计划、信息资源规划、业务流程再造、作业成本管理、价值链分析、目标成本控制、成本数量利润分析法、标杆分析法等。但存在两个突出问题：一是管理信息成本控制措施如何融合到具体的管理过程之中去，二是如何建立有效的保障机制，使管理信息成本控制的思想能够得到贯彻、管理信息成本控制措施能够得到顺利实施。简而言之，管理信息成本控制突出的问题就是管理信息成本控制措施的应用机制和保障机制。要解决这两大问题，企业管理信息成本控制必须从管理信息成本发生的源流入手，深入到管理信息成本发生的全过程，将企业资源计划、信息资源规划、业务流程再造、作业成本管理、价值链分析、目标成本控制、成本数量利润分析法、标杆分析法等有机的融合在一起，构建合理的组织结构和制度科学的管理制度，使企业高层管理当局到部门经理及相关人员都成为管理信息成本控制的主体。这样，企业就实现了管理信息、人力资源、管理组织的整合，并最终融入到了企业整个管理流程和价值创造作业中。

（五）全员参与思想

企业的各项活动的发生、各项战略措施的实施都不是由人来进行的，人的活动在管理信息成本发生的各个阶段都占有重要地位。员工的素质、技能是企业管理信息成本重要的影响因素。其中，对管理信息成本影响最大的是员工的成本意识和降低成本的主动性。成本意识（cost consciousness）是指节约成本与控制成本的观念①，是节约成本（的）观念，并了解成本控制的执行结果。② 全员参与思想要求企业所有员工都树立管理信息成本意识，参与管理信息成本控制。许毅（1983）教授指出，成本意识包括注意控制成本，努力使成本降低到最低水平并设法使其保持在最低水平。③ 只有树立全员参与的成本意识，才能建立起管理信息成本降低的主动性，才能使降低管理信息成本的各项具体措施和方法得到有效执行和应用。全员参与的成本思想的普遍建立有赖于管理人员的以身作则、强有力的制度约束和员工素质的提高，需要适当的利益机制、约束机制和监督机制有效配合。

（六）精益管理思想

一个企业所具有的优势或劣势的显著性，最终取决于企业在多大程度上能够对相对成本和歧异性有所作为，低成本成为衡量企业是否具有竞争优势的两个重要标准之一。加强成本管理能更有效地降低成本，在企业经营战略中已处于极其重要的核心地位，它从根本上决定着企业竞争力的强弱。现代经济的发展，世界范围内的企业竞争，赋予了成本管理全新的含义，成本管理的目标不再由利润最大化这一短期性的直接动因决定，而是定位在更具广度和深度的战略层面上。从广度上看，已从企业内部的成本管理，发展到供应链成本管理；从深度上看，已从传统的成本管理发展到精益成本管理。

精益成本管理是构建在为客户创造价值的基础上，以供应链成本最小为目标，从而实现对整个企业供应链的成本管理。现代企业面对瞬息万变的市场环境，既要求得生存，更要求得

---

① 焦跃华. 现代企业成本控制战略研究［M］. 北京：经济科学出版社，2001：80.

② 陈奋. 成本控制的原理与方法［M］. 中华企业发展中心，1979：80.

③ 许毅. 成本管理手册［M］. 北京：中国社会科学出版社，1983：78.

长期成长和发展。因此，精益成本管理目标必须定位在"客户满意"这一基点上，立足于为"客户创造价值"的目标观，已远远超越了传统的以利润或资产等价值量为唯一准绳的目标，它服务于确立企业竞争优势，形成长期有效的经营能力。

现代企业的竞争，不仅仅是产品或服务的竞争，还扩展到了企业的整个供应链之间的较量，包括基于企业管理决策的各环节。企业供应链中的有关各方如供应商、制造工厂、分销商、客户等各环节的资源得到了合理安排和有效利用，整个供应链成本低于相互竞争的其他供应链，则该供应链就具有较强的竞争能力，处于供应链上的各节点企业的成本随着供应链成本的优化而降低，企业的竞争力也就会得到加强。精益成本管理思想的精髓就在于追求最小供应链成本。管理决策节点上，涉及的成本很多，但在信息环境下，管理信息成本是一项重要内容。精益成本管理思想要求企业在管理节点上控制管理信息成本时，不断地消除非增值的作业，杜绝浪费，从而减少管理信息成本，达到提高供应链效率，降低整个供应链成本的目的，使企业的竞争力不断增强。

二、管理信息成本控制战略分析

（一）成本控制环境分析

管理信息成本是企业管理决策活动、环境影响因素和企业内部条件共同作用的结果，受环境影响因素和企业内部条件的强烈影响。环境是影响系统运行的外部因素，是存在于控制系统以外而又影响系统控制效果的客观因素集合体。对企业管理信息成本控制环境进行分析的目的，在于确认有限的可以使企业受益的机会和企业应当回避的威胁①。应对企业的战略环境进

---

① 费雷德·R. 戴维. 战略管理 [M]. 北京：经济科学出版社，1998：124.

行了解，也就是对政治环境、经济环境、技术环境、竞争环境等作出分析，充分认识企业的机遇和挑战、优势和劣势，再通过成本动因分析对环境作出正确判断。具体来说：首先，确定环境因素中对企业战略成本影响较大的因素，其中重要的因素包括政策动因、竞争对手的优势成本动因、自身及对手价值链中的动因；然后，对战略成本有利的因素和不利的因素进行分析评价；最后，与企业事先要求的环境条件相比较，分析的环境条件优于或等同于预期，则接受此环境。在以后的生产经营中，我们就可以充分发挥和利用有利的战略动因，控制不利的战略动因。

（二）价值链分析

价值链分析的任务就是要确定企业的价值链，明确各价值活动之间的联系，提高企业创造价值的效率，增加企业降低成本的可能性，为企业取得成本优势和竞争优势提供条件。价值链并不是一些独立活动的简单集合，而是相互依存的活动构成的一个有机整体，价值活动是由价值链的内部的"联系（linkage）"连接起来的。改变价值活动之间的联系可以改变价值活动之间的关系，从而改变成本，进而影响到企业的成本地位和竞争优势。价值链分析为进行管理信息成本分析，实施成本管理提供了基础。成本作为价值创造过程中的一种代价，其分析只能放在与价值创造有关的活动之中进行。

价值链分析法由波特首先提出，它将基本的原材料到最终用户之间的价值链分解成与战略相关的活动，以便理解成本的性质和差异产生的原因，是确定竞争对手成本的工具，也是SCM 制定本公司竞争策略的基础。我们可以从内部、纵向和横向三个角度展开分析。

1. 内部价值链分析

这是企业进行价值链分析的起点。企业内部可分解为许多单元价值链,信息在企业内部价值链上的转移完成了价值的逐步积累与转移。每个相关单元链上都要消耗管理信息成本并产生价值,而且它们有着广泛的联系,如生产作业和内部后勤的联系、质量控制与售后服务的联系等。深入分析这些联系可减少那些不增加价值的作业,并通过协调和最优化两种策略的融洽配合,提高运作效率、降低成本,同时也为纵向和横向价值链分析奠定基础。

2. 纵向价值链分析

纵向价值链分析反映了企业与供应商、销售商之间的相互依存关系,这为企业增强其竞争优势提供了机会。本文提出的跨企业间组织管理信息成本的控制,务必建立在纵向价值链分析的基础之上。企业通过分析上游企业的产品或服务特点及其与本企业价值链的其他连接点,往往可以十分显著地影响自身管理信息成本,甚至使企业与其上下游共同降低管理信息成本,提高这些相关企业的整体竞争优势。在对各类联系进行了分析的基础上,企业可求出各项管理信息相关作业活动的成本、收入及资产报酬率等,从而看出哪一活动较具竞争力、哪一活动价值较低,由此再决定往其上游或下游并购的策略或将自身价值链中一些价值较低的作业活动出售或实行外包,逐步调整企业在行业价值链中的位置及其范围,从而实现价值链的重构,从根本上改变成本地位,提高企业竞争力。

如果从更广阔的视野进行纵向价值链分析,就是产业结构的分析,这对企业进入某一市场时如何选择人口及占有哪些部分,以及在现有市场中外包、并购、整合等策略的制定都有极其重大的指导作用。

3. 横向价值链分析

横向价值链分析是企业确定竞争对手成本的基本工具,也是公司进行战略定位的基础。比如通过对企业自身管理决策的成本测算，不同成本额的公司可采用不同的竞争方式，面对成本较高但实力雄厚的竞争对手，可采用低成本策略，扬长避短，争取成本优势，使得规模小、资金实力相对较弱的小公司在主干公司的压力下能够求得生存与发展；而相对于成本较低的竞争对手，可运用差异性战略，注重提高质量，以优质服务吸引顾客，而非盲目地进行价格战，使自身在面临价格低廉的小公司挑战时，仍能立于不败之地，保持自己的竞争优势。

实际上，无论是企业内部价值链分析，还是横向与纵向价值链分析，这都是一种"价值星系"内的分析。通过"星系"内的价值链分析，实现"星系"内管理信息成本的有效控制。

（三）成本优势分析与标杆分析（Benchmarking）

成本优势是企业可能拥有的基本竞争优势之一。随着邯钢"模拟市场运行，实行成本否决"经验的学习和推广，我国的企业管理者们逐步认识到了成本的重要性，许多企业都把成本管理提到战略地位，制定了"成本领先"的目标，加强了企业的成本控制和成本规划。取得成本优势和竞争优势，有赖于对竞争态势和竞争对手的分析，通过这种分析，揭示竞争对手的价值链、其所采用的基本战略和其降低成本的战略措施，以此明确企业的相对成本地位和企业应该采取的成本改进措施等，可以利用的分析方法有标杆分析。

标杆法是通过将企业的业绩与已存在的最佳业绩进行对比，以寻求不断改善企业作业活动、提高业绩的有效途径和方法的过程。其主要目的是找出差距，寻找不断改进的途径。其方法是对同类活动或同类产品生产中绩效最为显著的组织或机构进行研究，以发现最佳经营实践，并将它们运用到自己公司。最佳业绩通常有三类：内部标杆、竞争对手标杆和通用标杆。比较理想的是与竞争者比较，也就是使用竞争标杆来确认竞争者中最佳实务者，判断其取得最佳实务的因素，以资借鉴。这实质上是进行竞争对手分析。

利用标杆法进行竞争对手分析，首先要明确谁是企业的真正竞争对手。其次要明确竞争对手所采用的基本竞争战略，因为它决定了企业对成本的措施。采用成本领先战略的企业以低成本为第一目标，使用各种方式和手段来降低成本；而采用差异化战略的企业则以差异化为第一目标，降低成本的方式和手段以不影响企业差异化为限度；实行目标聚集战略的企业以占领特定细分市场为目标，在特定细分市场里，他们仍然会采用成本聚集或差异化战略。对采用相同基本竞争战略的竞争对手进行成本标杆分析最具有价值。最后要分析竞争对手的价值链和成本动因，并与企业自身价值链和成本动因加以比较。若竞争对手向目标市场提供相似产品或服务，并采用相同的基本竞争策略，则他们所处的市场环境基本相同，分析的重点应是企业内部因素。

标杆分析在管理信息成本控制中的用途是多重的。首先，它是企业进行优势与弱点分析的有效手段，能确定竞争者中最佳实务及其成功因素，并且通过价值链和成本动因分析后，能认识企业自身的优势与威胁，是 SWOT 分析方法的基础。其次，标杆分析可以改进企业实务，通过与最佳实务相比，明确企业需改进的方面，并提供方法与手段。第三，标杆分析为业绩计量提供了一个新基础，它以最佳实务为标准计量业绩，使各部门目标确定在先进水平的基础上，使业绩计量具有了科学性并起到指针作用。

（四）成本驱动因素与战略成本动因分析

1. 成本驱动因素分析

企业的成本地位源于其价值活动的成本行为。成本行为取决于影响成本的结构性因素，我们称之为成本驱动因素。若干个成本驱动因素可以结合起来决定一种既定活动的成本。判定管理信息价值活动的成本驱动因素能够使企业对其相对管理信息成本地位的来源和它如何被改变有一个深刻的认识。对一般的成本形态，有十种主要成本驱动因素决定了价值活动的成本行为，它们是：规模经济、学习、生产能力利用模式、联系、相互关系、整合、时机选择、自主政策、地理位置和机构因素。

　　规模经济——一项价值活动的成本往往受制于规模经济或规模不经济，所以企业规模是一个重要动因，它主要通过规模效应来对企业成本产生影响；当规模较大时可以提高作业效率，使固定成本分配到较大规模的业务量之上，从而降低单位成本。但是，当企业规模扩张超过某一临界点时，固定成本的增加会超过业务规模的增加，使协调更复杂和成本不断增加，可能导致某项价值活动中规模不经济，单位成本会出现升高的趋势。图 8-4 表示行业的规模经济。如果企业以小规模进行生产（X）点，与在 Y 点的企业相比，将处于成本劣势。

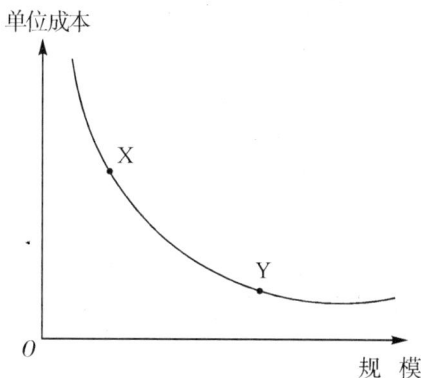

图 8-4　规模经济

　　学习——一项价值活动由于学习提高了效率从而可能随着时间的推移而成本下降。学习随着时间推移而成本降低的机制为数众多，包括安排改变、进度改进、劳动效率提高、适于生产的设计改动、收益增加、资产利用率提高和原材料更适合于工艺流程等因素。

生产能力利用模式——当一项价值活动与大量固定成本相联系时，活动的成本就会受到生产能力利用率的影响。固定成本会对利用率低下进行惩罚，固定成本与变动成本的比率意味着价值活动对利用率的敏感性。一项活动的生产能力利用模式部分取决于环境条件和竞争的行为，并且部分地通过如市场营销和产品选择领域的政策选择而置于企业控制之下。生产能力利用率调整速度快的企业往往能够较快地实现规模经济，并且可以节省大笔的资金用于扩大再生产或者为日后添置和更新设备作准备，以求从量上真正扩大生产规模，从而存取竞争优势。

联系——一项价值活动的成本常常受到其他活动实施情况的影响。联系有两大类：价值链内部联系和与供应商和销售渠道价值链之间的纵向联系。这些联系意味着仅仅考察一项活动本身不能理解这项价值活动的成本行为。联系为降低相互联系着的活动的总成本创造了机会。由于联系是微妙的，并需要对贯穿组织各部门的活动共同实行最优化或协调，因此，它们又是成本优势潜在的强有力的来源。

相互关系——企业和姐妹业务单元共享价值活动或进入有着共享机会的新的经营领域，常常可以显著地降低其相对成本。例如美国医院供应服务公司（American Hospital）因发现与许多生产医疗用品的单位共享一个订单处理和销售组织而得到了显著的成本改善。

整合——一项价值活动的纵向整合程度可以以若干种方式降低成本。它可以避免利用市场的成本，如采购和运输费用等；可以使企业回避拥有较强讨价还价能力的供应商或买方；可以带来联合作业的经济性，正像钢如果直接从炼钢工序运送到工艺加工中就不再需要重新加热一样。

时机选择——一项价值活动的成本常常反映了对时机的选择。在一个产业里，率先行动者常常因为占据最佳地点，率先雇佣优秀的雇员，得到优选供应商，优先取得专利而获得长期成本优势。另外，在需求疲软期购进资产能节约大笔费用。

自主政策——自主政策选择反映了企业战略，常常涉及有意识地在成本和差异化之间权衡取舍的问题。同时，技术政策，如开发低成本工艺、推进自动化、低成本的产品设计等都是降低成本的重要途径。

地理位置——各种活动相互之间以及它们与买方和供应商之间的地理位置，通常对诸如工资成本，后勤效率和货源供应等方面具有显著的影响。因此，通过重新设定价值活动的地点或设立厂房设施相对位置的新格局，会找到降低成本机会。

机构因素——包括政府法规，免税期及其他财政刺激手段、工会化、关税和征税以及本土化规定在内的因素。例如，20 世纪 80 年代美国批准有关使用两节拖车的法规，对其货车运输业的成本产生高达 10% 的影响。机构因素常常处于企业控制能力的范围之外，但企业可以影响他们或缩小他们的影响。

上述十大因素中，可以肯定地说，它们都或多或少对管理信息成本存在影响，只是影响的程度不同而已。比如，规模经济会影响整个管理信息成本的数量；学习效率和能力的高低影响着管理信息组织结构和管理信息系统运行效率的高低，从而影响到管理信息结构成本和管理信息系统成本；生产能力利用模式不同，对管理信息的需求内容和多少也不同，也会影响管理信息成本的大小；联系、相互关系、整合、时机选择、自主政策、地理位置和机构因素，无论是企业内部因素，还是企业外部因素，对管理信息成本的影响都是存在的，有的影响管理信息成本的数量，有的影响管理信息成本的构成。

2. 战略成本动因分析

战略成本动因分析是从战略高度对企业成本结构和成本行

为进行全面了解，找出引起成本变动的因素，并通过不断控制与完善，寻求降低成本以获得长期竞争优势的战略途径。管理信息成本的战略动因分析，首先需要了解和识别战略动因，进一步控制和利用成本动因。一般的战略成本动因包括结构性成本动因和执行性成本动因两个层次，这也同样适用于管理信息成本战略动因分析。前者包括规模经济、整合程度、学习培训、地理位置等；后者包括劳动力组织、质量管理、生产能力利用、企业内外部联系、时机选择等。企业的成本从战略上看，是由以上这些独特的成本动因来控制的，每一个成本动因都可能成为企业独特的竞争优势来源。选择与己有利的成本动因作为成本竞争的突破口，是企业竞争的一项基本策略。战略成本管理要求从企业长期、整体的内外环境出发进行成本管理。为此，我们首先要对管理信息成本的战略环境作出分析，找出引起管理信息成本发生的有利和不利因素，在此基础上对各动因进行选择和分析，以作出战略规划；然后实施管理信息成本控制战略，即加强对管理信息成本的控制和管理；最后作出业绩评价。管理信息成本的战略动因分析应切入到成本内因细胞、结构性选择与执行性技术运用中，其实质在于战略环境分析和战略定位下的战略成本管理功能的具体展开与效用强化。

（1）战略环境分析

应对企业的战略环境进行了解，也就是对政治环境、经济环境、技术环境、竞争环境等作出分析，充分认识企业的机遇和挑战、优势和劣势，再通过成本动因分析对环境作出正确判断。具体来说：第一，确定环境因素中对企业战略管理信息成本影响较大的因素，其中重要的因素包括政策动因、竞争对手的优势成本动因、自身及对手价值链中的动因；第二，对战略管理信息成本有利的因素和不利的因素进行分析评价；第三，与企业事先要求的环境条件相比较，分析的环境条件优于或等同于预期，则接受此环境。在以后的生产经营中，我们就可以充分发挥和利用有利的战略动因，控制不利的战略动因。

（2）战略规则制定

企业采取不同的战略定位，应该相应地选择不同的动因控制重点。在成本领先战略中，我们需要识别自身及对手的价值链，判断出重要价值活动的成本动因，并且要能比竞争对手更好地控制这些驱动因素，以取得成本动因的优势。事实上，在管理信息成本中占重要地位或所占比例正在增长的活动将为改善相对成本地位提供最大的潜力。在差异化战略中，我们要防止差异化陷阱，即战略放在差异上而忽视了成本的做法，因为价格如果过于高昂，顾客只能是可望而不可即。为此，应注意削减对企业差异化无实质性贡献的成本动因，在不影响差异化的活动中积极寻求削减成本的方法和途径，有时甚至要牺牲部分差异化以改善成本。

（3）战略实施

在作出了管理信息成本的战略规划以后，要完成企业的战略目标，关键在于要将所制定的措施与方法贯彻下去。这就需要从战略高度对管理信息成本动因进行动态控制和协调管理，力求创造和保持企业成本优势。管理成本战略实施中要求做到：第一，建立。企业首先应基于组织的视点来确定成本定位，对企业基础结构动因，即规模、技术、经验、地理位置等进行战略性选择，解决资源配置最优问题。在设定了企业的成本构造基本框架后，要求对各个定位层面予以力量的投入，即对各种执行性成本动因进行战略性强化，以实现改善业绩的目标。在此过程中，应尽量选择相互加强的成本动因，协调相互对抗的成本动因。第二，执行。成本控制的关键是如何将各种成本控制措施有效地应用于企业经营和管理活动之中，使控制目标与控制意图得到贯彻与落实。这就需要将成本控制措施融入到各部门的业务活动和管理过程之中，将成本控制的理念融入到企业各成员的头脑之中。成本控制改变成本动因，成本动因变化改变成本，因此，应将成本动因控制意识灌输给具体的部门和员工。第三，强化。价值链分析突破了传统成本管理的狭窄视野，描绘了超越企业的战略成本管理的空间和操作路径。在价值链中，不同的价值作业应有不同重要程度的成本动因与之相对应，不同的成本动因又需要运用不同的成本分析框架。通过重新构建新的价值链，可以从根本上改变企业管理信息成本结构的竞争基础，使企业可以根据其偏好和客观需要改变重要的成本动因。以一种不同的方式进行一项活动，可能改变该活动与规模经济、地理位置的相互关系以及对其他成本动因的敏感性。第四，改善。由于环境在不断变化，自身条件和竞争对手的情况也在不断变化，因此需要对管理信息成本控制重点作出修正和完善。对此，可以通过技术革新来保持企业的管理信息成本优势。技术革新就是不断改变价值链中落后的成本动因，控制管理信息成本驱动因素。新技术的应用隐含着效率的提高、规模的扩大、消耗的降低、经济资源利用率的提高等，而这些都是影响管理信息成本的因素。

第四节　管理信息成本控制战略的方法选择与保障措施

　　战略与目标确定以后，成本控制的重点转向过程中的成本控制。① 过程中的管理信息成本控制是日常性的，需要许多具体的方法和措施。对管理信息成本的过程控制既需要确定控制制

---

　　① 焦跃华. 现代企业成本控制战略研究 ［M］. 北京：经济科学出版社，2001：203.

度，又需要保障措施，关键在于具体控制策略。控制方法和保障措施是管理信息成本控制的基本规范，是"奠基性的"，控制方法是一种基础性的方法制度，保障措施是一种基础性的保障制度，控制策略是具体的方法与措施。

一、管理信息成本控制战略的方法选择

（一）目标成本管理

加强目标成本管理是建立现代企业制度和转换经营机制，适应消费者需求和不断提高经济效益的重要管理职能，也是现代企业谋求长期持续健康发展的重要保证。目标成本管理是在通过对市场充分的调查和预测的基础上，保证企业的目标利润而倒推出总的目标成本水平，然后把总的目标成本再逐级分解形成各责任中心的成本控制标准。目标成本管理是企业战略成本管理的重要方法之一，是市场经济条件下企业竞争的产物。

一般认为，企业的目标成本包括三个方面：一是产品生产制造过程中的目标成本，二是管理、财务和销售过程中的目标成本，三是购进原材料及新技术研究与开发过程中的目标成本。实际上，管理信息成本已融入到这三种目标成本中，在现实的成本管理中没有将管理信息成本从中区分开来。本文认为，企业应将管理决策过程中形成的管理信息成本与其他成本进行有效划分，对管理信息成本进行单独识别，设定管理信息成本目标，按管理信息成本的目标成本进行管理。

实施管理信息成本的目标成本控制，必须合理划分责任中心，明确规定权责范围。首先，要按照分工明确、责任易辨、成绩便于考核和评价的原则，合理划分责任中心；其次，必须依据各个责任中心生产经营的具体特点，明确规定其权责范围，使其能在权限范围内，独立自主地履行职责。

管理信息成本的目标管理打破了传统成本管理以生产为中

心的做法，它将成本管理的视野扩展到企业管理各个方面和各个层次。只要涉及管理决策所产生的信息需求，就会引致管理信息成本的目标管理问题。管理信息成本的目标管理有利于企业内部经济责任制的落实。

（二）责任成本管理

责任成本是企业生产发展到一定阶段的产物。责任成本管理是指在保证工期、安全、质量的前提下，完成一项任务所耗费的最低支出的总额（责任成本包含成本、费用、营业外支出等各项支出），将其按照可控原则划分为若干细项，进而确定成本费用发生的单位或个人，并以合同的方式建立责任成本计量体系，将各单位或个人的成本节超金额与其工资奖金等收益挂钩的成本管理方法。随着生产的不断发展和管理的不断进步，现代企业的生产经营活动必须由多个部门共同完成，但仅仅依靠整体性预算或综合性报告来对各部门的业务进行集中控制是比较困难的，所以必须把企业划分为若干个既独立又相互联系的部门，将每一部门作为一个在决策时受到较小限制而在管理时享有较大自主权的"责任单位"，各单位的主管人员对上一级管理者负责，而上一级管理者则对各个责任单位提供指导、帮助和监督。因此，责任成本是以责任单位为对象予以归集的相关成本，也即某一特定成本中心主管人员必须而且能够负责或控制的有关成本、费用。

对管理信息成本实施责任成本管理过程中，必须按照一定的管理程序执行。第一，划分管理信息成本的责任单位。责任单位是企业内部独立存在的，可以在一定的权责范围内自行控制成本发生、收益实现和资金使用的组织单位。实施责任成本管理，首先根据企业经营管理工作和行政管理体制的特定需要，在组织上确定对所辖管理活动承担完全经济责任的责任层次，明确划分若干责任单位。一般情况是要求管理信息成本的各责任单位在企业整个管理活动中，必须具有独立的地位，能独立承担一定的经济责任，核心是拥有一定的管理和决策权力；该责任单位确有能力独立完成上级所赋予的各项管理任务，且有明确、具体的管理目标。

第二，规定管理信息成本责任单位的权责范围。在事业部内部，被划定为成本责任中心的部门和单位，都应有其相对独立的经济利益。为了切实维护各责任单位的特定经济利益，必须明确规定它们各自所应承担的经济责任和各自所必然拥有的经济权力。假如不这样，责任单位就难以充分发挥生产经营的积极性和主动性，也不能真正落实经济责任和切实行使控制职能，必造成权、责、利三者相脱离。故在管理信息成本的责任管理合同中明确表述了各责任单位的权责范围，以保障事业部的各项管理活动沿着既定目标卓有成效地进行。

第三，确定管理信息成本的责任目标。责任目标是有关责任单位在其权责范围内，预定应当完成的生产经营任务，是企业未来一定期间经营总目标的分解与具体化。责任化的管理信息成本目标必然按照层层分解、落实的原则为每一责任单位确定相应的责任目标，分配一定的管理信息成本责任指标，以使各责任成本单位了解它们在实现企业总体目标上所应完成的具体工作任务。

第四，建立管理信息成本数据系统。为把成本、费用数值同经济责任紧密联结起来，力求实现经济责任的制度化和数量化，必须建立健全一整套记录、计算、考核、评价责任目标（责任预算）执行情况的数据与指标体系。只有建立健全了科学的数据系统，才能有效地实施过程跟踪与控制，及时了解各责任单位管理活动的真实情况，从而为评价、考核各责任成本中心的工作业绩提供可靠依据，为实现管理信息成本数值同经济管理责任的有机结合创造条件。

第五，考评工作绩效。为了保证管理信息成本责任管理制度的正确贯彻和实施，必须在计量、分析有关责任单位预算实际执行情况的基础上，对它们的工作成绩和经营效果进行严格的考核和恰当的评价。只有通过工作绩效的考评，才能充分肯定各责任单位的成绩，及时发现问题，并有针对性地制订修正措施，强化管理信息成本控制，促进各责任单位做好各项经营管理工作。

第六，编制责任成本报告。责任成本报告即责任成本绩效报告，是有关责任单位在一定期间内从事生产经营活动的集中反映，也是各责任单位预定责任（责任预算）执行过程、执行结果的概括说明。通过编制责任化的管理信息成本报告，可以根据责任单位的特点和其他条件，按照实现企业总体目标的要求，相应调节和控制自身权责范围内的生产经营活动，不断提高经济效益。

（三）作业成本管理

1. 作业成本法的原理与方法

作业成本法（Activity Based Costing，ABC）是以作业为核心，确认和计量耗用企业资源的所有作业，将耗用的资源成本准确地计入作业，然后选择成本动因，将所有作业成本分配给成本计算对象（产品或服务）的一种成本计算方法。与传统的成本分配方法相比，它能够提供更准确的产品（包括服务）成本信息，为企业的管理决策和业绩评价提供更相关的信息依据。其主要特点是：①以作业为基本的成本计算对象，并将其作为汇总其他成本（如：产品成本、责任中心成本）的基石。②注重间接计入费用的归集与分配，设置多样化作业成本库，并采用多样化成本动因作为成本分配的标准，使成本归集明细化，从而提高成本的可归属性。③关注成本发生的前因后果。产品的技术层次、项目种类、复杂程度不同，其耗用的间接费用也不同，但传统成本计算法认为所有产品都根据其产量均衡地消耗企业的所有费用。因此，在传统成本法下，产量高、复杂程度低的产品的成本往往高于其实际发生成本；产量低、复杂程度高的产品的成本往往低于其实际发生成本。

作业成本计算则以作业为联系资源和产品的中介，以多样化成本动因为依据，将资源追踪到作业，将作业成本追踪到产品，提供了适应现代制造环境的相对准确的成本信息。作业成本计算以财务为导向，从分类账中获得主要成本（如：间接费用）项目。进而将成本追踪到作业成本库，再将作业成本库的成本分配到各产品，侧重于对历史成本费用进行分析，是成本分配观的体现。

作业成本法的具体做法包括：①确认主要作业，划分作业中心；②将归集起来的投入成本或资源分配到每一个作业中心的成本库中；③将各个作业中心的成本分配到最终产品中。成本计算最终要计算出产品成本，在作业成本法下，产品成本由作业成本构成，汇集的作业成本按各产品消耗的作业量的比例分配，计算出各个产品的作业成本，确定各产品成本。

2. 作业成本管理与目标成本管理的协调

在基于作业成本计量的目标成本管理中，对各责任中心的管理信息成本目标完成情况的考评是管理信息成本发生之后，对管理信息成本发生的前因后果所做的分析，一方面是为了分清责任，实施奖惩；另一方面可以进行作业链价值分析，确定哪些作业为最终管理决策的价值实现提供服务，消除不必要或不增值的作业，同时对于企业必要但不增值的作业应尽量降低其成本消耗，实现作业链的优化管理①。

因此，在实施管理信息成本控制过程中，要把内部市场化

---

① 王建华. 基于作业成本计量的目标成本管理 [J]. 会计之友，2007（15）：52－53.

下的目标成本管理和作业成本结合起来，就必须使目标管理信息成本分解到的责任中心和按作业成本计量划分的作业中心协调一致，相互对应，实行管理信息成本的责任中心和作业中心协调控制，使作业成本计量的信息满足贵任中心考核的要求。基于作业成本计量的目标管理信息成本控制的基本思路见图8-5。

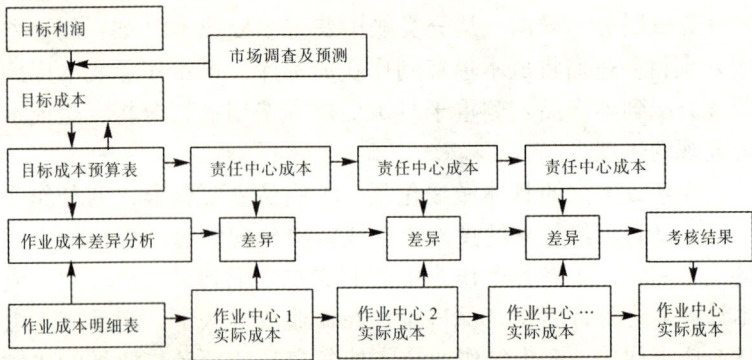

图8-5　基于作业成本管理的目标管理信息成本控制考评流程图

二、管理信息成本控制战略的保障措施

管理信息成本控制的保障措施是为了保证成本控制措施的有效性和保证成本控制措施的顺利实施而建立的各种规范。它主要是制度规范和组织规范。建立管理信息成本控制保障措施主要通过建立起一系列的业务处理与报告应遵循的程序和规范，以及通过组织结构的设定、职能的划分与分工等，来保证组织内容的各项活动按照有利于降低成本、有利于成本控制的方式进行。这些措施的功能不是直接作用于成本发生过程本身，而是对部门和个人处理业务的行为按照控制的需要加以约束或引导，其作用是基础性的和防范性的。

（一）建立管理信息成本控制战略保障措施的必要性

按照成本控制措施的融入思想和整合与集成思想，管理信息成本控制应融入到各相关部门的业务管理和业务过程之中。管理人员进行的管理活动、业务人员进行的业务活动，同时也可能就是管理信息成本控制活动。然而，由于管理活动与业务活动自身的特点，与其相应的活动因为管理信息成本控制意思的缺失，往往淡化了管理信息成本控制的内容和责任，出现管理信息成本失控。因此，管理信息成本控制保障措施的建立主要基于以下目的。

1. 与管理活动、业务活动的目标一致。管理活动与业务活动的首要目标是完成其岗位职业任务，其次才是以低成本完成其责任。活动目标是第一位的，控制成本是第二位的。管理信息成本控制保障措施的建立有利于目标相融，在完成活动目标的同时实现管理信息成本控制，在进行管理信息成本控制过程中实现活动目标。

2. 防止出现管理信息成本失控。管理信息成本既是企业管理成本的一部分，又属于信息成本的范畴，在表现形式上具有多样性，在成本范畴上具有交叉性，难以控制。管理信息成本保障措施的建立是从整个企业系统视角进行的，既有制度保障，又有组织保障，还在时空上进行了规范和界定，这就使管理信息成本控制的对象明确，措施到位，控制有效。

（二）管理信息成本控制战略的时空体系

1. 管理信息成本控制的时间性与空间性

成本的可控性与成本控制的时间和空间密切相关①。管理信息成本属于企业成本的一部分，无论是其发生还是控制都具有明显的时空性。总体而言，管理信息成本是可控的，但已经发

---

① 焦跃华. 现代企业成本控制战略研究 [M]. 北京：经济科学出版社，2001：251.

生的成本，就已经成为沉没成本，不会为当前的控制活动所改变。正在发生的管理信息成本，一部分由过去的活动所决定，是不可控的。如正在建设的管理信息系统成本，相关软件已经购买，人工成本已经发生，无法再进行控制。而正在发生过程中的另一部分成本，则在一定幅度范围内是可以为现时的控制活动所改变，是可控的。如管理信息系统建设中的材料费用、能源消耗的高低。而所有将来未发生的管理信息成本，都可以通过现时的规划活动进行控制。这说明，管理信息成本的可控制性与实施控制的时间相关。

现时可以控制的管理信息成本与空间相关。管理信息成本发生于不同的环节、不同的部门，往往由特定环节、特定部门所限制和影响。管理信息成本主要产生于管理部门的管理决策活动中，包括战略管理、业务管理或跨企业间管理。因此，管理信息成本控制的空间性体现在控制的部门是管理部门，控制的环节是管理环节。并且，管理信息成本控制在空间上具层次性，包括跨企业间组织管理机构、战略管理机构和业务管理机构。当然，各控制环节也要融入不同管理机构的管理活动过程中。

管理信息成本控制的时间性与空间性要求管理信息成本控制战略措施的构造与选择要结合时间与空间进行。

2. 管理信息成本控制时间的选择

管理信息成本控制措施的实施效果受到控制时间的影响，管理信息成本控制措施和方法必须充分考虑时间因素。国内外一些学者按照成本控制内容所涉及的时间系统，将成本控制分为事前成本控制、事中成本控制、事后成本控制，并据此建立了相应的控制体系。管理信息成本控制基于时间的视角看也可分为事前控制、事中控制和事后控制。

从管理信息成本控制的环节看，事前管理信息成本控制包括成本预测、成本决策、成本计划等环节，事中管理信息成本控制属于日常成本控制，发生于日常管理活动过程中，事后管理信息成本控制是成本发生之后的计量、考核、分析、评价等工作。从内容上看，事前管理信息成本控制包括管理信息成本控制制度的制定、组织机构的建立、控制措施的选择等，事中管理信息成本控制包括人工成本控制、管理信息系统运行成本控制、信息收集、加工、传递、存储和利用成本控制等，事后管理信息成本控制主要有助于促进事前和事中成本控制的强化，对事前和事中管理信息成本控制进行分析、考核、评价，总结经验教训，挖掘降低管理信息成本的潜力，有利于改进下一个决策活动中的管理信息成本控制。

3. 管理信息成本控制空间的设计

管理信息成本与产品生产成本一样，都有特定的发生空间。产品生产成本主要产生于生产车间的人员工资、材料成本、能源消耗、折旧费用等。管理信息成本主要产生于管理部门的管理活动中，包括人事管理部门、项目管理部门、财务管理部门、日常业务管理部门、产品质检管理部门等。在上述管理部门或管理机构中，只要涉及信息的收集、加工、传递、利用等活动，就会产生管理信息成本，也就存在管理信息成本控制空间。

现代管理信息成本控制空间在横向和纵向上都已拓展。管理信息成本控制空间的横向拓展是从管理决策部门出发向其他部门管理环节的扩延，从日常事务管理扩延到质量管理、安全管理等。空间的横向拓展决定了管理信息成本控制措施和方法的多样性、复杂性、针对性。管理信息成本控制空间的纵向拓展是基于管理层决的提升，从业务管理到战略管理，再到跨企业间组织管理。这种空间形态的拓展使得管理信息成本形成过程从微观空间结构扩大到跨企业间组织，使企业成本控制既依赖于作业成本管理，又依赖于战略成本管理，以及跨企业间组织成本管理。

（三）管理信息成本控制战略的组织保障

1. 组织结构与管理信息成本控制

合理的组织结构是管理信息成本控制有效的基础，合理化的组织结构包括组织的机构设置、责任体系、权利制衡等多种因素。

许多学者企业组织结构都有不同认识，诸如，企业组织的基本框架，是对完成企业目标的人员以及人员关系、级职以及级职关系、权责以及权责的范围、资源以及资源的配备等所作的制度性安排。（陈筱芳，2004）[①] 为实现其经营战略目标而确定的内部权力、责任、控制和协调关系形式，它既涉及企业内部部门之间、岗位之间以及员工之间的相互联系，也涉及企业内部的决策和控制系统。（李剑峰，2004）[②] 企业在特定的目标之下，对实现该目标所必需的活动加以分工和协调而呈现出来的某种格局或形式。（胡平杰，2005）[③] 无论什么样的组织结构都会影响到企业成本控制，其中，对成本控制影响最大的是责任集中的最高管理层。

组织结构对管理信息成本控制的影响主要体现在两个方面：第一，组织结构在很大程度上决定了管理目标的确立和管理政策的建立，从而影响管理信息成本控制方法与措施的选择；第二，组织结构在很大程度上决定了企业的资源分配，资源分配的方式影响着管理信息成本的大小。不同类型的组织结构对管理信息成本有着不同的影响，因此在确定企业组织结构时，应

① 陈筱芳. 论企业组织系统重新架构的迫切性 [J]. 经济师，2004（9）：170-171.

② 李剑峰. 如何因地制宜导入事业部？——探讨石油企业组织结构调整方向 [J]. 中国石油企业，2004（7）：118-121.

③ 胡平杰. 知识型企业组织结构理论研究的现实性探讨 [J]. 求索，2005（8）：32-33.

尽可能将企业经营特点、组织目标、成本控制等各因素结合起来考虑，为进行有效的管理信息成本控制提供组织保障。

2. 管理信息成本控制对组织结构形式的选择

组织结构形式是组织结构框架设置的模式。它包括纵向结构设计和横向结构设计两个方面。通过机构、职位、职责、职权及它们之间的相互关系，实现纵横结合，组成不同类型的组织结构，如表8－1所示。

表8－1 　　　　　　组织结构的基本形式

名　　称	涵　　义	适用对象
直线制	是一种最早的和最简单的组织形式。这种组织形式没有职能机构，从最高管理层到最低层实现直线垂直领导	小规模企业
职能制	是指设立若干职能机构或人员，各职能机构或人员在自己的业务范围内都有权向下级下达命令和指示	无法在现实中真正实行
直线—职能制	又称直线参谋职能制或生产区域制。它是把直线指挥的统一化思想和职能分工的专业化思想结合起来，在组织中设置纵向的直线指挥系统的基础上，再设置横向的职能管理系统而建立的复合模式	各类组织
事业部制	也叫联邦分权化，是指在公司总部下增设一层独立经营的"事业部"，实行公司统一政策，事业部独立经营的一种体制	规模大、有不同市场面的多产品（服务）的现代大企业
矩阵制	又叫规划—目标结构，它由纵横两套管理系统叠加在一起组成一个矩阵，其中纵向系统是按照职能划分的指挥系统，横向系统一般是按产品、工程项目或服务组成的管理系统	变动性大的组织或临时性工作项目
委员会组织	是执行某方面管理职能并实行集体决策、集体领导的管理者群体	需要集体领导或有专项职能的组织

　　上述介绍的各种组织形式，各有利弊。企业应依管理信息成本控制目标与实际情况进行灵活选择。必要时也可将几种形式有机结合起来，以更有效地保证目标实现。

　　（四）管理信息成本控制战略的制度保障

　　制度是要求人们共同遵守的行为规范或行动准则。管理信息成本及成本控制自身的特点决定了管理信息成本控制不能建立在人们自觉的基础上。成本意识的提高要通过制度来约束，信息的不对称要求有成本控制的指南，成本行为的合理性标准要通过制度来加以确立，成本责任与利益需要制度来规范，完备的控制制度对于强化管理信息成本控制具有重要意义，建立科学有效的管理信息成本控制制度是进行管理成本控制的一项重要战略措施。

　　1. 建立管理信息成本前馈控制制度

　　为了真正有效地控制管理信息成本，就必须建立起对成本费用扩张冲动的预警与制约机制，加强对管理信息成本的前馈控制。所谓管理信息成本的前馈控制，是指分析管理信息成本的变化规律，并在成本形成之前，就按照管理信息成本目标对管理活动和管理信息处理活动进行选择，对管理信息成本进行预测、调控的管理活动。其目的是要实现最佳的成本支出效果，即达到总量性成本和结构性成本优化[①]。

　　2. 建立管理信息成本过程控制制度

　　管理信息成本的过程控制，是指在管理信息成本形成过程中，对成本的日常控制或现场控制。它是在管理活动过程中，通过对实际发生的各项管理信息成本和费用进行限制、指导和监督，以保证原定管理信息成本目标得以实现的管理活动。加强对管理信息成本的过程控制可以弥补现行成本考核指标的不

---

　　① 姚鑫，周德昕. 国有商业银行成本控制制度的建立 [J]. 商业研究，2003 (20)：88 - 91.

足之处。

管理信息成本过程控制制度要求：①实行指标控制、制度控制与定额控制相结合的过程控制办法。指标控制是指通过各种考核指标来控制成本支出，定额控制是指通过制定先进合理的定额来达到控制成本支出的目的，制度控制就是为了控制成本费用开支而制定的各项开支标准。②实行"管理信息成本差异"调控。在日常管理过程中，由于种种原因，实际发生的管理信息成本数额与预定的标准成本往往会发生偏差，这就是"管理信息成本差异"。管理信息成本差异是控制管理信息成本的一项很重要的信息来源，同时它又是评价和考核各个职能部门实绩的重要依据。为了及时地控制管理信息成本差异，应当按照形成管理信息成本差异的基本原因设置账户，以便于在管理信息成本差异形成的当时就及时得到反映，并查明原因，采取措施，使管理信息成本控制在标准之内。

3. 建立管理信息成本决策责任制度和控制激励制度

为解决管理信息成本控制责任不明确的问题，必须建立管理信息成本管理责任制，明确成本控制的责任单位和个人，并结合各部门的成本指标进行考核，根据考核情况奖罚兑现，以扭转管理信息成本控制人人有责，使管理信息成本得到真正有效的控制。

（1）完善管理信息成本责任系统，加强管理信息成本的归口控制。包括：第一，划分责任层次，建立管理信息成本中心，明确各中心的成本责任；第二，根据是否可控的原则，将成本计划指标和定额成本分解到各成本责任中心，作为评价、考核各成本中心实绩的标准；第三，为了控制企业的责任成本和经营成果，各层次的成本中心应当按月将本中心所归集的成本与费用汇总上报。

（2）完善管理信息成本考核系统。制度措施发挥作用的关键在于制度措施能够得到切实的执行，这需要通过考核评价措施和激励惩罚措施予以保障。因此，在完成了管理信息成本指标的确定、成本责任的落实后，还必须建立完善的成本考核系统。主要包括对成本目标的检查、考核与评估三方面：检查成本目标完成情况；考核各责任中心成本目标实施情况；评估成本控制实绩；将成本目标考核结果与各层次责任成本中心的利益分配结合奖罚兑现。

第五节　管理信息成本控制策略

　　企业在实施管理信息化过程中，发生的管理信息成本包括采购、运营、组织、使用成本……一个管理信息化项目的成本有多少，一方面取决于该项目的标的额，另一方面就是该项目到底能够在企业发展的过程当中，陪伴企业多久。可以想象，一个花了大价钱实施的管理信息化项目，如果在极短的时间内就失去了作用，再重新实施，其成本当然很高。而使用时间越长，其平均成本也就越低。

　　一味降低管理信息化方面的投入，从长远来看不利于企业的发展和应对外部市场的挑战。毕竟企业还是要面对竞争和持续发展的。不会有哪个企业的老板不愿意自己的企业发展壮大。那么什么方法能让管理信息化系统"瘦身"，同时又不影响企业的发展呢？什么样的技巧可以让管理信息化真正"瘦身"且不反弹，瘦得得法，瘦得健康呢？和实施管理信息化项目一样，管理信息成本控制同样有它自身的规律，需要制定相应的控制计划，分阶段分步骤实施。具体可以采取以下几个方面的策略来对管理信息成本进行有效控制。

一、认真制定管理信息系统购买规划，控制管理信息系统成本

尽管采购只占信息化成本的 25%～30%，但采购决定了信息化短期内的大部分显性成本，对于中小企业来说更是如此。对于信息化来说，选型至关重要，选择合适的信息化产品至关重要，要经得起诱惑，抵制那些随便制作出来的信息化"快餐产品"，不论其在价格方面多么诱人，要知道真正的成本是在实施和运行过程中。有人主张不打无准备之仗，选型之前一定分析一下企业自身，做好信息化咨询和规划，聘请有实力的独立专业咨询服务机构为企业信息化采购提供甄别和指导，不要跟风盲目追求技术。

信息化的发展使得市场上不断涌现新的技术和概念，看到别人上了豪华系统，有的企业感觉相形见绌，认为如果不用最新技术方案就会落后，但豪华系统消化起来需要更多的资源，考虑到自己现在的人财物资源状况，不能来"满汉全席"，要先满足最基本的业务系统需要。要学会抵制新技术的诱惑。一句话：只选对的，不选贵的。据了解，如今国内软件公司不存在"价格优势"，而是"价格劣势"。因为有相当一部分企业选择信息化系统，有一个误区：选择一个大的厂商合作，即使不成功，相关人员也没有责任；而如果选择中小型厂商来合作，如果失败，那就是在给自己找麻烦。这样在还没有实施之前就给自己找借口的想法，也使得很多企业在选择信息化产品过程中不计成本，可是在后期的实施、维护、服务阶段却想方设法减少投入，最终导致项目处于可有可无的尴尬境地，增加了企业信息化系统的选购和使用成本。

那么应用企业该如何选择合适自己的信息化产品呢？具体操作层面，应该从三个角度去考量。

首先，不要迷信大品牌。很多企业之所以选择大品牌，主要是在给项目失败找个借口，减少个人的责任，这实际上给企业信息化失败、形成大量管理信息成本留下了隐患。大品牌是不是就不好呢？当然，在某个领域当中出类拔萃的软件供应商，一定有其过人之处，但是不能保证其产品就适合所有企业应用。有人曾就中小企业成功案例调查了很多"巨人"级别的公司，出乎意料的是，其中有几家软件供应商，平时信誓旦旦自己有针对中小企业的解决方案，可是却没有成功案例可以"分享"，这样的解决方案是否适合中小企业确实值得怀疑。而如果这些中小企业盲目迷信大品牌，而选择了这些所谓针对中小企业的解决方案，那么后果可想而知。因此品牌是不是大不要紧，要紧的是，所选择的信息化产品一定要符合企业的需求，这样才能保证其投入是有效的，并且没有别的浪费。

其次，不要盲目相信一个信息化系统可以解决企业所有的问题。如今的软件系统层出不穷，以管理软件来看，从企业资源计划开始，就出现了产品数据管理、产品生命周期管理、制造过程管理、制造执行系统……且不说这些系统孰是孰非，但是确实有太多的名词和太多的概念需要应用企业去辨别——哪个系统才能解决企业的现实问题？哪些系统可以缓一缓才实行？哪些系统是根本就没有任何意义的？如果应用企业迷失在这些信息化名词当中，盲目相信了软件提供商不负责的承诺，进而实施了本来不需要的系统，成本控制无从谈起。

案例8-2①：北新集团建材股份有限公司（简称北新建材）作为国家投资建设的全国最大的新型建材生产基地，以现代化的思想、信息化的管理、先进的技术装备，不仅生产出享誉国内外的龙牌系列建材产品，更是使自身走上了快速发展的快车

---

① 筱月. 重塑企业——北新集团建材股份有限公司信息化建设侧记 [EB/OL]. [2001－09－20] http://www.niec.org.cn/qyxxh/ffyj.htm.

道，成为全国建材行业用信息技术提升企业管理水平、提高市场竞争能力的典范。近年来，北新建材围绕着 MOVEX－ERP 项目建设，累计投入资金 700 余万元。但对企业资源计划系统选型和对合作伙伴的选择，公司负责人介绍，公司决定实施企业资源计划后，做了多方面的调研，在不贪大求洋、要适用于企业自身行业特点、集成商具有实施经验等原则的指导下，最终选择了性价比优秀的 MOVEX－ERP 产品，并由具有良好信誉和强大实力的神州数码集成系统公司组织实施，神州数码集成系统公司为北新建材提供硬件集成、软件实施咨询、售后支持等全方位的系统服务。之所以选择神州数码，一方面是因为项目实施的性价比适中，整个项目预算大概是 400 多万元，包括了软件、硬件、实施、网络布线等费用；另一方面，神州数码能提供除硬件设备之外、包括软件、实施、维护、服务等等全面的解决方案。这样当遇到问题时，只要找神州数码就可以了，不会出现互相推脱、扯皮的现象。更重要的是，神州数码有很好的实施经验，特别是在建材行业也有成功的案例。

最后，企业应重视并借鉴同行业的经验。在信息化时代，企业原有的管理模式将不再适应企业内外环境的变化，企业迫切需要借助信息化手段进行规范的管理，信息化系统的建立是其中不可缺少的一环。但是，企业从诞生之日起就有着自身的特点，如何针对这些特点来实施走管理信息化之路，少走冤枉路，少花冤枉钱，提高成功率呢？作为一般的管理信息系统选型过程应该非常重要。但是，管理信息系统供应商的选择更重要的是其产品和服务是否贴近企业的经营模式，能否满足企业的管理信息需求。因此，一定要经过充分调研，要更多的了解同行在应用管理信息系统时的经验，这对企业管理信息系统建设非常重要。并且，企业应求助于咨询服务机构，他们的经验更为丰富。不仅在选型而且在招标、签约、实施管理信息化的过程中都能提供全面的服务。

二、注重系统效能的时间性，选择长效性管理信息系统

目前，硬件设备价格不断下降，可能不会对企业管理信息化造成太多的成本压力，但软件解决方案不断有新的理论和体系出台，其更新会直接影响到企业管理信息化建设的进程，企业更应该注意到软件体系的可持续发展。曾有人指出：一个企业的信息化建设，进行到一定阶段后，经过大量的积累和发展，必然会引起信息化体系的更迭，这种更迭有时候甚至是颠覆性的。而每经历过这样一种凤凰涅槃般的脱胎换骨，企业都保存了大量有效的数据、对信息化系统应用的经验、信息化人才……这些才是一个企业经过信息化项目洗礼以后收获的价值，是企业自身竞争力的核心。因此这样的更迭是不可回避的。不得不承认，这样的观点对于中国的企业是有相当的启示作用的。但是我们更应该注意到，如何才能使得企业目前所选用的信息化项目的"有效期"尽可能地长久。

首先，企业应该合理规划自身的发展方向，对自身的发展有明确的规划，并且能够合理地在每个阶段选择合适的信息化产品，解决当前首要的问题。福田汽车就是一个很好的榜样，福田汽车在多计算机辅助设计系统混合设计的现实条件下，统一规划了企业未来信息化系统的构架，制定了一个长期的发展方向，有目的有步骤地实施了产品数据管理、企业资源计划等系统。他们的信息化负责人曾经说，他们将要实施的某个信息化项目，是在三年前就已经决定了的。暂且不去讨论这样一个项目的结果如何，就是这样一个安排缜密的实施计划，相信已经解决了不同项目之间数据传递、整合等诸多的问题，这使得之前实施的计算机辅助设计、产品数据管理等系统不仅可以充分发挥其自身的功能，而且有能力继续为后续的信息化系统提

供服务，从而将这种前期的信息化投入最大限度地延长了。

其次，企业在选择软件系统时，也应该注意到软件的可扩展性。目前，很多软件供应商也注意到了这个问题，不但将自己的软件系统做到尽量地开放，而且还在自己的系统上，不断开发新的功能，以满足不同用户的特色需求，例如美国参数技术公司。从最早的中端三维设计软件 PRE/E，到产品数据管理系统 WNINDCHILL，后来随着中国企业自主开发产品的增加，还适时地推出了文本发布系统，以及工程计算软件。这样一种可扩展的系统，甚至能够伴随企业发展的软件系统，当然不会在短时间内被淘汰和抛弃。因此，企业选择一个可以长期使用的信息化系统，应该是节省成本的第一步。

三、改变传统的信息化商业模式，降低管理信息成本

传统的企业信息化应用模式是独立软件/解决方案供应商（ISV）＋系统集成商（SI）提供套装软件＋系统项目实施。这种模式最大的弊端在于企业对于很多成本根本无法把控。突出的体现就是采购和实施成本不易降下来。

有专家认为，企业管理信息成本控制的最佳路径是应用服务提供商（Application Service Provider，ASP）或者外包。现在这种模式已经逐渐演变成软件即服务（Software－as－a－Service，SAAS）。它是一种通过互联网提供软件的模式，用户不用再购买软件，而改用向提供商租用基于网络的软件来管理企业经营活动，且无需对软件进行维护，服务提供商会全权管理和维护软件。对于许多小型企业来说，软件即服务是采用先进技术的最好途径，它消除了企业购买、构建和维护基础设施和应用程序的需要。软件即服务服务提供商为中小企业搭建信息化所需要的所有网络基础设施及软件、硬件运作平台，并负责所有前期的实施、后期的维护等一系列服务，企业无需购买软硬

件、建设机房、招聘信息技术人员，只需前期支付一次性的项目实施费和定期的软件租赁服务费，即可通过互联网享用信息系统。服务提供商通过有效的技术措施，可以保证每家企业数据的安全性和保密性。企业采用软件即服务服务模式在效果上与企业自建信息系统基本没有区别，但节省了大量用于购买信息技术产品、技术和维护运行的资金，且像打开自来水龙头就能用水一样，能方便地利用信息化系统，从而大幅度降低了企业信息化的门槛与风险，降低了管理信息成本。

对企业来说，软件即服务的优点在于：①从技术方面来看：企业无需再配备信息技术方面的专业技术人员，同时又能得到最新的技术应用，满足企业对信息管理的需求。②从投资方面来看：企业只以相对低廉的"月费"方式投资，不用一次性投资到位，不占用过多的营运资金，从而缓解了企业资金不足的压力；不用考虑成本折旧问题，并能及时获得最新硬件平台及最佳解决方案。③从维护和管理方面来看：由于企业采取租用的方式来进行物流业务管理，不需要专门的维护和管理人员，也不需要为维护和管理人员支付额外费用。这在很大程度上缓解了企业在人力、财力上的压力，使其能够集中资金对核心业务进行有效的运营。这种模式在成本控制上比较有效，是未来信息化一个重要的发展方向。传统的信息化建设的方式不能从根本上解决中小企业信息化过程中遇到的成本问题。软件即服务模式将逐渐被越来越多的企业所接受。

如今有关信息技术的硬件价格已今非昔比。过去上万元的设备现在只需几千块钱便可购得，个人电脑、笔记本、服务器、网络设备的价格都在持续下滑，而且价格越来越透明。相反软件方面的支出却呈现出一种上升的态势。这种产业环境的改变需要厂商转变思路，由过去项目为主转到以面向服务为主，只有厂商做长期效益的考虑，才会减少短期行为。信息化的成本才能真正降下来。企业也要改变那种"租三年不如落下一套设备"的传统观念，运用软件即服务模式为自己降低管理信息成本。

四、优化管理业务流程，提高管理决策效率，降低管理信息成本

企业信息化成本，除了资金成本以外，更重要的就是时间成本。有许多企业，一个企业资源计划项目动辄就要十几个月才能上线，这样的实施不仅浪费了企业的金钱和经历，最为危险的就是浪费了企业的时间成本——失去了发展的最好时机。而保证应用企业时间成本的最佳方法就是要控制信息化项目的实施。

最了解企业业务需求的是企业自己，最熟悉企业组织结构的是企业自己，最清楚企业发展诟病的也是企业自己。那么，企业就应该最大限度地参与到整个信息化项目当中来，配合软件系统提供商和系统实施方做好实施的工作，解决项目实施中所遇到的问题，了解信息化系统与企业业务流程的关系，尽可能使信息化系统的实施时间和调试时间压缩到最短，并使企业的管理信息系统与企业管理流程实现有机融合。

北京联合大学的张选伟认为管理信息化从根本上说是个管理问题，想依靠某一种架构和软件就解决企业自身存在的管理问题并且真正降低信息化总体拥有成本是不现实的。厂家会给企业开出各种各样的降低信息化成本药方来，但不是解决问题的根本办法。还是要从企业管理这个角度去寻找成本控制的答案。勤哲软件总经理崔亚军认为传统方式下的信息化最大的成本产生在实施、运营和维护上，一个项目上马没有结束的日期，这是最大的成本。只有企业自己去维护，成本才能彻底降下来，企业本身管理流程科学规范了，信息化的各种成本才会降下来。

　　有的专家说，要让信息化成本降下来，还是企业做好自身的管理和规划最有效果。信息化成本控制要一步一步来，要有阶段性目标。要让领导和同事看到阶段性成果，他们才会支持你继续走下去。只有对企业管理和业务系统熟悉的人才能找到本企业的信息化瘦身方法，任何软件方案也不能解决企业发展运行中遇到的成本问题，因此降低信息化成本主要靠企业自己。赛迪顾问咨询师贾宁认为企业一定要做好信息技术规划。好的计划是成功的开始，尽管有时候计划赶不上变化。统一账目，建立财务成本计量指标体系也是成本降低的好办法。另外组织扁平化有利于减少中间沟通环节，也能起到降低成本的作用。有的时候，一个好的项目经理可以推进项目按照计划正常进展。这将极大地降低信息化的实施成本。不要认为信息化咨询顾问的钱花得不值，有的时候，这笔钱可以让企业少走弯路，降低很多不必要的机会成本。

　　案例8-3①：北新建材公司以信息标准化、编码规范化为基础，规范企业管理，理顺业务流程。企业资源计划的实施规范了北新建材多达40多个的业务流程，理顺了业务流程，提高了业务运行效率。首先，详细准确地计量了汽运的三种运费；其次，由于不同工厂仓库之间的调拨流程及时准确，各种单据规范，控制了无单上站的业务，从而使专用线物料库存准确无误。同时，由于铁运发车记录信息的共享，大大减少了铁运计划员的手工查询工作量，提高了工作效率。北新建材通过管理流程的规范，一方面提高了管理效率，另一方面还降低了日常管理成本，全面提升了企业的核心竞争力。

---

　　① 筱月. 重塑企业——北新集团建材股份有限公司信息化建设侧记［EB/OL］.［2001－09－20］http://www.niec.org.cn/qyxxh/ffyj.htm.

案例8-4 [①]：许多成功企业的信息化都是紧紧围绕着企业的核心业务和主导流程进行的。沃尔玛的核心业务是商品零售，主导流程是货物配送，因而它不惜花巨资来"化"它的核心业务和主导流程。又如，海尔是一个加工型企业，它们在国内率先运用了计算机集成制造系统（CIMS），并取得了非常好的效果。现在海尔全面实行了"索酬、索赔、跳闸"的内部市场链（SST）管理制度。海尔的"市场链"就是以"日事日毕，日清日高，人人都管事，事事有人管"（简称OEC）管理模式为基础，以订单信息流为中心，带动物流和资金流的运行，实施业务流程再造，实现了"三个零"（质量零缺陷，服务零距离，运营零成本）目标。

五、加强信息化培训，提高系统运营效率，降低管理信息系统成本

在管理信息化领域曾经有过一次大讨论，针对的是"信息化系统服务费该不该收"的问题，现在看来这个问题的答案已很明显，因为有些软件公司的服务费收入已经大大超过了软件本身的销售收入，但是在当时，高额的服务费确实令很多应用企业感觉有点离谱，这就是所谓"维护和使用成本"。服务费是应该收取的，而且现行的比例也是合理的。因为毕竟软件销售不是卖盗版光盘，服务应该说是保障企业应用的最后屏障，同时作为软件提供商，这种服务模式也是有相当的成本的，根据经济规律，收费无可厚非。现在要探讨的是企业如何降低这种"维护和使用成本"，对于软件服务商按小时收费的模式，应用企业最划算的方式当然是培养企业自身的信息化人才——这样

① 武克华，马海敏，张淑敏. 秘笈：以信息化为动力［EB/OL］.［2005-01-24］http://www.ycwb.com/gb/content/2005-01/24/content_838357.htm.

第八章　管理信息成本控制论

日常的维护就可以完全凭借自己的技术力量实现，只有遇到大的升级、修改时，才需要请软件服务商。

培训对于企业降低信息化成本至关重要。做好员工培训：员工使用系统越熟练，系统产生的效益也越大，成本也会随之降下来。在一套信息化系统没有完全运行成熟之前，不要盲目去上第二套系统，以免把有限资源分开使用。

"人人都能耍大刀，但要达到关公的水平却很难"，管理信息化早上早用，使用熟练程度和积累的经验知识最终会变成这个企业独特的地方，因为每个企业使用信息化系统的方法不一样，最后的结果也会大相径庭。人人都用才是真正的信息化。这个大刀只要能耍起来就好，如果使用得很方便员工为什么还要回到过去的操作中去？所以就是要让人人都会耍大刀。培训还可以降低员工对于信息化的抵触情绪，加快信息化项目的进度。因此，培养企业自身的信息化人才，大大节省了应用企业的维护和使用成本，而且在项目论证、选型等前期阶段，在后期的升级阶段，也节省了时间成本。

六、构建科学的管理信息组织结构，降低管理信息结构成本

管理信息结构成本发生于企业管理信息组织结构运营过程中，包括管理信息组织结构的人员费用、活动费用等。企业可以通过构建科学的组织结构，提高组织运营效率，降低管理信息结构成本。管理信息组织结构的科学性体现于：能满足企业管理决策的需要，为企业管理决策提供所需的管理信息并能保证管理信息的数量和质量；能充分体现管理信息的价值，减少企业管理决策的不确定性，降低决策失败的风险；能够及时提供有效的管理信息；能够使成本尽量最小化；能够充分、有效地运用现代信息技术。无论是扁平化组织，还是网络化组织和

无边界组织，企业构建的标准都是适用、有效、低成本。

在管理信息成本控制过程中，不同的阶段有不同的成本控制方法和技巧，最终要看这个方法是否适合这个企业，企业要根据自己的规模、实力和发展愿景采用不同的方法和策略，具体问题具体分析，绝对不能照搬套用，活学活用才能带来实际效果。为了降低信息化总体拥有成本，企业是"吃药瘦身"，即把重点放在不断压低采购成本上，还是"运动瘦身"，即通过加强自身管理降低成本，还是"整容瘦身"，即改变企业的组织结构，提高组织结构运营效率来减低成本，不同的企业会因自身管理信息成本的构成和数量不同而作出不同的选择。

控制管理信息化系统的成本，是一个很大的问题。本文认为，有效控制成本首先要提高项目的实施成功率，同时也要提高管理信息化项目的有效期，这样才能从根本上控制应用企业的信息化成本，才能提高管理信息的价值，控制好企业的管理信息成本。

<u>参考文献</u>

1. 林万祥. 成本论 ［M］. 北京：中国财政经济出版社，2001.

2. 林万祥，苟骏. 风险成本管理论 ［M］. 北京：中国财政经济出版社，2006.

3. 林万祥. 林万祥文选 ［M］. 成都：西南财经大学出版社，2007.

4. 葛家澍，林志军. 现代西方会计理论 ［M］. 厦门：厦门大学出版社，2002.

5. 赵德武. 会计计量理论研究 ［M］. 成都：西南财经大学出版社，1997.

6. 许毅. 成本管理手册 ［M］. 北京：中国社会科学出版社，1983：78.

7. 吴艳鹏. 资产计量论 ［M］. 北京：中国财政经济出版社，1991.

8. 谢诗芬. 会计计量中的现值研究 ［M］. 成都：西南财经大学出版社，2001.

9. 李宝山，刘志伟. 集成管理——高科技时代的管理创新 [M]. 北京：中国人民大学出版社，1998.

10. 洪剑峭，李志文. 会计学理论——信息经济学的革命性突破 [M]. 北京：清华大学出版社，2004.

11. 胡元木. 信息资源会计研究 [M]. 北京：经济科学出版社，2005.

12. 陈良华. 基于泛会计概念下成本计量研究 [M]. 北京：中国人民大学出版社，2005.

13. 霍国庆，等. 企业信息资源：集成管理战略理论与案例 [M]. 北京：清华大学出版社，2004.

14. 焦跃华. 现代企业成本控制战略研究 [M]. 北京：经济科学出版社，2001.

15. 陈奋. 成本管理的原理与方法 [M]. 台北：中华企业管理发展中心，1979.

16. 王众托. 企业信息化与管理变革 [M]. 北京：中国人民大学出版社，2001.

17. 凯西·施瓦尔贝. IT 项目管理 [M]. 北京：机械工业出版社，2002.

18. 凯瑟琳娜·斯腾詹，乔·斯腾詹. 成本管理精要 [M]. 吕洪雁，译. 北京：中国人民大学出版社，2004.

19. 罗恩·阿什克纳斯，等. 无边界组织 [M]. 姜文波，译. 北京：机械工业出版社，2005.

20. 费雷德·R. 戴维. 战略管理 [M]，北京：经济科学出版社，1998.

21. 小威廉·J. 布伦斯，等. 理解成本 [M]. 燕清联合，译. 北京：中国人民大学出版社，2004.

22. 莫里斯·穆尼茨. 会计基本假设 [R]. 美国注册会计师协会会计原则委员会，1961.

23. 葛家澍, 徐跃. 会计计量属性的探讨——市场价格、历史成本、现行成本与公允价值 [J]. 会计研究, 2006 (9).

24. 罗珉, 何长见. 组织间关系: 界面规则与治理机制 [J]. 中国工业经济, 2006 (5): 87-95.

25. 罗珉. 价值星系: 理论体系与价值创造机制的构建 [J]. 中国工业经济, 2006 (1): 80-89.

26. 张为国, 赵宇龙. 会计计量、公允价值与现值 [J]. 会计研究, 2000 (5).

27. 殷俊明, 王平心, 吴清华. 成本控制战略之演进逻辑: 基于产品寿命周期的视角 [J]. 会计研究, 2005 (3).

28. 李天民, 叶春和. 论管理会计中的信息成本与信息价值 [J]. 会计研究, 1989 (1): 50-54.

29. 张志敏, 张庆昌. 信息资源会计: 企业信息化效益计量和评价的新思咱 [J]. 四川大学学报 (哲学社会科学), 2003 (1): 23-28.

30. 燕志雄, 费方域. 信息成本与企业家的融资决策 [J]. 财经研究, 2007 (2).

31. 刘彦文, 王桂馥. 基于系统思想的成本控制管理探析 [J]. 会计之友, 2004 (8): 75-76.

32. 陈华亭. 管理会计新方法: 集成成本系统 [J]. 财会月刊 (会计版), 2005 (1): 11-12.

33. 董桂芝. 集成成本管理模式的新视角 [J]. 荆门职业技术学院学报, 2007 (8): 67-69.

34. 王能元, 霍国庆. 信息流集成模型研究 [J]. 南开管理评论, 2004 (3): 69-73.

35. 赵蓉, 陈学杰, 韩丽艳. 浅谈成本控制 [J]. 牡丹江教育学院学报, 2004 (2): 112-113.

36. 李云贵, 等. 浅谈企业二级计量单位的成本控制 [J].

一重技术，1999（2）：101－103.

37．周慧生．浅谈企业成本控制 ［J］．煤炭科技，2001（4）：51－53.

38．符刚，林万祥．价值星系与财务管理目标的选择 ［J］．财会月刊：理论版，2007（3）.

39．符刚，刘春华，林万祥．信息成本：国内外研究现状及述评 ［J］．情报杂志，2007（11）：83－86.

40．刘春华，符刚．信息成本：现代企业成本管理的"瓶颈"［J］．中国管理现代化，2008（1）.

41．冯巧根．管理成本、信息成本和运行成本初探 ［J］．财会月刊，2002（12）：9－10.

42．胡琴．卡森的信息成本与制度演化理论述评 ［J］．教学与研究，2001（1）：70－74.

43．李志军．企业信息成本的科学控制 ［J］．科学情报开发与经济，2006（7）：188－189.

44．赵宗博．现代企业的信息成本 ［J］．沿海企业与科技，2002（1）：33.

45．于金梅．信息成本：成本会计的新领域 ［J］．财会月刊，2003（A5）：12－13.

46．李玉萍，罗福凯．信息成本的特征及其控制 ［J］．财会月刊，2003（A12）：3－4.

47．庄明来．信息成本核算初探 ［J］．财会月刊，2004（A9）：10－11.

48．朱珍．信息成本及其现实意义 ［J］．现代情报，2003（5）：22－25.

49．周正深，曹庆化．信息成本核算探析 ［J］．商业研究，2006（3）：108－110.

50．杜军，顾培亮，焦媛媛．面向企业信息集成的全面成

本管理 [J]．中国机械工程，2001 (2)：174－178.

51．李政．信息失真成本 [J]．现代企业教育，2002 (3)：15－16.

52．李鹏飞．基于 SWOT 模型的战略成本管理分析 [J]．科技情报开发与经济，2006 (15)：189－192.

53．胡义和，麻占华．现代成本会计管理理念与方法 [J]．会计之友，2003 (1)：10－11.

54．陈超．浅议企业的信息失真成本 [J]．商业研究，2001 (2).

55．李明毅．时间驱动作业成本法例解 [J]．财会通讯（综合），2005 (10)：27.

56．邓明君，罗文兵．集成成本管理基础理论研究 [J]．财会通讯（学术版），2006 (5)：106－107.

57．崔松．企业成本的新拓展——时间成本 [J]．管理研究，2007 (1)：8－9.

58．崔松，胡蓓，陈荣秋．时间竞争条件下的时间与成本关系研究 [J]．中国工业经济，2006 (11)：76－82.

59．汪朝辉．成本管理信息系统的建立 [J]．施工企业管理，2007 (1)：90－91.

60．严斌，董进全．考虑信息成本的序列投资决策 [J]．内蒙古工业大学学报，2007 (2)：155－160.

61．周其仁．信息成本与制度变革 [J]．经济研究，2005 (12)：119－124.

62．陆宇．风险性决策下信息成本的估算 [J]．经济论坛，2004 (6)：69－70.

63．陈良华．企业成本计量模式研究 [J]．经济理论与经济管理，2002 (10)：56－60.

64．徐旭初．机构投资者和资本市场的效率 [J]．世界经济研究, 2001 (06): 79 - 82.

65. 王建华. 基于作业成本计量的目标成本管理 [J], 会计之友, 2007 (15): 52 - 53.

66. 陈筱芳. 论企业组织系统重新架构的迫切性 [J]. 经济师, 2004 (9): 170 - 171.

67. 李剑峰. 如何因地制宜导入事业部? ——探讨石油企业组织结构调整方向 [J]. 中国石油企业, 2004 (7): 118 - 121.

68. 胡平杰. 知识型企业组织结构理论研究的现实性探讨 [J]. 求索, 2005 (8): 32 - 33.

69. 姚鑫, 周德昕. 国有商业银行成本控制制度的建立 [J]. 商业研究, 2003 (20): 88 - 91

70. 郝亭生. 企业成本计量模式探讨 [J]. 财会月刊, 2007 (6): 7 - 8.

71. 韩建新. 市场行为中的信息成本论 [J]. 图书与情报, 2000 (2): 8 - 14.

72. 初宜红, 王霞, 高淑珍. 管理信息系统成本费用的测算 [J]. 水利论坛, 2002 (9): 45.

73. 曹庆华, 周正深. 管理信息系统成本费用的构成 [J]. 技术园地, 2001 (7): 17.

74. 曾燕. 企业信息成本的识别与控制研究 [D]. 北京: 中科院研究生院硕士研究生论文文献情报中心, 2003.

75. 吴京芳. 信息成本与企业组织变革趋势 [J]. 船舶工业技术经济信息, 2001 (5): 36 - 41.

76. 中国社会科学院语言研究所词典编辑室. 现代汉语词典 [M]. 北京: 商务印书馆, 1983.

77. 蔡建峰. 信息成本预算评价方法研究 [J]. 科学学与科学技术管理, 2004 (12): 139 - 141.

78. ALBERTO M. BENTO, LOURDES F. WHITE. Organizational form, performance and information costs in small businesses [J]. The Journal of Applied Business Research, 2000, 17 (4): 41 - 61.

79. CARLO MORELLI. Information costs and information asymmetry in British food retailing [J]. The Service Industries Journal, 1999 (3): 175 - 186.

80. CHALES T. HORNGREN, GEORGE FOSTER, SRIKANT DATAR. Cost accounting: a managerial emphasis [M]. 9th ed. Prentice Hall, 1996.

81. CHRISTOPHER K. CLAGUE. Information costs, corporate Hierarchies and earnings inequality [J]. American Economic Association, 1977 (67): 81 - 85.

82. CHU - SHIU LI. Information costs and health insurance contracts [J]. The Journal of Risk and Insurance, 2000, 67 (2): 235 - 247.

83. DON R. HANSEN, MARYANNE M. MOWEN, LIMING GUAN. Cost management: accounting and control [M]. 6th ed. South - Western College Publishing, 2007.

84. EHSAN U. CHOUDHRI, STEPHEN FERRIS. Wage and price contracts in a macro model with information costs [J]. Canadian Journal of Economics, 1985, 18 (4): 766 - 783.

85. FREEMAN, T. Transforming cost management into a strategic weapon [J]. Journal of Cost Management, 1998 (11/12): 13 - 26.

86. GEOGE STALK. Time - the next source of competitive advantage [J]. Harvard Business Review, 1988 (7/8): 41 - 51.

87. GEORGE STALK, JR. , THOMAS M. HOUT. Redesign

管
理
信
息
成
本
论

organization for time - based Management [J]. Planning Review, 1990, 18 (1): 4 -9.

88. GORDON BOYCE. Information cost and institutional typologies: a review article [M]. Australian Economic History Review, 1999, 39 (1): 72 -77.

89. J. B. SYKES. The concise oxford dictionary [M]. Seventh Edition. London: Oxford University Press, 1982.

90. JAMES B. KAU, C. F. SIRMANS. The influence of information cost and uncertainty on migration: a comparison of migrant types [J]. Journal of Regional Science, 1977, 17 (1): 89 -96.

91. K. S. MOST. Accounting theory [M]. Ohio : Grid Publishing, Inc. , 1982.

92. M. J. NOWAK, M. MCCABE. Information costs and the role of the independent corporate director [J]. Corporate Governance, 2003, 11 (4): 300 -307.

93. MICHAEL D. SHIELDS, S. MARK YOUNG. Effective long - term cost reduction: a strategic perspective [J]. Journal of Cost Management, 1992 (3) : 16 -30.

94. MONDHER BELLALAH, BERTRAND JACQUILLAT. Option valuation with information costs: theory and tests [J]. The financial Review, 1995, 30 (3): 617 -635.

95. NANCY L. JACOB, ALFRED N. PAGE. Production, information cost, and economic organization: the buyer monitoring case [J]. The American Economic Review, 1983, 70 (3): 476 -478.

96. OGUZHAN OZBAS. Inegration, organizational processes, and allocation of resources [J]. Journal of Financial Economics, 2005, 75 (1): 201.

参考文献

97. RICHARD JENSEN. Information cost and innovation adoption policies [J]. Management Science, 1988, 34 (2): 230-239.

98. ROBERT S. KAPLAN, ROBIN COOPER. Cost and effect: using integrated cost system to drive profitability and performance [M]. Boston: Harvard Business School Press, 1998.

99. ROBIN COOPER, REGINE SLAGMULDER. Supply chain development for the lean enterprise: interorganizational cost management [M]. Portland: Productivity Press, 1999.

100. S. S. STEVENS. On the theory of scales of measurement [J]. Science, 1946, 103 (2686): 677-680.

101. SANDRA S. ROHR, HENRIQUE L. Time - based competitiveness in Brazil: whys and hows [J]. International Journal of Operations & Production Management, 1998, 18 (3): 233-245.

102. STEFANO MORETTI, FIORAVANTE PATRONE. Cost allocation games with information costs [J]. Mathematical Methods of Operations Research, 2004 (59): 419-434.

103. SUBODH P. KULKARNI, KIRK C. HERIOT. Transaction costs and information costs as determinants of the organizational form: a conceptual synthesis [J]. American Business Review, 1999 (6): 43-52.

104. THOMAS HANCHEN, THOMAS VON UNGERN - STERNBERG. Information cost, intermediation and equilibrium price [J]. Economica, 1985, 52 (208): 407-419.

105. W. BRUCE ALLEN. Deregulation and information costs [J]. Transportation Journal, 1990 (4): 58-67.

106. YURI IRIJI. Theory of accounting measurement [M]. American Accounting Association, 1975.

后　记

　　在不同的时代和年代，人类在社会前进中所打上的烙印各不相同，无论是最原始的火，还是后来的文字、土地和资本，它们在人类社会的进程中各自扮演了重要角色。当人类社会迈入21世纪之时，"知识经济"、"信息社会"的说法不绝于耳。毫无疑问，世界经济环境在新世纪已发生了巨大变化，知识经济已成为主流，现代社会已迈入信息社会，信息对世界的影响越来越大，信息和信息技术已成为推动社会和经济发展的重要元素。虽然存在"信息爆炸"之说，但相对于人们无限的需求而言，信息总是稀缺的。企业作为现代社会的构成细胞之一，它们在内部管理决策过程中也需要大量的信息。因为，信息可以减少决策结果的不确定性，可以增加企业收入，可以减少企业损失，可以使企业的决策风险降低。然而，在市场经济中是"没有免费的午餐"的，企业一方面要取得信息的价值，发挥信息的作用，另一方面就必须得付出，产生信息成本。基于企业内部管理决策所产生的管理信息成本就是企业的付出或损失。

　　管理信息成本是指企业在管理过程中，为了减少决策结果的不确定性，收集、加工、储存、传递、利用管理信息花费的代价，和信息不完全所产生的决策损失。管理信息成本的本质内涵是基于管理的信息成本。管理信息成本是企业成本的一种新形态，是信息成本的重要组成部分，在现代企业管理决策中起着重要作用。对管理信息成本进行研究，无论是对丰富成本管理理论还是对指导成本管理实践，都有着重要的现实意义。

在前面内容中，作者以"管理信息成本论"为题进行了相关研究。研究的内容主要包括六部分：管理信息成本研究的基础理论、管理信息成本本质论、管理信息成本相关理论分析、管理信息成本会计论、管理信息成本集成论和管理信息成本控制论。作为一种新的成本形态，需要研究的内容太多太多。虽然这六个部分是从不同的方向对管理信息成本进行的研究，但相对于"管理信息成本"丰富的内涵来说，作者的研究是远远不够的。作者目前的研究所达到的深度和广度，一方面受限于作者的研究水平和能力，另一方面受限于现有研究成果的缺乏，再一方面就是研究对象本身具有复杂性。从现有研究成果来看，无论是国内还是国外，都把重点放在信息成本而非管理信息成本上，许多专家学者以制度经济学理论为基点，分析不对称信息状态下或有或无信息成本对经济事项的影响，以及信息成本在制度变迁、市场行为选择中的作用。没有以管理信息成本为研究对象的成果可供直接借鉴和参考。从管理信息成本本身看，管理信息成本是企业成本的新形态，它有着复杂的内容构成。作者从基于成本源的视角将其分为管理信息结构成本、管理信息系统成本、管理信息流成本和管理信息失真成本四大类。实质上，这四类成本已经包含于现有的企业成本中，只是隐含在不同的成本项目内，可能是管理成本，也可能是生产成本，还有可能是资产的购置成本。如，管理信息系统成本中的软、硬件费用计入了无形资产或固定资产成本中，管理信息流成本中的人工费用或购置费用计入了管理费用，管理信息结构成本中的人工费用、公务费用也计入了管理费用。管理信息成本既然已包含在现有成本系统中，那么关键的就是如何单独识别和计量，以便于控制。

管理信息成本对企业而言既很重要，对企业产生了很大影响，也很复杂，无论是识别时还是计量时。因此，要进一步加强对管理信息成本的研究，应从以下几个方面来展开。一是管理信息成本的计量，管理信息成本中存在大量隐性成本，既不容易察觉，更不容易量化。而且，通过目前企业会计系统计量管理信息成本还存在很多问题，如管理信息成本计量方法，管理信息成本与其他有关成本的区分等。前文虽然在这方面作了探索，但仍不完善，需要更加具体和深入。二是管理信息成本的核算，管理信息成本核算是加强管理信息成本控制的基础，无论是在现有的模式下，还是另辟蹊径，都应有一套科学的管理信息成本的核算系统和方法。三是企业管理信息成本的实证研究问题，目前对我国企业管理信息成本进行实证研究还比较困难，因为国内许多企业虽然在向信息化方向发展，但还没有构建起信息价值链，不具有研究的基础。另外，对企业管理信息成本的实证研究还需要对企业类型进行新的划分，从管理信息需求的角度划分出不同类型的企业，并在此基础上开展实证研究。

新形态的成本，意味着一切都是新的，无论是概念内容，还是管理控制，都与其他成本形态有着本质的区别。虽然我已提出"管理信息成本"这一概念（可能不是很准确），并作了一些初步的探索，但需要研究的内容仍有很多。这为我下一步的研究指明了方向，但这也意味着这些研究将是一项艰巨的任务。当然，无论在这行程中有多艰难，我都会一步一步地走下去。

"路漫漫其修远兮，吾将上下而求索。"

致　谢

　　"看时光飞驰，我祈祷明天，每个小小梦想，能够慢慢地实现，我是如此平凡，却又如此幸运，我要说声谢谢你，在我生命中的每一天……"，我最喜欢《在我生命中的每一天》这首歌优美的旋律和真切的歌词。飞逝的时光对每个人都是平等的，让人无法挽留。在这本书付梓之际，心中感慨万分，因为它包含了个人的梦想和太多的情意。对我这个从农村走出来的"放牛娃"来说，少年的我从来没有想到会成为一位大学老师，从来没有想到过从学士、硕士、博士这条路一直走下来，也从来没有想到会把自己的"思想"用文字留下来……太多的"没想到"都发生了。但我深深地知道，这一切不是侥幸，而是幸运，是太多的人给了我受益无穷的知识、启迪与智慧的火花，以及深深的情意。

　　本书是在对博士答辩论文进行修改后形成的。其实从2008年博士毕业以来，我无数次想将这"成果"铅印出来，但我这个懒散的人却将美好的时光耗费在了电脑前、"长城"边，现在回想起来虽懊恼自己的懒惰性情，但终归没法回到从前，只能从现在开始变得"勤快"一点点罢了，否则有点憾对关心和帮助我的恩人们。自从我有了写"管理信息成本"这个想法开始，就一直让我尊敬的老师——林万祥教授费心不少。有幸成为我国著名的会计学家林万祥教授的学生是我的荣幸和幸运，是上天让我来到这位学识渊博、品德高尚的人身边，学习和感受他伟大的人格与品质，让我有经常享受"醍醐灌顶"之感的机会。本书包含着恩师大量的心血和付出，真是"师恩浩荡"！我敬爱的师母——徐惠芳女士对我的学习和生活也给予了无微不至的关心和照顾，每当想起她时我心里就充满了温暖。还有给予我指导的各位老师，他们的传道授业和亲身指导是我知识积累和写作灵感的来源，他们提出的真知灼见对本书的写作及我此后的人生都大有裨益。本书的完稿和学识的丰富，归功于他们的教导。他们是西南财经大学的郭复初教授、樊行健教授、赵德武教授、蒋明新教授、王治安教授、罗珉教授、蔡春教授、潘学模教授、陈苑红教授、杨丹教授。另外我还要感谢纽约城市大学的叶建明教授，让我有机会到 Baruch 学院来交流学习和提高，让我有更多的时间来完成本书，并且我也深深钦佩叶老师的为人与学识，被他的人格魅力所折服。

我还要感谢在博士生涯中给予我关心、帮助的各位师兄、师姐、师弟、师妹们，他们是傅代国博士、王兴博士、余海宗博士、李卫东博士、毛洪涛博士、肖序博士、郭正林博士、张强博士、蒋忆明博士、赵鸣凤博士、苟骏博士、马红军博士、陈涛博士、张旗博士、冷平生博士、彭明生博士、杨德怀博士、彭家生博士、李来儿博士、李玉周博士、刘晓善博士、葛桓志博士、张亚莲博士、田冠军博士、步丹璐博士、黄友博士、陈煦江博士、王华博士。另外，我的同窗好友唐滔智博士、黄益健博士、陈晓援博士、杨秋波博士、张天阳博士、马颖博士、谭洪涛博士、赵莎博士、贺云龙博士等，他们也给了我各种形式的关心与帮助，在此对他们表示我真诚的谢意。

感谢四川农业大学的陈文宽教授、漆雁斌教授、杨锦秀教授、肖洪安教授、傅新红教授、蒋远胜教授、吴秀敏教授、张文秀教授、贾宪威教授、郑循刚教授、李冬梅教授、潘虹教授、罗华伟副教授、肖诗顺副教授、吴平副教授等领导和同事们的关心和指导，也感谢钟秀玲、尹奇、王芳、李健强、伍梅、陈刚、张良、胡杰、张韬、米华、程亚、丁一、李玫玫、丁飞鹏、唐曼萍、贾鸣问等同事和朋友们，你们对我的帮助和鼓励让我心中时常充满感动。

当然，我更要特别感谢的是我的家人。感谢我的爸爸妈妈和岳父岳母，"焉得谖草，言树之背"，对你们的恩情，我只能在今后好好孝敬你们，你们的健康、快乐、幸福是我最大的心愿。对我亲密的爱人曾萍女士，我真不知道用什么语言来表达对她的谢意，她一直无怨无悔地支持着我，每一个字每一句话都凝聚着她默默的关心和理解，我只希望"死生契阔，与子成说"、"执子之手，与子偕老"。

千言万语道不尽真切关怀，片语只字书不完衷心感谢，也许感谢的最好方式就是我不停地努力，用我的努力及优秀的成绩去回报他们。

符　刚

2012 年 2 月于纽约